活页式·校企合作·高职汽车专业群规划教材

汽车营销实务

主　编　闫春丽　袁秀珍　商香华
副主编　梅　钰　苑萌萌　姜菲菲
参　编　孙　丽　吕道媛　高　晴

山东大学出版社
SHANDONG UNIVERSITY PRESS
·济南·

图书在版编目(CIP)数据

汽车营销实务 / 闫春丽，袁秀珍，商香华主编. —
济南 ：山东大学出版社，2021.7(2022.8 重印)
活页式·校企合作·高职汽车专业群规划教材/王建良主编
ISBN 978-7-5607-7037-6

Ⅰ. ①汽… Ⅱ. ①闫… ②袁… ③商… Ⅲ. ①汽车—
市场营销学—高等职业教育—教材 Ⅳ. ①F766

中国版本图书馆 CIP 数据核字(2021)第 124624 号

策划编辑　刘　彤
责任编辑　李艳玲
封面设计　牛　钧

出版发行　山东大学出版社
社　　址　山东省济南市山大南路 20 号
邮政编码　250100
发行热线　(0531)88363008
经　　销　新华书店
印　　刷　济南乾丰云印刷科技有限公司
规　　格　787 毫米×1092 毫米　1/16
　　　　　17 印张　400 千字
版　　次　2021 年 7 月第 1 版
印　　次　2022 年 8 月第 2 次印刷
定　　价　56.00 元

《活页式·校企合作·高职汽车专业群规划教材》
丛书编委会

总 序

《国家职业教育改革实施方案》(国发〔2019〕4号)指出,要深化"三教"改革,建设一批校企"双元"合作开发的国家规划教材,倡导使用新型活页式、工作手册式教材,并配套开发信息化资源。同时,要求专业教材随着信息技术的发展和产业升级情况及时动态更新。为落实《国家职业教育改革实施方案》,推进国家教学标准落地实施,提升职业教育质量,提高人才培养的针对性,教育部出台了《教育部关于职业院校专业人才培养方案制订与实施工作的指导意见》(教职成〔2019〕13号)和《职业院校教材管理办法》(教材〔2019〕3号),对教材和资源建设提出了具体要求。为全面落实国家和教育部有关文件精神,"活页式·校企合作·高职汽车专业群规划教材"丛书编委会牵头组织编写了本套教材。教材的编写秉承以下原则:

1.突出素质教育,培养职业道德

本套教材在编写上秉承"三全育人"的理念,坚持立德树人、德技并修,强调"文化育人",注重实现素质教育、职业素养与汽车相关专业岗位技术技能培养的有机统一。结合汽车行业和企业的典型文化案例和思政元素,强化学生的职业素养养成,将专业精神、职业精神和工匠精神融入人才培养全过程。

2.突出职业特征,强化技术技能

本套教材在编写上坚持突出类型特征,强化了产教融合、校企合作的全流程设计,集合了产业发展新趋势,融入了新技术、新设备、新工艺、新规范,旨在培养适应行业技术变革要求的技能型人才,提高人才培养的适应性。课程、教材、教学一体化设计有利于建设符合项目式、模块化教学需要的教学创新团队,普及项目教学、案例教学、情景教学、模块化教学等教学方式,广泛运用启发式、探究式、讨论式、参与式等教学方法,推动课堂教学革命。

3.突出体系设计,服务教学改革

丛书编委会联合行业、企业、学校和山东大学出版社,聘请各方面的有关专家予以指导,坚持面向实践、强化能力,围绕汽车技术服务专业集群,系统化地提出了教材体系建设的思路并进行优化设计,适应全面推进"双高计划"、现代学徒制改革试点和"1+X"证书制度试点的工作需要,力求建设反映"三教"改革新形态,突出职业教育特色,对接"双高"水准,对标国内一流的教材和教学资源。

培养更多高素质的技术技能人才,是我们的责任和义务。当前,职业教育战线正在全面落实习近平总书记关于职业教育的重要指示和全国教育大会精神。出版本套教材也是为了"抛砖引玉",以便更好地服务我国汽车产业转型升级和职业教育体系建设,推进我国汽车职业教育的更快更好发展。

本丛书编委会

前　言

当前，汽车销售行业的竞争日趋激烈，销售业绩直接决定企业的成败。销售业绩不佳和客户的流失是现今绝大多数销售企业亟待解决的问题，各汽车公司及其4S店追求的就是规范的产品销售流程以及不断提升销售顾问的营销技能。

汽车营销实务是汽车技术服务与营销专业的一门核心课程，所授内容是汽车销售顾问必备的基础知识，也是其在实际工作中的主要任务之一。它是汽车销售顾问专业核心能力——汽车销售技能的重要组成部分，直接面向以汽车销售顾问为代表的汽车销售实务类岗位。

本书坚持职教特色，坚持产教融合和校企"双元"开发，将产业发展的新技术、新工艺、新规范纳入教材内容，基于汽车销售顾问工作内容进行开发。具体有以下特点：

1. 两条主线，循序渐进

本书以销售新人江小白（设计的人物）上岗为明线，以汽车销售流程为暗线，逐步介绍汽车销售顾问的工作环境、岗位要求、工作流程等知识点。章节之间循序渐进，条理性强，连贯性好，符合学生的认知规律。

2. 遵循规律，德能并重

本书遵循技术技能人才成长规律，知识传授与技术技能培养并重，强化学生职业素养养成和专业技术积累，将专业精神、职业精神和工匠精神融入教材内容。

3. 课程思政，润物无声

本书坚持思想引领与知识传授的有机结合，深入挖掘教学内容中所蕴含的思政教育元素，遵循思政教育元素与课程内容之间的联系性原则，确保课程的育人性和适用性，达到"润物无声"的效果。

4. 劳动教育，有机融入

本书将劳动教育融入教学内容中，培养学生爱劳动、会劳动、珍惜劳动的价值观。

5."互联网＋图书"

本书是围绕深化教学改革和"互联网＋职业教育"的发展需求，探索开发的将课程建设、教材编写、配套资源开发、信息技术应用统筹推进的新形态一体化、活页式立体化教材。

6. 系统设计,评价全面

本书按照"以学生为中心,学习成果为导向,促进自主学习"的思路,融入项目、任务、案例等内容,系统设计开发。根据教学实际,分别设计了小组评价、个人评价等多元化评价体系,方便不同主体及时总结,确保学生学有所获。

7. 产教融合,"双元"开发

参加本书编写的人员既有工作十几年的一线专职教师,也有汽车销售工作经验丰富的企业人员,每一个任务都配有实训工单,实践性较强。本书力求成为高职高专汽车技术服务与营销专业的理想教材,同时也可作为相关从业人员的学习参考用书。

8."岗、课、证、赛",四位一体

本书在内容编排上,全面统筹汽车销售顾问岗位要求、"1+X"职业技能等级证书标准、职业院校技能大赛"汽车营销"赛项标准,形成集"岗、课、证、赛"四位于一体的知识体系。

9. 口诀总结,方便记忆

本书在每个任务的小结模块,将本任务涉及的知识点进行梳理,总结为口诀,方便学生记忆,提高学习效率。

本书由烟台汽车工程职业学院闫春丽、德州职业技术学院袁秀珍、山东交通职业学院商香华三位"双师"型教师担任主编,烟台汽车工程职业学院梅钰、德州职业技术学院苑萌萌和姜菲菲担任副主编,参与编写的还有烟台汽车工程职业学院孙丽、吕道媛和高晴。具体编写分工如下:闫春丽编写项目一、项目三及项目十,并设计了本书体例及任务工单、学习评价和评分标准等表格样式;袁秀珍编写项目二、项目四及项目九,并设计搭建了本书主要目录框架;商香华编写项目五;梅钰编写项目七;苑萌萌编写项目六;姜菲菲编写项目八;全书由闫春丽负责统稿汇编并提出修改建议,孙丽、吕道媛、高晴协助主编统稿汇编,并提供部分案例。烟台东联汽车销售有限公司内训师谢云霞在本书编写过程中给予了一些宝贵意见,在此表示衷心感谢。

本书在编写过程中参考了大量的资料和文献,在此对相关编著者表示诚挚的谢意。

由于编者水平有限,教材难免有不妥之处,敬请广大读者批评指正。

编　者

目 录

项目一

走近你的世界——汽车销售岗位体验

在过去的一个多世纪里，汽车的发展和普及影响和改变了人类的生活。车轮不仅扩大了人们的生活范围，而且改变了人们的生活方式。随着国民经济的蓬勃发展，汽车已渗透到现代社会活动的各个方面。中国是全世界发展潜力最大的汽车消费市场。“用户至上”被提到更为重要的位置上来，服务是汽车销售企业真正的产品。消费者选择何种汽车品牌由多种因素共同决定，但选择通过哪家经销商购买则很大程度上由该汽车4S店的服务决定。汽车销售4S店凭借其塑造品牌形象的终端优势，逐渐成为国内汽车销售服务渠道的主体。汽车销售顾问需要具备良好的职业素质，了解市场现状，预测汽车未来发展趋势，运用适当的汽车销售模式，准确把握机遇，高效销售产品。

在本项目中，笔者将带领大家认识汽车4S店，了解汽车销售顾问应具备的职业素质和能力。

【课程导航】

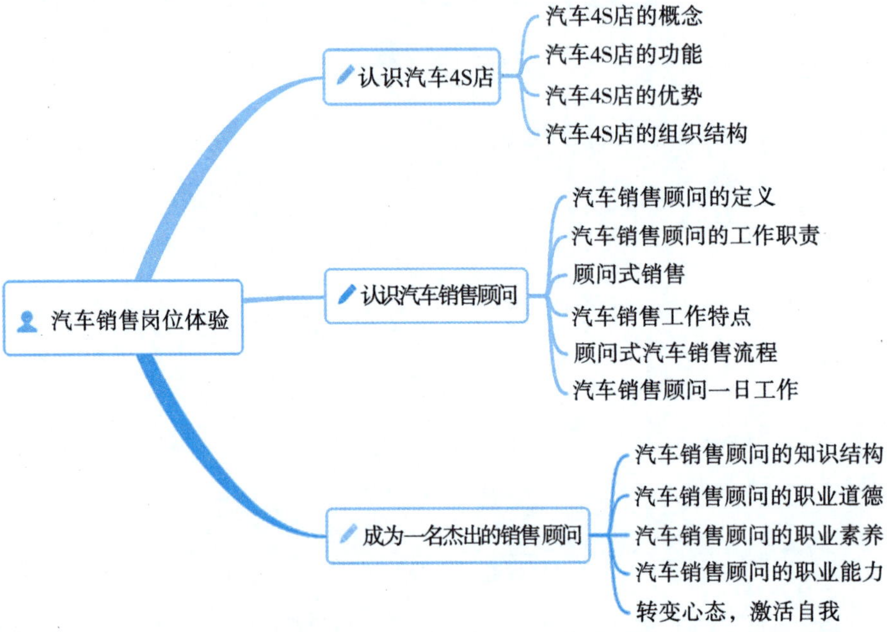

任务一　认识汽车 4S 店

随着时代的进步和经济的发展，人们的生活水平与消费意识不断提高，汽车已经成为重要的交通工具，汽车营销活动也成为现代营销研究关注的焦点之一。汽车的产销量持续增加，汽车品牌不断增多，汽车 4S 店也在蓬勃发展。因此，了解汽车 4S 店的具体情况，是每一位 4S 店工作人员的首要任务。

【工作情景】

江小白同学在校期间认真学习，早早就给自己做好了规划，毕业之际，她成功应聘成为一汽大众汽车 4S 店的一名销售顾问，下面我们就跟着她一起认识一下她的工作环境。

【学习目标】

素质目标

1. 培养认真负责的工作态度。
2. 培养积极的心态，饱满的工作热情。
3. 培养良好的团队协作能力。
4. 掌握扎实的专业知识。

知识目标

1. 知道4S店的功能。
2. 知道4S店的优势。
3. 了解4S店的组织架构。

能力目标

能够说出4S店的功能及优势。

【知识储备】

一、汽车4S店的概念

“4S”,是四个以“S”开头的英文单词,分别代表如下含义:整车销售(Sale)、零配件供应(Sparepart)、售后服务(Service)、信息反馈(Survey)。因此,“4S”代表了一种集整车销售、零配件供应、售后服务、信息反馈“四位一体”的汽车经营方式。但它的前提是由汽车生产商授权。在此条件下,可以做更具体的描述:4S店是“四位一体”销售专卖店,即包括了整车销售、零配件供应、售后服务、信息反馈四项功能的销售服务店。

4S店于20世纪90年代中期从欧洲传入中国,此后,我国建立大量汽车4S店。随着人们生活水平的提高,消费者心理不断成熟,对产品的质量、销售顾问的态度、售后服务要求也越来越严格。

汽车4S专卖店是由经销商按照汽车生产厂家规定的标准建造,店内外设计统一,投资巨大,装修豪华气派,环境舒适,且只能销售由生产厂家特别授权的单一品牌汽车,能够为客户提供更低廉的价格、更专业的技术支持和更深入的售后服务。4S店与汽车厂家共同组成汽车品牌联盟,代表汽车品牌文化,体现品牌价值,维持品牌忠诚度。通常一个汽车品牌在一个地区只分布一个或相对等距离的几个专卖店,各专卖店之间不能跨区销售。

除了4S店,现在也有了6S店,是指除了整车销售、售后服务、零配件供应、信息反馈以外,还提供个性化售车和集拍(集体竞拍,购车者越多,价格越便宜)服务。

二、汽车4S店的功能

1. 整车销售

整车销售是汽车营销活动的中心内容,是汽车4S店的基本职责,是为零配件供应、维修、信息反馈等工作带来潜在客户的关键环节。在销售工作中,要始终坚持“可持续发展”的营销理念,所有部门密切配合,共同关注客户的“后续需要”,在兼顾社会利益的同时,为4S店的整体效益作出贡献。整车销售包括进货、运输、验收、储存、销售等环节。在4S店销售的汽车大多是汽车生产企业直接发货的车辆,价格是由汽车生产企业制订的统一售价。

2. 售后服务

售后服务是现代汽车经销企业服务的基本组成部分。汽车售后服务指4S店在车辆售出后为客户提供的车辆保养、故障维修等服务。售后服务可以使企业与客户建立长久的、良好的往来关系,为企业积累宝贵的客户资源,以求生产和销售环节的利润最大化。随着汽车市场的发展,汽车4S店更应该致力于提高车辆的维修保养质量、规范服务程序和强化诚信服务,不断提高客户满意度,巩固客户资源,使汽车企业获得更大的利润。

3. 零配件供应

零配件供应是汽车售后服务的基本保证。从销售利润来看，在国外成熟的汽车市场中，整车销售利润约占整个汽车利润的 20%，汽车装饰、改装以及汽车用品的利润约占 20%，而 50%—60%的利润是在汽车零配件及服务领域中产生的。4S 店的零配件是由汽车生产企业提供的，质量有保证，价格自然要比普通维修店的高一些。汽车的零配件被分为四类：一是汽车正常使用中因自然老化、失效而必须更换的消耗件，如皮带、胶管、各种滤芯等；二是在汽车运行中，因自然磨损而容易失效的易损件，如离合器摩擦片、制动片、活塞、活塞环等；三是组成汽车的主要的、价值较高的基础件，如曲轴、缸体、缸盖等；四是汽车发生意外时损坏的事故件，如前后保险杠、车身覆盖件、冷凝器、水箱等。

4. 信息反馈

信息反馈是汽车 4S 店的一个重要的功能。汽车 4S 店直接接触客户，有条件及时、准确地了解当前的市场动态，将汽车产品的使用性能、客户满意度等情况反馈给汽车生产企业。这对于汽车生产企业提高产品质量、开发满足客户需求的新产品、提高产品的市场占有率等具有重要的意义。

三、汽车 4S 店的优势

1. 信誉度方面

4S 店有一系列的处理客户投诉、意见、索赔的管理办法，给车主留下了良好的印象，而普通改装店由于管理等问题，经常发生出了问题找不到负责人，相互推诿、相互埋怨的情况，给车主留下非常恶劣的印象。以前 4S 店不经营汽车用品，车主没有选择，只能去零售改装店。现在 4S 店经营这方面的业务，车主大多不会舍近求远，4S 店将是他们的第一选择。

2. 专业方面

4S 店只针对一个厂家的系列车型，有厂家的系列培训和技术支持，在车的性能测试、技术参数校对、使用和维修方面都是非常专业的，做到了“专而精”。而汽车用品经销商接触的车型多，对每一种车型都不是非常精通，只能做到“杂而博”。所以在改装一些需要技术支持和售后服务的产品时，4S 店更专业，有着很大优势。

3. 售后服务保障方面

随着竞争的加剧，4S 店越来越重视服务品牌的建立，重视客户的满意度，加上 4S 店的后盾是汽车生产厂家，所以在售后服务方面可以得到保障。特别是汽车电子产品和汽车影音产品在改装时要改变汽车原来的电路，给以后的售后服务带来麻烦。为此，4S 店可以对本店车主承诺保修，消除车主的后顾之忧，那将是吸引车主改装的重要手段之一。在 4S 店改装一些技术含量高的产品是车主的首选。

4. 人性化方面

相比汽车用品改装店，在 4S 店，车主能真正体验到“客户就是上帝”的感觉，累了有豪华的休息室，渴了有各种饮品，无聊时可以看杂志、图书、报纸，还可以上网、打台球、下棋等，如果着急用车还有备用车供客户使用，整个流程有专门的服务人员为客户打理，不用客户操心就能完成整个业务。

四、汽车 4S 店的组织结构

一名销售顾问应该了解汽车 4S 店的组织结构，了解各部门之间的关系。这样在工作中能更好地和各部门进行沟通、协调，提高工作效率。

汽车 4S 店主要由销售部、售后服务部、客户服务部、市场部、财务部、人力资源部、行政部等部门组成。如图 1-1 所示。

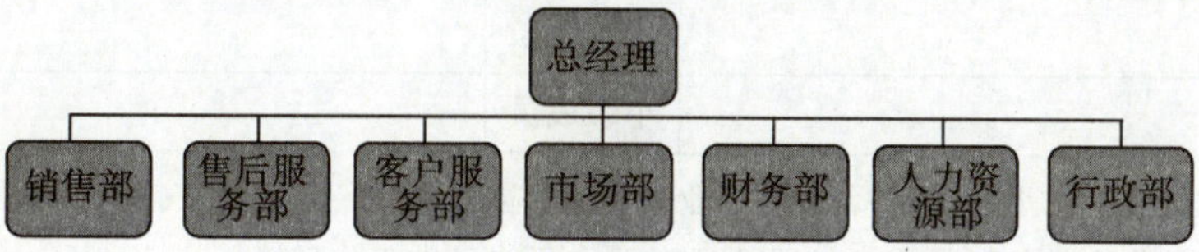

图 1-1　4S 店总体结构

汽车销售顾问隶属于销售部，销售部组织结构如图 1-2 所示。

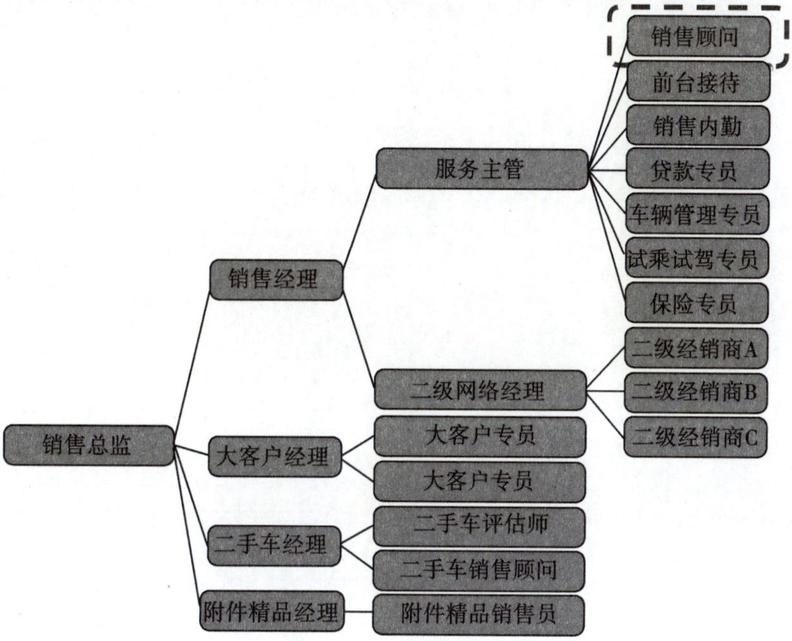

图 1-2　销售部组织结构

【任务小结】

本任务主要讲解了汽车 4S 店的概念、功能、优势、组织架构几个问题，可依照以下口诀进行记忆。

整车销售及售后，信息反馈零配件。
四位一体专卖店，树立品牌有优势。
技术专业信誉好，服务保障人性化。
组织架构要熟识，方便沟通提效率。

【任务实施】

【任务工单】★☆认识汽车 4S 店☆★

工作任务	认识汽车 4S 店	实操成绩	
任务地点		任务日期	
组号		小组组长	
班级		小组成员	
任务描述	我叫江小白，是一名大学毕业生，经过应聘，成为一汽大众汽车 4S 店的一名销售顾问。作为一名新晋员工，首先我要熟悉一下自己的工作环境。		
任务实施	任务：聊聊汽车 4S 店那些事儿 以小组为单位，梳理汽车 4S 店有关内容信息，制作一份介绍汽车 4S 店的 PPT，要求课件制作精美。		

说明：本表由小组长带领成员共同完成，一组一份。

【学习评价——小组评价】

小组学习评价表

小组自评 (100分)	优点	不足	自评成绩
小组互评 (100分)	组别	优点与不足	互评成绩
	1组		
	2组		
	3组		
	4组		
教师评价 (100分)	优点	不足	教师评分成绩
总评成绩 (100分)	计算公式		总成绩
	总评成绩＝小组自评成绩×30％＋小组互评成绩×30％＋教师评价成绩×40％		
反思与改善			

说明：本表由小组长完成，一组一份。

【学习评价——个人评价】

个人学习评价表

我学会了	
我做到了	
我有待提升的地方	
自我学习评价	○优　□良　△及格　▽不及格
反思与改善	
教师评语及建议	

说明：本表由学生个人完成，一人一份。

【评分标准】

"认识汽车4S店"评分细则

	项目	满分	得分
1	能进行5S管理(整理、整顿、清理、清洁、素养)	5	
2	着装整洁,仪表端庄,表情和蔼可亲,眼神自然真诚,手势规范,姿态正确、自然大方,声音清晰标准,语音语速适中,语言流畅	10	
3	准确描述什么是汽车4S店	15	
4	汽车4S店功能描述全面、准确	15	
5	汽车4S店优势描述全面、准确	15	
6	对汽车4S店组织架构了解清晰、全面	15	
7	课件制作精美	10	
8	突发事件处理能力	5	
9	小组成员分工合理,职责明确	10	

【巩固提升】

1. 汽车4S店的功能有哪些?
2. 汽车4S店的优势有哪些?
3. 任意选择某一品牌汽车4S店,实地走访考察,了解汽车4S店的结构及运转情况,完成一份考察报告。

任务二　认识汽车销售顾问

汽车销售顾问是连接汽车经销商与消费者的重要桥梁,销售顾问的一举一动,都会影响到客户的购买行为。一名汽车销售顾问必须要对自己的工作岗位有一个正确的认识,知道自己的工作内容是什么,岗位有哪些要求,然后努力达到这些素质要求,更好地为客户提供专业、优质的服务,在自己的工作岗位上发光发热。

【工作情景】

我是江小白,我已成功应聘为一汽大众4S店的一名销售顾问。这个岗位主要是做什么的呢?下面请随我一起去了解一下吧。

【学习目标】

素质目标

1. 认真负责的工作态度。
2. 积极的心态,饱满的工作热情。

3. 良好的团队协作能力。
4. 扎实的专业知识。

知识目标

1. 知道什么是顾问式销售。
2. 知道销售顾问的工作内容。
3. 知道汽车销售包含的流程。

能力目标

1. 能够掌握汽车销售顾问的含义及工作内容。
2. 能够说出传统销售与顾问式销售的区别。
3. 能够说出汽车销售包含的流程。

【知识储备】

一、汽车销售顾问的定义

汽车销售顾问是指经过专业的品牌车型与汽车相关知识的培训，在指定的汽车销售场所接待客户，使用销售技巧，分析客户需求，为客户讲解车辆，并为客户办理交车手续及相关服务，将车完好无损地交给客户，同时在客户用车过程中及时解答其关于本车相关问题的人员。所谓知己知彼，方能百战不殆，汽车销售顾问既要熟悉自己品牌的车型以及车型的卖点，也要熟悉竞争品牌车型的相关知识，以便为客户做对比分析；同时也需要了解汽车精品、汽车保险、汽车贷款等业务。

二、汽车销售顾问的工作职责

汽车销售顾问的工作实际上就是从事汽车销售的工作，但其立足点是客户的需求和利益，向客户提供符合其需求和利益的产品销售服务。其具体工作包括客户开发、客户跟踪、销售导购、销售洽谈、销售成交等基本过程，还可能涉及汽车保险、落籍、装饰、改装、贷款、交车、理赔、年检等业务的介绍、成交或代办。在4S店内，其工作范围一般定位于销售领域，其他业务领域可与相应的业务部门进行衔接。

三、顾问式销售

传统式销售简单来说就是卖产品，就产品论产品，所以经常出现客户对销售人员不信任，认为产品对自己毫无用处，不需要或不着急购买该产品，亦不会将该产品推荐给朋友等现象。究其原因，无非是销售人员未站在客户角度去沟通，没有发现客户的需求，客户不了解产品的好处、需求不迫切等情况。针对这样的现象及成因，如何应对呢？如果客户不信任自己，那么就通过有效沟通建立信任；如果客户未发现需求，就带领客户发现需求，让客户产生购买动机；如果客户不了解产品的好处，认为其对自己毫无用处，那么我们就给他提供方案并让他认同；如果客户需求不迫切，不着急买，那么我们就抓住他的需求点，让他愿意购买，将原来的压力销售、被动消费转为快乐销售、愉悦消费。在销售过程中销售人员了解并满足客户的需求，帮助客户提出解决方案，最终实现双赢，我们把这种销售方式叫作顾问式销售。下面我们给顾问式销售下一个定义。

顾问式销售，是指销售顾问利用自己的专业知识，从客户的利益出发，帮助客户正确选择产品服务，满足客户现有或潜在的需求，赢得客户满意和忠诚的一种营销方式。简单来说就是充当“顾问”，实现“双赢”。顾问式销售认为，客户是朋友，是与销售者存在共同利益的群体，好商品就是客户真正需要的产品；服务本身就是商品，服务是为了与客户达成沟通。汽车4S店中的顾问式销售是从客户需求出发，帮客户买车，强调的是满足客户需求以实现双赢，关注的是长期效益。在销售顾问眼中，好车是客户真正需要的车，也就是适合客户的车。

四、汽车销售工作特点

汽车是现代工业文明的产物，既有普通商品的销售特点，又有其不同之处，概括而言，有以下四点。

1. 汽车销售是一项复杂的销售行为

汽车销售更强调以客户为中心。汽车与一般的商品不同，是一种高技术含量的昂贵消费品。在整个销售过程中，消费者参与程度非常高。如果销售顾问不能以消费者的需求为关注焦点，就很难了解客户的真实需求，达成销售目标。

2. 汽车销售所需的专业化知识更多

汽车是一种高技术含量且更新换代特别快的产品，非专业化的人员很难对汽车有全面了解。售前需要销售顾问经常性地了解相关汽车信息，以便能够全面准确地向消费者传达汽车的有关信息；售后要有专业的技术人员提供维护保养服务，才能保证产品的正常使用。可以说整个消费过程都离不开专业化的服务。

3. 汽车销售要树立整体的服务理念

汽车产品的消费形式与一般商品不同。在汽车的整个消费过程中，不仅售前离不开专业人士的服务，售中和售后同样离不开专业人士的服务。可以说，一旦消费者选择了某款车型，销售顾问就需要不间断地为其提供服务，才能保证产品的良好使用。

4. 汽车销售更强调团队合作

汽车消费是一个漫长的服务项目，不仅购买决策的时间长，而且在消费过程中需要提供服务的时间更长。单一的业务人员很难为客户提供全面化的服务，因此，需要整个服务链的参与人员相互协作，才能保证服务的连续性，达到让客户满意的目的。

五、顾问式汽车销售流程

汽车消费是一种复杂的购买行为，消费者购买行为持续时间长，参与程度也高。因此，销售顾问要以客户的需求为关注焦点，以顾问的身份参与消费者的购买决策过程，才能实现销售。整个汽车销售活动是围绕着客户的购买行为展开的。专业规范的汽车4S店都在推行流程化作业。流程化的作业一是规范，给人以专业感；二是流程明确，易于对每个流程的把控；三是便于对结果的检核。汽车销售过程中，销售顾问要严格按照本品牌制订的标准销售流程操作，力求在每一个环节精益求精，用最热情周到的服务态度和专业精准的汽车知识为客户提供购车服务。各个汽车品牌都对汽车销售流程进行了优化，形成了自己品牌所属的具体操作规范，图1-3和图1-4分别为一汽丰田汽车标准销售流程和一汽大众汽车标准销售流程，其他品牌也是大同小异，基本上包含如下流程。

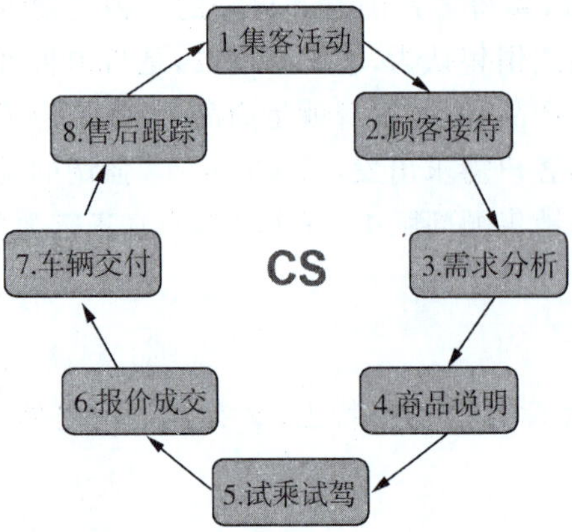

图 1-3　一汽丰田汽车销售流程

图 1-4　一汽大众汽车销售流程

1. 客户开发

巧妇难为无米之炊。客户开发是汽车销售的第一个环节，这一环节重点在于寻找客户，了解潜在客户的购买需求，与潜在客户建立良好关系，并对潜在客户进行邀约。

2. 客户接待

在客户接待环节，重点要研究：怎样有效地接待客户？怎样获得客户的资料？怎样把客户引导到下个环节中去？

3. 需求分析

需求分析是以客户为中心，以客户的需求为导向，对客户的需求进行分析，以期为客户介绍和提供一款符合客户实际需要的汽车产品。

4. 产品说明

产品说明也就是销售顾问全面地向客户介绍车辆，一般采用六方位绕车介绍法。在绕车介绍过程中，针对客户需求，对整车的各个部位进行互动式的介绍，将产品的亮点通过适当的方法和技巧进行展示，向客户阐述该车能够带给他哪些利益，以便顺理成章地进入下个环节。

5. 试乘试驾

试乘试驾是对上述环节的延伸，客户可以通过试乘试驾的亲身体验和感受对整车有一个全新的了解。这样可以使客户充分地了解该款汽车的优良性能，从而增强购买欲望。

6. 报价签约

在这一环节，销售顾问的主要任务就是解决客户价格异议问题。销售顾问需要采用合适的技巧向客户报价，并与客户讨价还价。如果这一环节处理得好，就可以顺利地进入签订合同环节。

7. 交车管理

交车是指成交以后，要把新车交给客户。在交车服务过程中，相关人员应具备规范的服务意识。

8. 售后维系

对于保有客户(稳定的客户)，销售顾问应该运用规范的技巧与之开展长期的联系，以达到让客户帮你宣传、帮你介绍新的意向客户来看车购车的目的。因此，售后服务是一个非常重要的环节，可以说是一个新的客户开发过程。

六、汽车销售顾问一日工作

1. 早晨打卡签到

(1)比上班时间提前5—10分钟到达展厅。

(2)换好制服或公司规定套装,在镜子前检查自己的仪容仪表。

(3)前台签到,调整自己的心情与状态,热情地投入到当天的工作中。

2. 准备工作

(1)巡视展厅内的展示车辆,检查展车的状况。

(2)擦拭车辆内外,保证展车整洁、车内空气清新。

(3)查看自己的工具包,检查当天销售工作所需资料是否齐全。

3. 销售部晨会

每日上班后应由销售部经理或者展厅主管主持召开20分钟左右的销售晨会,会议内容参考如下:

(1)确认当天每位销售顾问的工作目标与任务,检查每位销售顾问的工作计划安排。

(2)询问销售顾问当日所需支持,并在会上合理分配资源。

(3)要求销售顾问互相检查仪容仪表,并激励销售顾问士气。

4. 客户接待工作

该部分具体参见核心业务流程(见项目三)。

5. 下班前整理工作

当天销售工作结束至下班前,如果已经没有客户来电或来店,自下班前50分钟开始,销售顾问应利用20分钟的时间进行当日工作自检。

(1)总结当日工作,并填写营业日报表。

(2)翻看当日来店(电)客户资料的记录情况是否完整,有无需要补充。

(3)制订明日工作计划提示。

(4)依据来店(电)客户登记表及营业日报表,更新潜在客户等级推进表。

6. 销售部夕会

每天下班前应由销售部门经理主持召开20分钟的销售会,会议内容建议如下:

(1)销售顾问简要汇报当日的工作数据及遇到的问题。

(2)由销售部经理主持,针对个别问题进行集体讨论,明确解决问题的方法。

(3)销售部经理根据个人的观察,针对个别销售顾问做业务上的指导。

(4)常规性内部培训。

【任务小结】

这节课我们主要带领大家认识了汽车销售顾问这个岗位,包括汽车销售顾问的定义、工作职责、一日工作流程等内容,可依以下口诀进行记忆。

传统销售问题多,顾问销售解疑难。
客户利益为出发,满足客需达双赢。
销售流程八步骤,环环相扣逐递进。
做好准备勤总结,履职尽责提业绩。

【任务实施】

【任务工单】★☆认识汽车销售顾问☆★

工作任务	认识汽车销售顾问	实操成绩	
任务地点		任务日期	
组号		小组组长	
班级		小组成员	
任务描述	我是江小白，我的工作岗位是汽车销售顾问，这个岗位主要的工作是什么呢？下面我们一起认识一下我的岗位——汽车销售顾问。		
任务实施	任务：认识汽车销售顾问 以小组为单位，梳理汽车销售顾问有关内容信息，制作一份认识汽车销售顾问 PPT 并进行汇报，要求课件制作精美。		

说明：本表由小组长带领成员共同完成，一组一份。

【学习评价——小组评价】

小组学习评价表

<table>
<tr><td rowspan="2">小组自评
（100分）</td><td>优点</td><td>不足</td><td>自评成绩</td></tr>
<tr><td></td><td></td><td></td></tr>
<tr><td rowspan="5">小组互评
（100分）</td><td>组别</td><td>优点与不足</td><td>互评成绩</td></tr>
<tr><td>1组</td><td></td><td></td></tr>
<tr><td>2组</td><td></td><td></td></tr>
<tr><td>3组</td><td></td><td></td></tr>
<tr><td>4组</td><td></td><td></td></tr>
<tr><td rowspan="2">教师评价
（100分）</td><td>优点</td><td>不足</td><td>教师评分成绩</td></tr>
<tr><td></td><td></td><td></td></tr>
<tr><td rowspan="2">总评成绩
（100分）</td><td colspan="2">计算公式</td><td>总成绩</td></tr>
<tr><td colspan="2">总评成绩＝小组自评成绩×30％＋小组互评成绩×30％＋教师评价成绩×40％</td><td></td></tr>
<tr><td>反思与
改善</td><td colspan="3"></td></tr>
</table>

说明：本表由小组长完成，一组一份。

【学习评价——个人评价】

个人学习评价表

我学会了	
我做到了	
我有待提升的地方	
自我学习评价	○优　　□良　　△及格　　▽不及格
反思与改善	
教师评语及建议	

说明：本表由学生个人完成，一人一份。

【评分标准】

"认识汽车销售顾问"评分细则

	项目	满分	得分
1	能进行5S管理(整理、整顿、清理、清洁、素养)	6	
2	着装整洁,仪表端庄,表情和蔼可亲,眼神自然真诚,手势规范,姿态正确、自然大方,声音清晰标准,语音语速适中,语言流畅	6	
3	准确描述汽车销售顾问工作职责	10	
4	对比传统销售与顾问式销售,知识全面、准确	15	
5	汽车销售工作特点描述全面、准确	15	
6	准确描述汽车销售流程,内容全面	15	
7	准确描述销售顾问一日工作内容	15	
8	课件制作精美	6	
9	突发事件处理能力	6	
10	小组成员分工合理,职责明确	6	

【巩固提升】

1. 汽车销售顾问的工作职责是什么?
2. 什么是顾问式销售?
3. 汽车销售工作的特点有哪些?
4. 任意选择某一品牌汽车4S店,实地走访考察,与销售顾问进行沟通交流,了解汽车销售顾问的工作内容,完成一份有关汽车销售顾问岗位认知的考察报告。

任务三　成为一名杰出的销售顾问

一份职业,一个工作岗位,是一个人赖以生存和发展的基本保障。只有爱岗敬业的人,才会在自己的工作岗位上勤勤恳恳,不断钻研学习,一丝不苟,精益求精,才会为社会、为企业作出贡献。

2021年5月22日,杂交水稻之父袁隆平逝世,享年91岁。袁隆平是将水稻的杂交优势成功地应用于农业生产的第一人,他为解决中国人的吃饭问题作出了巨大贡献。干一行爱一行,爱一行钻一行,袁老从西南农学院毕业后被分配到偏远的湘西安江农校任教,在此期间发现天然杂交水稻,从此与其结缘。袁老爱好农业,把爱好变成自己终生奋斗的事业,把事业升华成使命,一辈子只做一件事,就是让全中国人吃饱饭。

作为新时代的青年,我们要学习袁老干事爱事,把一件事做到极致的精神,努力成为自己领域的优秀人才。

【工作情景】

把产品的质量做到极致，市场就会青睐你；把服务做到极致，客户就会记住你；把品牌做到极致，世界就会属于你。努力是将工作做完，用心是将工作做好。初入职场，我立志要在自己的岗位上发光发热，努力成为一名杰出的销售顾问。杰出的销售顾问具备的职业素养有哪些呢？

【学习目标】

素质目标

1. 遵守职业道德。
2. 爱岗敬业，岗位成才。
3. 积极的心态。

知识目标

1. 知道销售顾问应具备的知识结构。
2. 知道销售顾问应具备的职业道德。
3. 知道销售顾问应具备的职业能力。

能力目标

1. 树立积极的心态。
2. 结合职业素养和自我分析情况，制订个人发展规划。

【知识储备】

一、汽车销售顾问的知识结构

汽车销售顾问作为客户的购车顾问，需要帮助客户解决很多产品技术和使用方面的问题，所以每一位销售顾问应该掌握产品技术和销售政策的相关知识。实际上，由于销售工作面对的是客户，因此在销售顾问的知识构成中排名第一的应该是客户知识：你是否了解你的客户？你是否了解你的客户所从事的行业以及他的兴趣爱好？全面而主动地了解客户的相关信息，在见到客户时可以做到有话可说，有事可谈。汽车销售顾问应具备的知识结构包括：

1. 客户知识

客户知识包括市场行业动态、客户的类型、客户心理研究、语言技巧、礼仪知识等。

2. 营销知识

营销知识包括市场营销专业理论、市场环境、竞争对手优劣势、销售流程、销售技巧等。

3. 汽车专业知识

汽车专业知识包括汽车理论、汽车构造、汽车配件、汽车报价组成、性价比、汽车相关术语、品牌的创建历史、业界地位、企业文化等。

4. 合同法规知识

合同法规知识包括汽车合同的内容，最新的相关政策、法规、制度，维修保养知识，消费信贷知识，车辆保险知识等。

5. 其他知识

其他知识包括驾驶执照、设计、美学知识、外语知识等。

二、汽车销售顾问的职业道德

销售顾问要帮助客户针对其需求作出一个明智的购买决定，其本质在于维护客户的利益。客户利益高于公司利益，销售顾问开展工作的根本原则就是绝不做任何损害客户利益的事情，严格遵循社会的道德伦理以及法律法规。

1. 职业道德

职业道德是所有从业人员在职业活动中应该遵循的行为准则，是对从业人员在职业活动中的行为要求，同时也是本行业对社会所承担的道德责任和义务。

(1)职业道德规范基本要求

①爱岗敬业。从业者要热爱自己的工作岗位和职业，乐业、勤业、精业，以恭敬、负责的态度对待工作，兢兢业业、专心致志。

②诚实守信。从业者要真心诚意、实事求是、不虚假、不欺诈，在经营上要讲究信守合同、诚信无欺、质量为重。

③办事公道。从业者要公平、正义，"给人以应得"或恰如其分地对待人和事，尽可能做到不偏不倚，不徇私情，对所有工作对象一视同仁，不偏袒、不歧视。

④服务客户。从业者要全心全意为客户服务，对被服务对象热情、主动、耐心、热心、细致、周到，努力提高服务质量和业务技术水平。

⑤奉献社会。从业者应把自己的知识、才能、智慧毫无保留地、不计报酬地贡献给社会。培养社会责任感和无私精神，将公众利益、社会效益摆在第一位，处理好"义"和"利"的关系，处理好社会效益和经济效益的关系，处理好社会效益与个人利益的关系，把奉献社会的职业道德落到实处，充分实现自我价值。

⑥保守秘密。这是每一个企业或组织从业人员都必须遵守的道德规范。对公司认定为"绝密""机密""秘密"的文件或事项要严格按公司要求给予保密。

(2)职业道德修养

不贪：客户若将贵重物品遗忘于汽车内，要帮客户收好并及时交还给客户。千万不能存有侥幸心理，收为己用。否则不但会给自身带来麻烦，同时还会影响公司的信誉。

和善：人人都需要他人的友情、关爱、帮助、支持、鼓励、赞扬、指教、尊重和信任、认同、自制、宽容。汽车销售顾问在与客户或同事、上司相处时，持有与人为善的心态，更容易体会到工作中的快乐。

上进："当一天和尚撞一天钟"的工作态度和工作作风已不适合现代社会。科技在进步，时代在发展，需要人们付出更多的辛劳去掌握日新月异的知识和技术。一名汽车销售顾问需时刻保持一种积极向上的精神状态，勤奋上进，掌握本岗位所需的知识和本领。

2. 汽车销售顾问常见的职业道德问题

销售顾问常见的职业道德问题是在介绍产品的过程中，就产品或产品相关的服务提供虚假、欺骗或误导性信息，比如夸大产品的用途，故意贬低竞争对手，散布一些不真实的信息，抹黑竞争对手。

3. 汽车销售顾问应遵循的职业道德规范

汽车销售顾问除应遵守一般的职业道德之外，还应遵循汽车销售行业的职业道德规范。具体可参照上海市汽车销售行业协会提出的《上海市汽车销售行业销售顾问职业道德规范(试行)》，其内涵如下：

(1)遵守法律法规

遵纪守法，维护公德，陶冶品行，注重修养，珍视汽车销售顾问职业声誉；执行规章制度；服从分配，令行禁止，忠于职守，工作有序，维护企业文化和形象。

(2)掌握汽车技能

科学求真，业精技强，开拓客户，建档回访，注重售前、售中、售后服务规范行为，诚实守信，履行合同，同行互助，公平竞争，共同提高汽车销售服务水平。

(3)做好汽车业务

依法经营，服务到位，拓展思路，高效务实，努力完成企业各项指标；严禁损企利己；尊重企业，维护商誉，秉公办事，不谋私利，抵制有损企业利益的行为。

(4)注重文明经商

仪表端庄，言语文雅，态度诚恳，讲究卫生，以真诚的态度接待客户；诚信待客；严谨求实，热情服务，客户至上，提供周到和细致的汽车销售服务。

(5)构建和谐关爱的企业氛围

同事之间诚信友爱，和睦相处，相互协调，融入企业凝聚力工程建设；爱岗敬业，尽心尽责，审视自我，参与管理，做个称职的汽车销售顾问。

三、汽车销售顾问的职业素养

1. 形象大使——使客户愿意与你交往

销售顾问首先销售的是自己。世界汽车销售第一人乔·吉拉德说："我卖的不是我的雪佛兰汽车，我卖的是我自己。"产品与客户之间有一个重要的桥梁，那就是销售顾问本身，所以贩卖任何产品之前首先贩卖的是销售顾问自己。面对面销售过程中，假如客户不接受你这个人，他还会给你介绍产品的机会吗？所以首先要让自己看起来像一个好的"产品"。

汽车销售顾问是直接面对客户的窗口岗位，窗口服务是一个两分钟的世界：你只有一分钟让客户清楚你是谁，另一分钟让他们喜欢你，给客户留一个好印象是你销售工作的良好开端。对客户来讲，销售顾问与产品是融为一体的，所以我们首先要成为所服务的产品或者品牌的形象大使，让客户愿意和你交往。

良好的形象对我们仪容仪表、行为举止都有具体要求，这部分内容可参考商务礼仪中有关内容。

2. 产品大师——能为客户提供专业建议

努力成为你所售产品领域的专家、大师，这样就会获得客户的更多信任。在销售过程中能够及时有效地结合客户需求进行产品介绍，为客户提供可信服的购买建议，竞品对比时也可以处于主导和主动位置，同时还可以充分利用专家效应促成交易。在客户用车时能够及时提供专业性的指导与帮助，客户会因满意度的提高让你获得更多销售线索与机会。

3. 服务专家——全方位协助管理客户的汽车生活

努力成为服务型专家，全方位地协助管理客户的汽车生活。在其他条件相同的情况下，周到的服务会促成人们作出购买决定。在这里我们特指汽车销售顾问为客户提供的主动的专业的服务，这种服务出自销售顾问的主动意识。也就是说，在客户还没表明需要这类服务时能抢先为之提供服务。比如，客户开车前来，尚未下车，这时候如果你主动走出展厅，走到客户汽车跟前，礼貌友好地帮客户打开车门，就会让客户心里很舒服，继而满意。再比如，在寒冷的冬天，客户走进温暖的展厅内，室内外温差使得客户的眼镜片上瞬间起了一层雾气，这时候你递过来的擦镜布就会让客户感到贴心，甚至感动。这是对客户需求的深度满足，它代表的是一份诚意，是销售顾问专业的最好证明。

4. 沟通高手——站在客户的角度考虑问题

现在很多销售顾问与客户的沟通效果不佳，一大原因是缺少换位思考的能力。这里我们提出一个词——“同理心”，它指的是从被沟通者的视角、思维出发来看待问题，减少沟通中的对立和碰撞，这是顾问式销售的重要能力之一。同理心不同于同情心，同情心是施舍，而同理心是理解。

四、汽车销售顾问的职业能力

1. 人际交往能力

这是衡量汽车销售顾问能否适应现代社会客户需求的重要标准。汽车营销是与人打交道的工作。良好的语言表达能力及沟通能力是实现与客户高效沟通的必要技能和技巧。高品质的沟通可以快速实现销售目的，提升销售业绩。高品质的沟通可以消除人与人之间的隔阂，使人际关系更加融洽，也可以使团队的合作更加默契，更具凝聚力。值得注意的是，做销售顾问不等于只会能言善辩，更需要的是真诚、包容与谦虚。汽车销售顾问要让客户接受自己，认同自己的产品，解答他们的疑问，使客户对汽车4S店满意，并最终达成协议，实现让客户购买产品，并让客户带来更多的潜在客户的目标。

2. 计划与总结的能力

运筹帷幄之中，决胜千里之外。行动前的计划是一名销售顾问每天必做的功课。只有确定了明确的目标，针对销售目标制订了合理的销售计划，后期的工作才会有条不紊地朝着我们所希望的趋势发展。没有目标，销售顾问会像一只无头苍蝇乱撞，对工作也全无激情与热爱，销售业绩自然提不上去，但光有计划而不总结自己的成败也不可取。我们应善于总结，不断总结，得出经验和教训，才能更好更快地成长和发展。

3. 信息捕捉能力

汽车销售顾问要学会眼观六路，耳听八方，随时保持灵敏的信息嗅觉，及时捕捉身边的信息。汽车销售和管理人员必须对汽车市场的新事物、新情况具有敏感性，及时察觉汽车市场上微妙的变化，能从历年销售资料和有关数据中看出趋势，从平静的市场表象中看出危机和有待挖掘的潜力。要善于把握一些信号，善于察觉别人不易察觉的信息，并设法把信息转化为销售契机。对于销售顾问来说，进入汽车4S店的每一位客户都是一次机会，就看能不能很好地把握。

4. 商务谈判能力

商务谈判是销售工作中一项关键且无法回避的重要内容。谈判的目的是达到双赢，达到互惠互利。谈判的核心基本围绕购买价格展开。对于销售顾问来说,我们要清楚如何保证公司的利润,如何进行讨价还价。谈判的过程就是一个说服的过程,就是寻找双方最佳利益结合点的过程。在谈判之前,要搞清楚对方的情况,所谓“知己知彼”,了解对方越多,对自己越有利,掌握主动的机会就越多。专业的汽车销售顾问要掌握了解客户、认识需求、展示产品、处理异议以及商业沟通、价格谈判等技巧,而且还要了解客户心理、购买行为等方面的知识。掌握的信息越多,主动权就越有可能掌握在自己手中,同时要根据客户的不同需求来调整自己的谈判模式。

5. 团队合作能力

俗话说:“人心齐,泰山移。”团队合作的力量是巨大的。销售顾问不能以个体的形式单独存在。没有完美的个人,在一个团队中,每个成员都有自己的优点和缺点,要积极寻找队友的优秀品质,并克服自己的缺点。对于一个好的营销团队而言,超强的单兵作战能力固然重要,但协同作战更是必不可少。“众人拾柴火焰高”,只有在真诚地聆听不同的建议和意见的同时,清晰地阐明自己的想法并激发整个群体的共鸣,才能真正地实现团队合作。

五、转变心态,激活自我

1. 正确认识“销售”这一职业

要做好一份工作,首先得对这份工作有一个正确的认识,进而端正工作态度,从心底热爱这份工作,这样才能在工作中取得更好的成绩。

销售是传送价值给客户,经营客户关系,以便让组织与其利益关系人受益的一种组织功能与程序。

(1)销售是一种光荣、高尚的职业

在人生的舞台上,其实我们每个人都是销售顾问。不管你是达官显贵还是黎民百姓,志在安邦定国还是为了养家糊口,你如果想要实现自己的目标,就必须具备向他人销售自己的能力。

销售的重要性有时远远超过了产品本身,即使一个产品质量再好,对人们再有帮助,如果没有销售,也就无法得到广泛的宣传。我们所从事的销售工作在人们的生产生活中是不可或缺的。

当下销售顾问一般有两种心理角色:一种是乞丐心理,一种是使者心理。

拥有乞丐心理的销售顾问认为销售是乞求,请别人、求别人帮自己办成某件事情。也就是说,销售产品是请求客户购买自己的产品,如果客户购买的话,就是帮了自己的忙。这些销售顾问非常害怕购买者有丝毫的反对意见或看法,一旦听到反对意见,他们就禁不住认为交易将失败。

当今比较流行的销售顾问心理是使者心理。在这种心理的支配下,销售顾问并不是请求客户购买产品,而是向客户介绍或推荐一种对他有用(有利)的产品。销售经理告诉江小白:“你向你的目标客户靠近,是他的福气,因为你将给他带来一些意外的惊喜,你将给他带来便利或机会。你手中掌握着公司的产品,对客户而言,每一个都是一个获利的机会。你是光明的使者,你给消费者带来生活上的便利!”

处于不同心理模式下的销售顾问的精神状态是不一样的,展现在客户面前的气质、自信也不一样，销售的成绩自然也不一样。

销售产品先销售自己。在使者心理模式下，销售顾问更容易将自己“销售”出去，正因为公司的产品对客户有用，销售顾问才不辞辛苦地向客户介绍、推荐。销售就是诚恳地为用户(客户)服务，是一种奉献，是一种乐趣。

(2)销售是一门综合性学科

销售是一门综合性很强的学科，包含市场营销学、消费心理学、组织行为学。市场营销就是商品或服务从生产者手中移交到消费者手中的一种过程，是企业或其他组织以满足消费者需要为中心进行的一系列活动。消费心理学研究的是消费者在消费活动中的心理现象和行为规律。组织行为学是研究组织中人的心理和行为及其客观规律，提高管理人员预测、引导和控制人的行为的能力，以实现组织既定目标的科学。所以作为一名销售顾问，建议这几方面的知识都应该涉猎一下。

2. 树立正确的客户观

客户是什么？

误区一：把客户当对手，“今天搞定几个客户”。

误区二：把客户当猎物，“上钩了没有啊”。

误区三：把客户当上帝，“客户是衣食父母”。

正确的客户观：客户是朋友，是熟人，是我们服务的对象，是事业上双赢的伙伴；应关注客户的利益，真心帮助客户，让客户成功，让客户快乐。

3. 销售顾问的十大必备心态

态度决定一切。态度是一个人对待事物的一种驱动力，不同的态度将产生不同的驱动作用。

好的态度产生好的驱动力，更可能得到好的结果，而不好的态度也会产生不好的驱动力，注定会得到不好的结果。

【案例】

有位秀才第三次进京赶考，住在一个经常住的店里。考试前两天他做了两个梦：第一个梦是梦到自己在墙上种白菜，第二个梦是下雨天，他戴了斗笠还打伞。这两个梦似乎有些深意，秀才第二天就赶紧去找算命的解梦。算命的一听，连拍大腿说：“你还是回家吧。你想想，高墙上种菜不是白费劲吗？戴斗笠打雨伞不是多此一举吗？”秀才一听，心灰意冷，回店收拾包袱准备回家。店老板非常奇怪，问：“不是明天才考试吗，今天你怎么就回乡了？”秀才如此这般说了一番，店老板乐了：“哟，我也会解梦的。我倒觉得，你这次一定要留下来。你想想，墙上种菜不是高种(中)吗？戴斗笠打伞不是说明你这次有备无患吗？”秀才一听，觉得更有道理，于是精神振奋地参加考试，中了个探花。

(1)积极的心态

事物永远是正反两面同存，心态积极的人看到的永远是事物好的一面，而心态消极的人只看到不好的一面。积极的心态能把坏的事情变好，消极的心态能把好的事情变坏。积极的心态，是走向成功、实现自己人生目标的灵丹妙药。

积极的人像太阳，走到哪里哪里亮；消极的人像月亮，初一十五不一样。当某种阴暗的现象、某种困难出现在你面前时，如果你去关注这种阴暗、这种困难，那你就会因此而消沉；但如果你更加关注这种阴暗的改变、这种困难的排除，你会感觉到自己的心中充满阳光，充满力量。同时，积极的心态不但使自己充满奋斗的力量，也会给身边的人带来阳光。

很多销售顾问害怕被客户拒绝，客户的拒绝是什么？如果客户拒绝 10 次，成交1 次，1 次成交 10000 元，那每次拒绝＝1000 元。心态积极的人从积极的角度来思考问题，不断地给自己正能量：客户的拒绝是自我财富的积累，客户每一次拒绝都是我迈向成功的阶梯。

（2）主动的心态

主动是什么？主动就是“没有人告诉你而你正做着恰当的事情”。在竞争异常激烈的时代，被动就会挨打，主动就可以占据优势地位。我们的事业、我们的人生不是上天安排的，是我们主动去争取的。在企业里，有很多的事情也许没有人安排你去做，如果你主动行动起来，就不但锻炼了自己，同时也为自己争取相应的职位积蓄了力量；如果什么事情都需要别人来告诉你，你就已经落后了。

主动是为了给自己增加机会，增加锻炼自己的机会，增加实现自己价值的机会。社会、企业只能给你提供道具，而舞台需要自己搭建，演出需要自己排练，能演出怎样精彩的节目，有什么样的收视率，决定权在你自己。

（3）空杯的心态

金无足赤，人无完人。任何人都有自己的缺陷，或相对较弱的地方。也许你在某个行业已经具备了丰富的技能，但是对于新的企业，对于新的经销商，对于新的客户，你仍然只是普通的一员，没有任何特别之处。你需要用空杯的心态重新去展现自己的智慧，去吸收别人的正确的、优秀的东西。企业有相对成型的文化，有自己的发展思路，有自身的管理方法，只要是正确的、合理的，我们就应该去领悟，去感受。把自己融入企业之中，融入团队之中，否则，你永远是企业发展的局外人。

（4）双赢的心态

亏本的买卖没人做，这是商业规则。你应该怀着双赢的心态去处理你与企业之间的、企业和消费者之间的关系，不能为了自身的利益去损坏企业的利益。没有大家哪有小家？企业首先是一个利润中心，企业若没有了利益，你也肯定没有利益。同样，消费者满足于自己的需求，而企业致力于实现自己的产品价值，这同样是一个双赢，任何一方的利益受损都会影响对方。

（5）包容的心态

作为一名销售顾问，你会接触到各种各样的经销商，也会接触到各种各样的消费者。这个经销商有这样的爱好，那个消费者有那样的需求。我们是为客户提供服务的、满足客户需求的，这就要求我们学会包容，包容他人的不同喜好，包容别人的挑剔。你的同事也许与你也有不同的喜好，有不同的做事风格，你也应该去包容。水至清则无鱼，海纳百川有容乃大。我们需要培养同理心，需要去接纳差异，包容差异。

（6）自信的心态

自信是一切行动的原动力，没有自信就没有行动。我们要对自己服务的企业充满自信，对我们的产品充满自信，对自己的能力充满自信，对同事充满自信，对未来充满自信。很多销售顾问自己都不相信自己的产品，又怎样说服别人相信自己的产品呢？很多销售顾问不相信自己的能力，不相信自己的产品，所以在客户的门外犹豫了很久都不敢敲开对方的门。如果你充满自信，你就会充满干劲，你就会有信心将工作完成得很好。

(7)行动的心态

行动是最有说服力的。千百句雄辩胜不过一个真实的行动。我们需要用行动去证明自己的存在，证明自己的价值；我们需要用行动真正地关怀我们的客户；我们需要用行动去完成我们的目标。如果一切计划、一切目标、一切愿景都只是停留在纸上，不去付诸行动，那计划就得不到执行，目标就不能实现，愿景就是肥皂泡。

【课外链接】

明日歌

(明)钱福

明日复明日，明日何其多。我生待明日，万事成蹉跎。
世人苦被明日累，春去秋来老将至。朝看水东流，暮看日西坠。
百年明日能几何？请君听我明日歌。
明日复明日，明日何其多！日日待明日，万事成蹉跎。
世人皆被明日累，明日无穷老将至。晨昏滚滚水东流，今古悠悠日西坠。
百年明日能几何？请君听我明日歌。

(8)给予的心态

要索取，首先学会给予。没有给予，你就索取不到任何东西。我们要学会给予我们的同事关怀，给予经销商高品质的服务，给予消费者满足其需求的产品和服务。

(9)学习的心态

干到老，学到老。谁不去学习，谁就不能提高，谁就不会去创新，谁的武器就会落后。同事是老师，上级是老师，客户是老师，竞争对手是老师。学习不但是一种心态，更应该是我们的一种生活方式。21世纪，谁会学习，谁就会成功。

(10)老板的心态

要像老板一样思考，像老板一样行动。你具备了老板的心态，就会去考虑企业的成长，考虑企业的费用，你会感觉到企业的事情就是自己的事情。你知道什么是自己应该去做的，什么是自己不应该做的。反之，你就会得过且过，不负责任，认为自己永远是打工者，企业的命运与自己无关。

有什么样的心态，就过着什么样的生活。唯有心态问题解决了，你才会感觉到自己的存在；唯有心态问题解决了，你才会感觉到生活与工作的快乐；唯有心态问题解决了，你才会感觉到自己所做的一切都是理所当然。

【任务小结】

本任务介绍了汽车销售顾问应具备的知识结构、职业道德、职业能力及心态等问题，可依据以下口诀进行记忆。

汽车销售涉面宽，产品客户都要懂。
爱岗敬业守道德，形象良好又专业。
全面服务会沟通，正确识岗心态好。

【任务实施】

【任务工单】★☆成为一名杰出的销售顾问☆★

<table>
<tr><td>工作任务</td><td colspan="2">成为一名杰出的销售顾问</td><td>实操成绩</td><td></td></tr>
<tr><td>任务地点</td><td colspan="2"></td><td>任务日期</td><td></td></tr>
<tr><td>组号</td><td colspan="2"></td><td>小组组长</td><td></td></tr>
<tr><td>班级</td><td colspan="2"></td><td>小组成员</td><td></td></tr>
<tr><td>任务描述</td><td colspan="4">把产品的质量做到极致，市场就会青睐你；把服务做到极致，客户就会记住你；把品牌做到极致，世界就会属于你。努力是将工作做完，用心是将工作做好。初入职场，我立志要在自己的岗位上发光发热，努力成为一名杰出的销售顾问。
杰出的销售顾问应具备的职业素养有哪些呢？</td></tr>
<tr><td rowspan="2">任务实施</td><td>任务</td><td colspan="3">成为一名杰出的销售顾问</td></tr>
<tr><td colspan="4">以小组为单位，梳理汽车销售顾问职业素养的相关信息，制作一份“如何成为一名杰出的汽车销售顾问”的 PPT，包括以下内容和要求：
1. 销售顾问应具备的职业素养有哪些。
2. 经过自我审视，对照销售顾问职业素养要求给自己制订规划。
3. 要求课件制作精美。</td></tr>
</table>

说明：本表由小组长带领成员共同完成，一组一份。

【学习评价——小组评价】

小组学习评价表

小组自评（100分）	优点	不足	自评成绩
小组互评（100分）	组别	优点与不足	互评成绩
	1组		
	2组		
	3组		
	4组		
教师评价（100分）	优点	不足	教师评分成绩
总评成绩（100分）	计算公式		总成绩
	总评成绩＝小组自评成绩×30％＋小组互评成绩×30％＋教师评价成绩×40％		
反思与改善			

说明：本表由小组长完成，一组一份。

【学习评价——个人评价】

个人学习评价表

我学会了	
我做到了	
我有待提升的地方	
自我学习评价	○优　□良　△及格　▽不及格
反思与改善	
教师评语及建议	

说明：本表由学生个人完成，一人一份。

【评分标准】

"成为一名杰出的销售顾问"评分细则

	项目	满分	得分
1	能进行5S管理(整理、整顿、清理、清洁、素养)	5	
2	着装整洁,仪表端庄,表情和蔼可亲,眼神自然真诚,手势规范,姿态正确、自然大方,声音清晰标准,语音语速适中,语言流畅	5	
3	汽车销售顾问应具备的知识结构描述全面、准确	10	
4	汽车销售顾问应遵循的职业道德描述全面、准确	15	
5	汽车销售顾问应具备的职业素养描述全面、准确	10	
6	汽车销售顾问应具备的职业能力描述全面、准确	10	
7	汽车销售顾问应具备的积极心态描述全面	15	
8	自我审视,制订个人规划,合理可执行	15	
9	课件制作精美	5	
10	突发事件处理能力	5	
11	小组成员分工合理,职责明确	5	

【巩固提升】

1. 汽车销售顾问应具备哪些方面的知识?
2. 简述汽车销售顾问应遵守的职业道德。
3. 简述汽车销售顾问应具备的职业能力。
4. 与本岗位成绩优秀的学长取得联系,进行沟通交流,学习优秀、杰出的销售顾问的成功之道。

项目二

众里寻他千百度——开发与管理潜在客户

在整个销售活动中,客户的开发是第一个环节,也是一项最具挑战性、开拓性和艰巨性的工作。开发客户是销售顾问的一项基本功,也是销售顾问扩大社交圈子、创造更多销售机会的过程。在这个阶段,销售顾问要明确客户开发的目标,选择合适的客户开发渠道,并在客户开发过程中运用一些技巧和方法,不断扩展自己的客户网络。

客户开发通常是由汽车销售顾问通过市场调查初步了解市场和客户的情况,对有实力和有购买意向的客户进行重点沟通,最终完成目标区域的客户开发计划。客户开发的前提是确定目标市场,研究目标客户,首要任务就是开发潜在客户。

【课程导航】

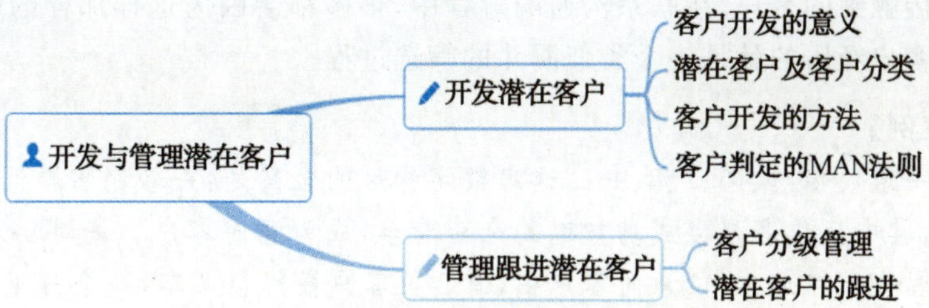

任务一　开发潜在客户

为什么要开发客户？没有客户就没有销售，有效的客户开发可以让更多的客户来到展厅，创造更多的销售机会。客户在哪？谁才是我们的客户？怎样去开发客户呢？同学们可以带着这些问题，进入今天的任务学习。

【工作情景】

良好的业绩不是等来的，江小白作为一名职场新人，最缺的就是客户资源，其首要任务就是开发潜在客户。

【学习目标】

素质目标

1. 提升心理素质，克服客户开发前的畏难情绪。
2. 树立敢于挑战自我的勇气和信念，提升沟通表达能力、亲和力。

知识目标

1. 明确客户开发的意义。
2. 掌握客户开发中的漏斗原理。
3. 掌握客户开发的方法。

能力目标

1. 能够做好客户开发前的准备工作(心理、物质)。
2. 能够按照漏斗原理，根据月度任务表算出集客任务。

【知识储备】

一、客户开发的意义

1. 销售中的漏斗原理

在4S店销售活动中，我们接待的客户不全是主动来店的，比如有些是网上看车后邀约到店，有些是通过老客户转介绍等，来店看车的客户也不是100%成交的。如果把销售过程比喻成一个漏斗，那么潜在客户就是漏斗的大头，最终成交的客户是漏斗的小头。销售顾问所接触到的客户，在联系沟通的过程中，很多都会因为这样那样的原因流失了，最终成交的客户经历的就是一个类似漏斗的筛选过程。

【案例】

有一组数字：1、15、7、8、96。这串数字背后的含义是：一名销售顾问每天要打15个电话，其中7位客户会成功被邀约来店看车，成为意向客户。一周5天，就会有35位意向客户。在这35位意向客户中，有2位客户最终会买车，一个月4个星期中，就会有8位成交客户，意味着这个销售顾问一个月卖8辆车。一年有12个月，照这样算的话，一年你会成功销售96台车。这串数字非常有用。

2. 客户开发的重要性

客户开发对于销售顾问来说是一项艰巨且重要的工作。根据销售漏斗原理，销售顾问要想完成销售任务，有两个途径：提高成交率和扩大漏斗开口，也就是增大潜在客户的接触面。特别是对于新入行、经验不足的销售顾问而言，多接触潜在客户无疑是最好的办法了。

二、潜在客户及客户分类

1. 潜在客户

所谓潜在客户，是指对某类产品（或服务）存在需求且具备购买能力的待开发客户，这类客户与企业存在着销售合作机会。经过企业及销售顾问的努力，可以把潜在客户转变为现实客户。

2. 客户分类

(1)潜在客户：尚未接触，也尚未购车的客户。

(2)有望客户：已经接触，但尚未购车的客户。

(3)战败客户：已经接触，但购买其他品牌汽车的客户。

(4)基盘客户：已经接触，且已经购车的客户。

三、客户开发的方法

1. 观察法

观察法又称现场观察法，是指销售顾问根据自己的知识、经验，通过对周围环境的直接观察和判断寻找客户的方法。客户观察法是一个经典而基本的方法，销售顾问通过察言观色，运用逻辑判断和推理来确定准客户。使用这个方法需要销售顾问敏锐的观察力和洞悉事务的能力。

2. 普遍寻找法

普遍寻找法又称地毯式寻找法或逐户寻找法，是指销售顾问在不太熟悉销售对象的情况下，直接访问某一特定区域或某一特定职业的所有人或组织，从中寻找客户的方法。这种方法的理论依据是平均法则，也就是说，在假定被访人群中一定有一部分客户分布，实施要点就是销售顾问要针对特定群体，采用拜访、邮件、微信或电话联系的方式无遗漏地进行寻找确认。

这个方法看似大海捞针，非常笨拙，其实曾被美国营销大师称为战无不胜的方法。实践证明，普遍寻找法是在寻找客户的方法中最有成效的。普遍寻找法也是新手销售顾问必须学习锻炼的一个客户开发方法。所谓"勤能补拙是良训，一分辛苦一分才"，即勤奋可以弥补自己天赋上的不足，付出几分的努力就能收获几分成绩。这个方法在我国古代也早有应用，比如宋代就已盛行的"货郎"，在农村或城市小街僻巷流动贩卖日用杂货，还有卖药郎中背着一个大包袱，挨家挨户地售药。这种销售形式一直延续到现在，并被赋予新的内涵，依然是寻找客户的好方法。

俗语说："坐商不如行商。""坐商"就是立足于展厅、店头销售，等待客户到店，将商品卖出去。"行商"则要求销售顾问走出展厅，到消费者可能出现的区域，主动出击。不管是坐商还是行商，能吸引客户，拉动成交量，增添人气的就是可行的营销手段。变则通，不变则亡。

当然这个方法在应用的时候是有技巧的，需要注意以下两点：

(1)减少盲目性。凡事预则立，不预则废。拜访客户或者群发信息之前，务必根据自己销售的产品特性及使用范围进行可行性研究，找准目标客户群，不能盲目撒网。

(2)及时总结提升。在总结经验的基础上，多做几个访问话术的方案及策略，尤其是斟酌好与客户初次接触的第一句话；与客户初次接触时切勿功利性太强，要真诚相待，减少被拒可能性。

3. 连锁介绍法

连锁介绍法是指销售顾问依靠他人，特别是现有客户，推荐和介绍有可能购买产品的潜在客户的方法。这个方法背后的理论依据是"事物都是普遍联系"的唯物辩证法哲学原理，即事物之间以及事物内部要素之间存在相互连接、相互依赖、相互影响、相互作用、相互转化的关系。连锁介绍法就是根据消费者需求和动机的相互联系和影响，利用客户的相互关系，通过客户连锁介绍，获得新客户。据统计，开发一位新客户的成本是维护老客户成本的6倍，这也是我们要注重客户关怀，维护基盘客户的道理所在。汽车营销不是一锤子买卖，销售顾问必须要和客户维系长久持续的合作关系，要做到这一点就需要销售顾问加强自身修养，用人格魅力去打动客户，真诚热情地服务客户，与客户成为朋友，而不是见好就收，成交后就"变脸"的功利心要不得。

连锁介绍法曾被称为最有效的开发客户的方法之一。据统计，在各种客户开发方法中，由现有客户推荐而取得成功的能占到38%，其他客户开发方法成功率均在22%以下。

在使用连锁介绍法时，还有一些衍生技巧，如：

(1)中心开花法，也叫名人介绍法、权威介绍法。销售顾问可以在一定的推销范围内接触一些具有较大影响力的中心人物或组织来消费自己的产品，然后通过中心人物的影响力把该范围内的其他人变成自己的客户。这也是"光辉效应法则"的体现。

(2)猎犬法，又称委托助手法，指销售顾问雇用他人寻找客户的方法，比如一些有经验的销售顾问往往雇用汽车维修站工作人员当"猎犬"：当他们发现哪位修车车主有以旧换新的打算时，会立即将车主介绍给汽车销售顾问。

【案例】

乔·吉拉德的猎犬计划:让客户帮助你寻找客户

乔·吉拉德认为,干推销这一行,需要别人的帮助。乔的很多生意都是由"猎犬"(那些会让别人到他那里买东西的客户)帮助的结果。乔的一句名言就是"买过我汽车的客户都会帮我推销"。

在生意成交之后,乔总是把一叠名片和猎犬计划的说明书交给客户。说明书中有句承诺:如果客户介绍别人来买车,成交之后,每辆车客户会得到25美元的酬劳。

几天之后,乔会寄给客户一张感谢卡和一叠名片,以后每年客户至少会收到乔的一封附有猎犬计划的信件,提醒他乔的承诺仍然有效。如果乔发现客户是一位领导人物,其他人会听他的话,那么,乔会更加努力地促成交易并设法让其成为"猎犬"。实施猎犬计划的关键是守信用——一定要付给客户25美元。乔的原则是:宁可错付50个人,也不要漏掉一个该付的人。猎犬计划使乔的收益很大。

1976年,猎犬计划为乔带来了150笔生意,约占总交易额的1/3。乔付出了1400美元的猎犬费用,收获了75000美元的佣金。

客户开发的方法还有很多,如资料调查法、广告"轰炸"法、网络搜寻法、交叉合作法等等。无论采用哪种方法开发客户,都需要销售顾问敏锐的洞察力及真诚的服务心态,需要不懈奋斗的毅力和自强不息的信念,这样才能慢慢地积累客户。

四、客户判定的MAN法则

1. MAN法则

销售顾问在通过客户开发后,会获得一些用户名单,但这些用户不一定都是潜在客户,要想快速高效地甄别客户,就必须练就准确判别潜在客户的本领。在实际的工作中,我们通常采用MAN法则,即从购买能力(Money)、决策权(Authority)、购买需求(Need)三个方面进行判定。

(1)M(Money)代表购买能力,所选择的对象必须有一定的购买能力。"M"表示"有","m"表示"无"。

(2)A(Authority)代表购买决定权,是指所选择的对象对购买行为有决定、建议或反对的权力。"A"表示"有","a"表示"无"。

(3)N(Need)代表购买需求,是指所选择的对象有这方面(产品、服务)的需求。"N"表示"有","n"表示"无"。

2. 判定对策

潜在客户应该具备以上特征,但在实际操作中,推销人员会碰到以下状况,应根据具体状况采取具体对策。

(1)M+A+N:有希望的客户,理想的推销对象。

(2)M+A+n:可以接触,配上熟练的推销技术,有成功的希望。

(3)M+a+N:可以接触,并设法找到具有A条件的人。

(4)m+A+N:可以接触,需调查其业务状况、信用条件等以确定是否给予融资。

(5)m+a+N:可以接触,应长期观察、培养,使之再具备一个条件。

(6)m+A+n:可以接触,应长期观察、培养,使之再具备一个条件。

(7)M+a+n:可以接触,应长期观察、培养,使之再具备一个条件。

(8)m+a+n:非客户,停止接触。

由此可见,潜在客户有时在欠缺了某一条件(如购买力、购买决定权或需求)的情况下,仍然可以开发,只要应用适当的策略,便能使其成为企业的新客户。

按照以上原则保留下来的客户,除了需要长期观察、培养的客户以外,其余的客户还需要进行客户资格审查。所谓客户资格审查,就是指推销人员对初步拟出的准客户名单,按照一定的标准进行评审,以确定适当的目标客户的行动过程。客户的资格审查一般从四个方面进行,即客户需求评价、客户购买能力评价、客户购买权力评价和客户购买信用评价。

【任务小结】

本任务主要学习了客户开发的漏斗原理、客户的分类、客户开发的方法及潜在客户判定的 MAN 法则这几个问题。对于客户开发,同学们可依照以下口诀进行记忆。

茫茫人海客户多,守株待兔不可行。
观察地毯连锁法,有的放矢最关键。
能力决策和需求,细细观察巧判断。
人格魅力加热情,坚持不懈你准行。

【任务实施】

【任务工单】★☆开发潜在客户☆★

工作任务	开发潜在客户	实操成绩	
任务地点		任务日期	
组号		小组组长	
班级		小组成员	
任务描述	良好的业绩不是等出来的，江小白作为一名职场新人，最缺的就是客户资源，其首要任务就是开发潜在客户。		
任务实施	任务：开发潜在客户 小组成员分配销售顾问和客户角色，结合客户开发相关内容，确定客户开发方案并进行情景模拟。		

说明：本表由小组长带领成员共同完成，一组一份。

【学习评价——小组评价】

小组学习评价表

<table>
<tr><td rowspan="2">小组自评
(100分)</td><td>优点</td><td>不足</td><td>自评成绩</td></tr>
<tr><td></td><td></td><td></td></tr>
<tr><td rowspan="5">小组互评
(100分)</td><td>组别</td><td>优点与不足</td><td>互评成绩</td></tr>
<tr><td>1组</td><td></td><td></td></tr>
<tr><td>2组</td><td></td><td></td></tr>
<tr><td>3组</td><td></td><td></td></tr>
<tr><td>4组</td><td></td><td></td></tr>
<tr><td rowspan="2">教师评价
(100分)</td><td>优点</td><td>不足</td><td>教师评分成绩</td></tr>
<tr><td></td><td></td><td></td></tr>
<tr><td rowspan="2">总评成绩
(100分)</td><td colspan="2">计算公式</td><td>总成绩</td></tr>
<tr><td colspan="2">总评成绩＝小组自评成绩×30％＋小组互评成绩×30％＋教师评价成绩×40％</td><td></td></tr>
<tr><td>反思与
改善</td><td colspan="3"></td></tr>
</table>

说明：本表由小组长完成，一组一份。

【学习评价——个人评价】

个人学习评价表

我学会了	
我做到了	
我有待提升的地方	
自我学习评价	○优　□良　△及格　▽不及格
反思与改善	
教师评语及建议	

说明：本表由学生个人完成，一人一份。

【评分标准】

“开发潜在客户”评分细则

	项目	满分	得分
1	能进行5S管理(整理、整顿、清理、清洁、素养)	5	
2	着装整洁,仪表端庄,表情和蔼可亲,眼神自然真诚,手势规范,姿态正确、自然大方	10	
3	能根据情境正确选择客户开发的渠道	10	
4	能根据情况正确选择并应用客户开发的方法	20	
5	熟练应用客户开发中的各种技巧	20	
6	客户开发是否成功	15	
7	知识、技巧运用	5	
8	声音清晰标准,语音语速适中,语句流畅	5	
9	突发事件处理能力	5	
10	小组成员分工合理,职责明确	5	

【巩固提升】

1. 客户的分类有哪些？如果跟踪了很长时间的客户买了其他品牌的车型,那是什么类型的客户？

2. 什么是潜在客户？潜在客户鉴定的“MAN”法则是什么？

3. 模拟一次收集潜在客户信息,情景自定。以下情景供参考：

(1)在车展上,与客户交流后留档。

(2)客户打电话咨询车型、价格。

(3)老客户带朋友来店看车。

任务二　管理跟进潜在客户

销售顾问通过一定的方式与技巧开发、评估客户后,手上有了一份潜在客户名单,这些潜在客户如何变成实际的销售对象,还需要较高的管理技巧。优秀的销售顾问都非常注重两项工作,就是分类管理客户和及时跟进客户。

【工作情景】

刚毕业不久在一汽大众4S店上岗的江小白上周在车展上收集了一些意向客户的信息，从车展回来后，销售总监让她确认一下这些客户信息并尝试邀约到店。小白很困惑：这么多客户，光信息就登记了四五页，足足有几百位吧，不可能一下子都邀约到店，工作应该如何下手呢？

【学习目标】

素质目标

1. 磨炼耐心与细心，提升解决问题的能力。
2. 树立敢于挑战自我的勇气和信念，提升沟通表达能力。

知识目标

1. 掌握潜在客户的含义。
2. 掌握潜在客户的分级管理。

能力目标

1. 能够进行潜在客户的分类与评估。
2. 能够运用相关表卡进行客户管理。

【知识储备】

一、客户分级管理

客户分级管理的目的有两个：一是通过有规划的广拓客源、科学的层层筛选及维护，建立资源丰富的客户宝库；二是在现有客户中产生最大的销售回报。

1. 潜在客户分级管理

所谓潜在客户的分级管理，就是指根据一定的标准把潜在客户划分为不同的等级，以便有计划、有重点地开展销售活动，取得最佳推销效果。分级管理有助于避免销售工作的盲目性，有利于抓住良好的销售机会。销售顾问不可能同时拜访或联系众多的客户，总是要有先有后，分清轻重缓急。正如《大学》中所言："物有本末，事有终始，知所先后，则近道矣。"

2. 客户分级管理的意义

(1)可以建立客户情报网，以便后续有效追踪。

(2)可以有系统、有重点、有次序地追踪客户。

(3)能适时给客户提供帮助。

(4)在合适的时机接触客户。

(5)避免遗忘对重要客户的追踪。

(6)提高工作效率和最终成交率。

【案例】

乔·吉拉德认为，推销员应该像一台机器，具有录音机和计算机的功能，在和客户交往过程中，应将客户所说的有用情况都记录下来，“所有这些资料都可以帮助你接近客户，使你能够有效地跟客户讨论问题，谈论他们自己感兴趣的话题。只要你有办法使客户心情舒畅，他们就不会让你大失所望”。潜在客户资料卡的主要内容包括公司名称、主要联系人的姓名和职务、主要联系人的个人信息（包括家庭信息、兴趣、爱好等）、电话和传真号码、地址、需要车辆的车型及数量、特殊车型需要、以往联系结果和下次联系时间、以往交易等。

3. 潜在客户的分类

目前，主要根据 MAN 模型以及客户意向级别来确定潜在客户。潜在客户虽然都有可能达成交易，但为了获得最大的效益，提高销售业绩，应该对这些潜在客户实施分类管理，以提高销售的有效性。一般将潜在客户进行以下分类：

（1）根据可能成交时间的紧迫性分类

所谓紧迫性，是指客户对购买公司产品/服务或成交时间长短的迫切程度。

①1 个月内可能成交的客户，被称为渴望客户。

②3 个月内可能成交的客户，被称为有望客户。

③超过 3 个月才能成交的客户，被称为观望客户。

不同级别的客户跟进频次不同。对于渴望客户，销售顾问可以增加访问的频率与深度；对于有望客户，销售顾问需要积极争取，主动出击；对于观望客户，销售顾问需要作出进一步的判断与评估，然后安排访问的时间。

（2）按客户意向程度分类

客户的意向级别一般是根据客户的意向程度来确定的，一般可设为 A、B、C、D 四个级别。

①A 级是指已缴纳购车定金的。

②B 级是指品牌、车型、价格、交车期等主要因素都已确定，只是对诸如颜色等非主要因素还要进行商量和确认，一般情况下能够在一周内付款、订车的。

③C 级是指品牌、车型、价格、交车期等主要因素中有一部分已确定，如对购车的价格范围已经确定，但却不知具体购买哪个品牌、哪种型号等，还需再了解、再咨询，一般情况下在一个月内可以决定付款、订车的。

④D 级是指已有购车愿望，可能尚在等待一笔钱到账或者先行对汽车的品牌、车型、价格、颜色、付款方式等问题进行调查、咨询和了解，一般情况下需在一个月以后才能够付款、订车的。

不同的汽车品牌按客户意向级别进行分类的方法稍有不同，一些汽车品牌将客户分为 O 级、H 级、A 级、B 级、C 级。

二、潜在客户的跟进

通过不同的客户开发方式积累一定的客户信息，这也是销售顾问售前进行的一项重要工作——集客。集客活动的好与坏直接影响汽车销售顾问的销售业绩。集客后销售顾问还需将前面所开发的客户信息进行进一步确认和跟进，并尝试邀请客户到店，客户到店体验后还需根据需要进一步跟进客户。

据统计，80%以上的汽车销售是在第 4—11 次客户跟进后完成的，所以把握好客户跟进与邀约的技巧对于一名优秀的销售顾问来说非常重要。拿破仑曾说:“不想当将军的士兵不是好士兵。”要立志成为一名优秀的销售顾问,就要坚定信念,坚持不懈。没有一项工作是一蹴而就的,都需要持之以恒的努力。正如荀子《劝学》篇所言:“锲而舍之,朽木不折;锲而不舍,金石可镂。”

1. 跟进客户的时机

首次跟进客户,主要是对客户信息做进一步确认,确认客户意向车型,目的是邀约客户进店。后期跟进客户,重点记录跟进客户的情况,包括客户转入时间、上次联系达成的结果、此前是否有人跟进和购车意向级别。

电话邀约客户

2. 邀约计划的制订

汽车销售顾问根据信息确认情况以及客户购车意向强烈程度制订客户邀约计划:

(1)针对强意向购车客户,汽车销售顾问可以以厂家近期举办的优惠活动为由邀约客户到店购车。

(2)对于中意向购车客户,汽车销售顾问可以以店内近期开展的一些互动促销活动为由吸引客户,强化购车意向,并设法邀约客户到店购车。

(3)面对弱意向购车客户,汽车销售顾问可以为客户提供购车的咨询服务,同时寻找适当的时机邀约客户到店进行试乘试驾,强化客户的购车意向。

3. 跟进计划的制订

汽车销售顾问针对客户购买意向与交际风格制订不同的潜在客户的跟进计划。根据客户分级情况,购买意愿越迫切的客户,需要跟进的次数也就越多。

(1)O 级客户:已预收定金客户,跟进频次为 3 天、7 天。

(2)H 级客户:7 日内成交客户,跟进频次为 24 小时、3 天。

(3)A 级客户:7—15 日成交客户,跟进频次为 24 小时、4 天。

(4)B 级客户:15 日—1 个月内成交客户,跟进频次为 24 小时、7 天。

(5)C 级客户:1 个月以上时间成交客户,跟进频次为 15 天。

【任务小结】

本任务主要学习了客户信息的确认、客户分类、客户分级管理、客户跟进的相关知识与方法,同学们可依照以下口诀进行记忆。

客户信息已在手,主动跟进有先后。
O 级 H 级 ABC,根据类别定频次。
针对意向和风格,跟进计划不能忘。
把握时机巧邀约,凡事有预则能立。

【任务实施】

【任务工单】★☆管理跟进潜在客户☆★

<table>
<tr><td>工作任务</td><td colspan="2">管理跟进潜在客户</td><td>实操成绩</td><td></td></tr>
<tr><td>任务地点</td><td colspan="2"></td><td>任务日期</td><td></td></tr>
<tr><td>组号</td><td colspan="2"></td><td>小组组长</td><td></td></tr>
<tr><td>班级</td><td colspan="2"></td><td>小组成员</td><td></td></tr>
<tr><td>任务描述</td><td colspan="4">刚毕业不久在一汽大众 4S 店上岗的江小白上周在车展上收集了一些意向客户的信息。从车展回来后，销售总监让她确认一下这些客户信息并尝试邀约客户到店。小白很困惑：这么多客户，光信息就登记了四五页，足足有几百位吧，不可能一下子都邀约到店，工作应该如何下手呢？</td></tr>
<tr><td rowspan="6">任务实施</td><td>任务 1</td><td colspan="3">确认客户信息</td></tr>
<tr><td colspan="4"></td></tr>
<tr><td>任务 2</td><td colspan="3">客户分类管理</td></tr>
<tr><td colspan="4"></td></tr>
<tr><td>任务 3</td><td colspan="3">跟进及邀约计划制订</td></tr>
<tr><td colspan="4">小组成员分配销售顾问和客户角色，结合客户跟进与管理的相关内容，制订客户分级管理与跟进方案并进行情景模拟。</td></tr>
</table>

说明：本表由小组长带领成员共同完成，一组一份。

【学习评价——小组评价】

小组学习评价表

小组自评（100分）	优点	不足	自评成绩
小组互评（100分）	组别	优点与不足	互评成绩
	1组		
	2组		
	3组		
	4组		
教师评价（100分）	优点	不足	教师评分成绩
总评成绩（100分）	计算公式		总成绩
	总评成绩＝小组自评成绩×30％＋小组互评成绩×30％＋教师评价成绩×40％		
反思与改善			

说明：本表由小组长完成，一组一份。

【学习评价——个人评价】

个人学习评价表

我学会了	
我做到了	
我有待提升的地方	
自我学习评价	○优　□良　△及格　▽不及格
反思与改善	
教师评语及建议	

说明：本表由学生个人完成，一人一份。

【评分标准】

"管理跟进潜在客户"评分细则

	项目	满分	得分
1	能进行 5S 管理(整理、整顿、清理、清洁、素养)	5	
2	着装整洁,仪表端庄,表情和蔼可亲,眼神自然真诚,手势规范,姿态正确、自然大方	10	
3	能将客户进行分级管理,正确填写客户资料卡	15	
4	能根据客户情况制订切实可行的跟进计划	25	
5	能用正确的邀约礼仪成功将客户邀约到店	25	
6	知识、技巧运用	5	
7	声音清晰标准,语音语速适中,语句流畅	5	
8	突发事件处理能力	5	
9	小组成员分工合理,职责明确	5	

【巩固提升】

1. 客户如何进行分级管理?请同学们调研一汽大众、上汽大众、一汽奥迪、华晨宝马、东风日产等品牌的客户分级方法。

2. 客户跟进计划如何制订?

3. 模拟一次客户邀约计划制订,情景自定。以下情景供参考:

(1)邀约车展留存信息客户到店看车。

(2)邀约电话咨询的意向客户试乘试驾。

(3)周末组织团购会,邀请意向客户来店了解车型。

项目三

以礼相待——4S店展厅客户接待

任何一个光临汽车经销商展厅的人，都可能是潜在客户。汽车制造商与汽车经销商开展各种促销活动及业务推广，主要目的都是吸引客户进入销售展厅。这时，销售顾问必须把握每一个销售机会。

汽车销售顾问与客户的初次见面至关重要，这在很大程度上决定了整个销售过程的成败。汽车销售顾问如果不能让客户接受自己、认可自己，进而信任自己，那么就很难顺利地将汽车销售出去。经销商要注重展厅硬件设施建设，而销售顾问则应该摆正心态，在短短的接待时间内充分发挥主动性，给对方留下完美的第一印象。

汽车销售顾问在展厅接待中如何才能够让客户满意？怎样才能够做到彬彬有礼？具体的标准有哪些？这就是本项目所要探讨的课题。

【课程导航】

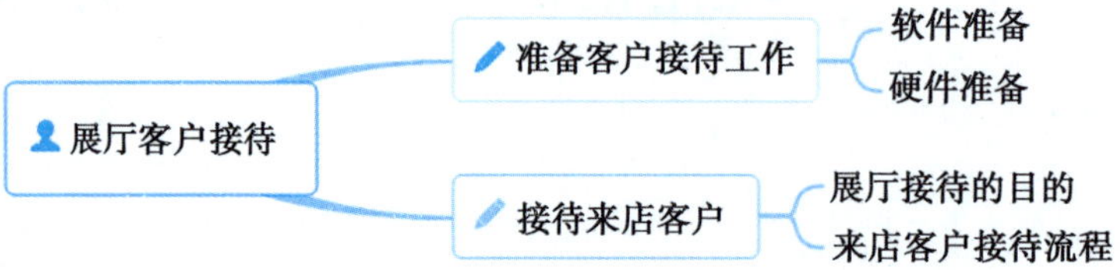

任务一　准备客户接待工作

一般情况下，大多数客户有购车意向时都会选择到4S店来咨询，如何让客户体验到“客户至上”的服务理念和品牌形象，是4S店和汽车营销人员所要面对的挑战。当客户走进宽敞明亮的展厅，置身于高雅的背景音乐所营造的舒适氛围中，周围若有汽车营销人员热情周到的接待，客户就倾向于逗留更长的时间，并且想与销售人员建立联系。这就为达成交易做好了铺垫。

工欲善其事，必先利其器。销售顾问和客户面对面的时间是非常有限的，做好准备工作，能让你在销售前了解客户的情况，帮助你迅速掌握销售重点，节约宝贵的时间，达到良好的沟通效果。

【工作情景】

经过市场部前期策划，这周4S店将迎来一场团购会。江小白刚刚接到了客户张明先生的预约电话，张先生和张太太将于明天上午9点到店看车。江小白深知前期准备工作的重要性，那么，接下来需要做哪些准备工作呢？

【学习目标】

素质目标

1. 凡事预则立，不预则废的思想。
2. 认真负责的工作态度。
3. 良好的工作执行能力、沟通组织协调能力、良好的心理素质和克服困难的能力。

知识目标

1. 知道售前准备的内容。
2. 知道售前准备的要求和标准。

能力目标

能按照要求做好售前相关准备工作。

【知识储备】

一、软件准备

1. 产品信息准备

(1)要熟悉本公司对这款汽车产品的销售政策。

(2)要详细了解汽车销售过程中的各项事务,如付款方式、按揭费用的计算、新车购置税的税率、上牌的手续、保险的内容、保险的费用等。

(3)所谓知己知彼,方能百战不殆。销售顾问要了解竞争对手的车型与自己所售车型的差异。有的时候客户会讲竞争对手的某款车性价比高、有什么配置。这个时候销售顾问就要了解对手的信息,才有应对的策略。

2. 礼仪准备

销售顾问应穿着统一标准的服装,佩戴统一的工作标牌,注意个人形象,接待客户时采用标准的商务礼仪。

汽车销售是与人打交道的工作。在销售过程中,汽车销售顾问与汽车产品处于同等重要的位置。汽车销售顾问的外在形象和言谈举止都会影响到客户对汽车的选择。相当一部分客户决定购买汽车是出于对销售顾问的好感、信任和尊重。所以,汽车销售顾问首先应该学会“推销”自己,让客户接纳自己,愿意与自己交往,喜欢听自己对汽车的介绍和讲解。只有这样,销售顾问才能在与客户接触的过程中成功地卖出产品。汽车销售顾问要想塑造具有吸引力的好形象,应做到以下几点:

(1)适宜的礼仪

在汽车销售中,礼仪既是“通行证”,又是“润滑剂”。汽车销售顾问能否成功,礼仪是重要因素之一。客户都喜欢值得信赖、彬彬有礼的销售顾问。如果销售顾问不懂礼仪,就可能会破坏与客户沟通的氛围,从而导致交易中断。所以,销售顾问应该在平时就养成诚恳、热情、友好、谦虚的美德,要自然地表示礼貌,而不是刻意地修饰和做作。当要坐下来详细介绍汽车时,要先请客户坐下,主动为客户沏茶倒水,面带微笑。

(2)端庄的仪容

汽车销售顾问的仪容是给客户留下的第一印象。仪容的好坏与销售的成败有着直接的关系。在销售过程中,汽车销售顾问应给客户留下大方、整洁、得体的印象,这样,不但会让自己更加自信并神采飞扬,同时,也会赢得客户的信任和好感。修饰自己的仪容,改善和维护自己的形象,应做到洁净、健康、自然。

(3)大方、整洁的着装

销售顾问良好的着装可以满足客户视觉和心理方面的要求,大方、整洁的着装能给客户留下良好而深刻的第一印象。销售顾问的服装既是一种社会符号,也是一种情感符号。现在汽车销售公司一般都要求员工统一着装,这不仅能很好地体现企业文化,而且,销售顾问统一的外在形象也提升了企业的整体形象。销售顾问着装要大方,要统一化,以便客户识别,在工作时间不要佩戴过多的饰物。当然,着装还要符合个人的身份、年龄、性别、环境、风俗习惯等。

(4)优雅的举止

在与客户的交往中,优雅的举止是销售顾问给客户的一张无形的名片。销售顾问应具有端正的坐姿、站姿,稳健、轻松的行姿,含蓄、高雅的手势,充满魅力的微笑,炯炯有神的目光。这既能体现销售顾问的自信、能力和修养,又能赢得客户的好感,更能亲近他人,从而使沟通更加顺利,给自己带来成功。

二、硬件准备

1. 销售工具准备

每名销售顾问在销售时应携带销售工具夹,工具夹内应存放的物品有:所有的销售表单、目前店内销售的车型资料、保险费率表、客户登记簿、计算器、名片等。4S店会为销售顾问印制个人名片,销售顾问不要忘记携带名片,名片应有专门的名片夹存放。销售工具夹要及时更新,以满足客户的需求。

2. 展厅环境准备

应该按照品牌统一的标准来设计和保持展厅环境,努力营造一个洁净、温馨、舒适的展厅氛围。

(1)展厅整体

①展厅内、外墙面、玻璃墙等保持干净整洁,应定期清洁。

②展厅的地面、墙面、展台、灯具、视听设备等保持干净整洁。

③在展厅信息墙等处整齐摆放与销售车辆相对应的各种车型手册。

④展厅内保持适宜的温度,依照标准保持在25摄氏度左右。

⑤展厅内的照明要求明亮、令人感觉舒适。

⑥展厅内在营业期间播放舒缓、优雅的轻音乐。

⑦展厅内所有设施应保持完好,并能正常使用。

⑧展厅内所有植物叶面保持清洁。

(2)车辆展示区

①每辆展车驾驶位的右前方设有一个规格架,规格架上有与该展车一致的规格表,并每天清洁。

②展车间保持适宜的空间位置和距离,更换展车要在下班后。

(3)室外

①专营店展厅室外场地保持整齐清洁。

②专营店展厅室外车辆停放保持整齐。

③停车场需有指定的客户停车区,试乘试驾车辆统一在停放区停放。

(4)客户休息区

①客户休息区保持整齐清洁,沙发、茶几等摆放整齐并保持清洁。

②客户休息区桌面上备有烟灰缸,烟灰缸内若有3个以上(含3个)烟蒂,应立即清理;每次在客人走后应立即把用过的烟灰缸清理干净。

③客户休息区设有杂志架、报纸架,各备有5种以上的报纸、杂志,报纸应每日更新,杂志包括汽车、体育、时尚、儿童类杂志,超过3个月应更新。

(5)业务洽谈区

业务洽谈区的桌椅摆放整齐有序，保持洁净，桌面上备有烟灰缸，烟灰缸内若有3个(含3个)以上烟蒂，应立即清理；每次在客人走后应立即把用过的烟灰缸清理干净。

(6)客户接待台

①接待台保持干净，台面上不可放有任何杂物，各种文件、名片、资料等整齐有序地摆放在台面下，不许放置与工作无关的报纸、杂志等杂物；接待台值班人员不许聊天、打闹、看报纸、玩手机。

②接待台处的电话、电脑等设备保持良好的可使用状态。

(7)销售部办公室

销售部办公室内保持整洁，销售顾问的各种文件、名片、水杯等整齐有序地摆放在办公桌上，不许放置与工作无关的报纸、杂志等物品，不许将客户的各种资料随意摆放。工作时间不允许吃东西。

3. 展厅车辆准备

(1)展车清洁维护要求

①保持车身清洁，展车表面不得有明显灰尘、指印划痕、水渍。

②保持车窗玻璃、挡风玻璃清洁光亮，无灰尘、无污渍。

③展车全身打蜡、保持光亮，玻璃干净透亮，保持轮胎胎面、轮辋表面和可视部位清洁，无灰尘、无污渍，无石子等异物嵌入轮胎胎纹内；车胎需清洗、上光。

④需对汽车发动机室内可见部分、可触及部位等进行清洗，擦拭干净；发动机室左右两道边槽、排气管、前挡风玻璃与其下方塑料件结合部应无灰尘。

⑤后备厢保持干燥洁净，随车工具等物品摆放整齐，无其他杂物；汽车油箱内需备有一定的汽油(不少于5升)，确保汽车可随时发动。

⑥车厢内部保持清洁，关注车内顶篷清洁，去除前后座椅、遮阳板、方向盘(包括后车灯)等部件上的塑料保护套。

⑦车内各储物箱内均不得放有杂物。

⑧内后视镜和左右后视镜配合驾驶位相应地调至合适的位置，并擦拭干净，不留手印等污迹。

⑨保持展车四周及底部地面的清洁，无烟头、纸屑、油污。

⑩每天上班前进行一次全面的清洁工作，每隔半小时检查一次，客户接待完毕后擦拭一遍展车，座椅归位。

(2)展车展示管理要求

展车的摆放位置应为最佳可视角度，保证车内外的清洁，车内各项功能处于良好状态，方便客户体验了解。展厅车辆第一责任人为对应销售顾问，检查责任人为展厅经理，整体的负责人及抽查责任人为销售经理。

①展车右前侧放置该车型的技术参数并配置立架。

②展示车辆的组合应兼顾车型与车色选择，根据不同规格展厅适当搭配。

③展车轮辋盖上的品牌标志需摆正，与地面平行。

④展车前后方牌照区应配备铭牌并保持清洁。

⑤除特殊要求外，展车车门保持不上锁状态，可供客户随时进入车内。

⑥四门车窗玻璃上升到顶。

⑦展车天窗、杯架、后排中央扶手、引擎盖、行李箱保持闭合状态，遮阳帘关闭。

⑧展车拉起手刹，手动挡挂到空挡，自动挡挂到P挡。

⑨车内时钟时间显示正确，车内所有电器设备均保持关闭；确保音响功能已调至最佳位置，预先搜索并预存3—6个音乐频道，各座椅上安全带摆放整齐一致。

⑩客户离开后销售顾问将车辆恢复上述车辆展示状态。

(3)展车管理其他要求

①展车充分充电，每3天发动汽车一次，方便车辆展示用电的需要。

②重点推荐车型应放在重点推荐区。

③重点推荐车辆需进行重点维护，随时清洁，关注车辆蓄电池电量，可供随时启动。

④展车钥匙应统一集中管理，便于随需随取、安全使用。

⑤展车不允许占用客户停车场地进行展示。

【任务小结】

本任务主要讲解了售前准备内容及标准，可依照以下口诀进行记忆。

凡事预则立，不预则废
客户接待讲时效，售前准备不可少。
准备工作要全面，软件硬件均兼顾。
产品政策样样熟，销售顾问仪态好。
工具在手随取用，环境适宜助销售。

【任务实施】

【任务工单】★☆准备客户接待工作☆★

<table>
<tr><td>工作任务</td><td>准备客户接待工作</td><td>实操成绩</td><td></td></tr>
<tr><td>任务地点</td><td></td><td>任务日期</td><td></td></tr>
<tr><td>组号</td><td></td><td>小组组长</td><td></td></tr>
<tr><td>班级</td><td></td><td>小组成员</td><td></td></tr>
<tr><td>任务描述</td><td colspan="3">经过市场部前期策划，这周 4S 店将迎来一场团购会。江小白刚刚接到了客户张明先生的预约电话，张先生和张太太将在明天上午 9 点到店看车。江小白深知前期准备工作的重要性，那么需要做哪些准备工作呢？</td></tr>
<tr><td rowspan="2">任务实施</td><td>任务</td><td colspan="2">准备客户接待工作</td></tr>
<tr><td colspan="3">结合售前准备相关知识，制作一份“售前准备”PPT 并进行汇报和展示。</td></tr>
</table>

说明：本表由小组长带领成员共同完成，一组一份。

【学习评价——小组评价】

小组学习评价表

小组自评（100 分）	优点	不足	自评成绩
小组互评（100 分）	组别	优点与不足	互评成绩
	1 组		
	2 组		
	3 组		
	4 组		
教师评价（100 分）	优点	不足	教师评分成绩
总评成绩（100 分）	计算公式		总成绩
	总评成绩＝小组自评成绩×30％＋小组互评成绩×30％＋教师评价成绩×40％		
反思与改善			

说明：本表由小组长完成，一组一份。

【学习评价——个人评价】

个人学习评价表

我学会了	
我做到了	
我有待提升的地方	
自我学习评价	○优　□良　△及格　▽不及格
反思与改善	
教师评语及建议	

说明：本表由学生个人完成，一人一份。

【评分标准】

"准备客户接待工作"评分细则

	项目	满分	得分
1	能进行5S管理(整理、整顿、清理、清洁、素养)	5	
2	着装整洁,仪表端庄,表情和蔼可亲,眼神自然真诚,手势规范,姿态正确、自然大方,声音清晰标准,语音语速适中	5	
3	产品准备内容全面、详细	15	
4	礼仪准备内容全面、详细	15	
5	销售工具准备齐全,无漏项,能说出每一项工具的用处	15	
6	展厅环境准备全面、详细,能说出具体要求	15	
7	展车准备全面、详细,能说出具体要求	15	
8	课件制作精美	5	
9	汇报语言表达流畅,无错误	5	
10	小组成员分工合理,职责明确	5	

【巩固提升】

1. 客户接待前的准备工作有哪些?
2. 简述工作人员专业礼仪准备内容。
3. 走访当地汽车4S店,感受4S店环境及工作人员状态。

任务二　接待来店客户

通常情况下,进入我们展厅的客户或多或少都是有"压力"的,压力可能来自各个方面,而此时我们要做的就是以我们热情、专业的接待,建立客户的信心,消除客户的疑虑,进入他们自己的"舒适区",这些对于客户最后是否接受我们的产品有着举足轻重的作用。因此,热忱、周到、专业的接待将会解除客户的负面情绪并让我们取得客户的信赖,营造一种友好愉快的气氛。

规范的汽车销售流程能提升销售顾问的营销技能和客户满意度,也是销售顾问完成销售的基本保证。一名汽车销售顾问必须对销售流程非常熟悉,这样才能严格按流程服务好客户,完成销售任务。

【工作情景】

昨天和张先生、张太太约好今天上午9点来店看车,销售顾问江小白事先已经做好了充分的准备工作。今天张先生和张太太如约到店，江小白负责接待他们，以期为客户提供周到、专业化的服务。

【学习目标】

素质目标

1. 严谨的科学思维习惯和规范的操作意识。
2. 以礼待人，以诚待人。
3. 认真负责的工作态度。
4. 良好的人际交往能力。
5. 良好的与人协作能力。

知识目标

1. 掌握店内接待流程。
2. 掌握各阶段执行要点。

能力目标

1. 能按照展厅接待流程与规范完成客户接待。
2. 能运用展厅接待技巧。

【知识储备】

一、展厅接待的目的

在产品差异化不断缩小的今天，服务的差异化在客户的心中占据了越来越重的分量。当客户走进展厅时，他对这个品牌服务质量的期望，在一瞬间便转移到了他的销售顾问身上。因此，我们要为客户营造一个精致的购车环境，让客户体会到轻松与尊重。通过客户接待，力求达到以下目的：

1. 消除客户的疑虑和戒备，营造轻松、舒适的购车氛围。
2. 让客户感受到我们的热情。
3. 建立客户的信心，以利于销售活动的顺利开展。
4. 努力与客户建立一种朋友关系，使客户对经销商形成正面的第一印象。
5. 让客户在展厅逗留更长的时间，或愿意与我们再次联系，获得预约时间。
6. 突出展现你与客户之前接触过的其他品牌4S店的销售顾问有何不同。

二、来店客户接待流程

1. 客户进店时

(1)迎接客户

接待到店的客户，销售顾问要积极、主动、热情。在这里我们倡导一个方法——向前一步。比如下雨天或者艳阳天，客户未带伞，这时候销售顾问应取店里的备用伞出门迎接客户，客户肯定会觉得你很贴心。

(2)打招呼

见到客户时，向客户鞠躬微笑，微笑时面部肌肉要放松，嘴角微微向上翘起，嘴唇略呈弧形，轻笑，笑时避免露出牙龈，自觉控制发声系统，笑不出声。热情招呼客户，注意要和每一位来访者打招呼，打招呼时语气要适当，声音轻柔而不做作，轻声而不低沉，真诚热情地注视客户。

【知识链接】

鞠躬礼

1.基本要求

(1)立正站好，身体端正，距受礼者二三步。

(2)双手放在身体两侧或在体前搭好，面带微笑，注视对方表达问候语后，以臀部为轴心，将上身挺直地向前倾斜15°—90°，目光随身体向下。

(3)鞠躬起身时，恢复站姿，目光再回到对方脸上。

2.不同角度的鞠躬礼

(1)15°鞠躬礼运用于一般的应酬。

(2)30°—45°的鞠躬礼通常运用于卑者对尊者的情形中。

(3)90°鞠躬礼一般用于三鞠躬或用于悔过、谢罪等特殊情况，属最高礼节。

3.鞠躬禁忌

(1)忌鞠躬时不脱帽。

(2)忌鞠躬时只点头，不倾身。

(3)忌眼睛不往下，而是翻起看着对方。

(4)忌鞠躬前后不正视客人。

(5)忌鞠躬时嘴里吃着东西或叼着香烟。

微笑礼仪

微笑在工作时间内属职业表情，微笑不只是服务态度的问题，其实质是职业道德的问题。微笑体现了一个人的教养与人格，“脸难看”的服务是既不尊重他人又不尊重自己的不明智的表现。

1.微笑的分类

一度微笑：嘴角微微翘起，做自然轻度微笑，表示友好情绪，适宜社交场合中的初次见面。

二度微笑：嘴角明显上弯，肌肉明显舒展，表示亲切、温馨，适宜社交场合中与熟人亲友间的友谊性微笑。

三度微笑：嘴角大幅上扬，两颊肌肉明显向两侧推展，表示亲爱甜蜜的情绪，适宜亲人、恋人间。

2.服务微笑要求

(1)主动，自然大方，不能有羞涩之态。

(2)仪容端庄，热情适度。

(3)尊重自我，尊重宾客。

(4)要求善于控制自己的情绪，即使在心情不好的情况下也要对宾客保持微笑，提供热情饱满的服务。

3.微笑服务的含义及所体现的益处

(1)微笑服务是指服务人员以真诚的笑容向客人提供最优质的服务,使客人在接受服务的过程中感受到友好及被尊重的亲切感,既可以使双方关系融洽,同时也能反映出服务者的美好心灵及高尚情操。

(2)微笑是服务行业的天使,微笑是人与人之间进行善意沟通的一剂妙药。微笑的表情仿佛在告诉客人:"我喜欢您,因为您使我们快乐。""很高兴看到您。""欢迎光临。""很荣幸为您服务。""欢迎您下次再来找我。"

因为微笑,我们的关系才会更融洽、更和谐,所以,请微笑吧,你将得到别人的尊重,同时也可为人际关系迈出成功的一步打好基础。

4.微笑的"四要"与"四不要"

微笑的"四要":

(1)做到真笑而不是假笑。发自内心的微笑,会自然调动人的五官,使眼睛略眯、眉毛上扬、鼻翼张开、脸肌收拢、嘴角上翘。

(2)要神情自然,显出气质。笑的时候要精神饱满、神采奕奕、亲切甜美。

(3)要声情并茂,相辅相成。只有声情并茂,你的热情、诚意才能为人所接收到,并起到锦上添花的效果。

(4)要与仪表举止的美和谐一致,从外表上形成完美统一的效果。

微笑的"四不要":

(1)不要缺乏诚意、强装笑脸。

(2)不要露出笑容后随即收起。

(3)不要仅为情绪左右而笑。

(4)不要只把微笑留给上级、朋友等少数人。

(3)自我介绍

销售顾问首先要向客户进行自我介绍,做到自信、亲切、简洁,内容包括姓名、单位、职务。例如:您好,欢迎光临一汽大众汽车4S店,我是这里的销售顾问江小白,很高兴为您服务。

【知识链接】

介绍他人的礼仪

(1)介绍时必须离开座位,站立进行。

(2)先把身份低的介绍给身份高的。

(3)如果是本单位与外单位的人会见,应该先把本单位的人介绍给外单位的人。

(4)男士与女士见面时,应把男士介绍给女士。

(5)年长的同年轻的会见时,应把年轻者介绍给年长者。

(6)如果双方的年龄、地位差不多,可以先介绍与自己关系比较亲密的一方。

(7)如果要把一个人介绍给众多人,首先应给大家介绍这个人,然后把众人一一介绍给他。

(8)如果是参加聚会之类,应该把迟到者介绍给早到者。

总之，首先介绍的往往是地位较低、年龄较小、与自己关系比较亲密的人。

(4)递送名片

4S店一般都会给每位销售顾问配有名片，在简单自我介绍后，销售顾问向客户递送自己的名片。递送名片时态度要谦恭，以双手食指和拇指执名片的两角，以文字正对对方，一边自我介绍，一边递上名片，并轻微鞠躬，同时辅以话术“这是我的名片，请您多指教”“这是我的名片，很高兴认识您”等，给到店的每一位客户递送名片。

有些客户可能会给你一张他的名片，对于对方递过来的名片，应该用双手去接，以示尊重和礼节。

【知识链接】

名片礼仪

名片礼仪是指推销员在递交或者接受名片的时候应该注意的程序和方法。名片是推销员常备的一种交际工具。推销员在与客户交谈时，递给客户一张名片，不仅是很好的自我介绍的方法，而且与客户建立了联系，既方便又体面。

在社交场合，名片是自我介绍的一种简便方式。交换名片的顺序一般是：先客后主，先低后高。当与多人交换名片时，应依照职位高低的顺序，或是由近及远，依次进行，切勿跳跃式地进行，以免对方误认为有厚此薄彼之感。递送时应将名片正面面向对方，双手奉上。眼睛应注视对方，面带微笑，并大方地说：“这是我的名片，请多多关照。”名片的递送应在介绍之后，在尚未弄清对方身份时不应急于递送名片，更不要把名片视同传单随便散发。

(5)请教客户称谓

向客户做完自我介绍后，客户知道了你是谁，接下来我们要请教客户的称谓，如：“先生，请问您贵姓？”如果有两位客户，就要一一询问。汽车销售顾问要记住客户姓名，然后根据姓氏来称呼对方，比如“张先生”“刘小姐”等，这样可以缩短与客户之间的距离。这时候可根据具体情况适当赞美客户，如：“张太太真漂亮，张先生您可真有福气。”

(6)询问客户来店意图

双方互相认识后，销售顾问就要询问客户此次到店的意图：是看车还是有其他的需求。可以这么问：“请问二位今天过来是看车还是办理其他业务？”“请问有什么需要帮助的吗？”听到询问，客户就会表明此次来店的目的。

(7)提供服务

得知客户来店目的后，就要向客户提供适当的服务。如果客户来看车，销售顾问应走在客户的左前方，引导客户前往客户洽谈区就座。如果客户带儿童一起来店，应该征询其意见安排专人带孩子到儿童区玩耍。

引导过程中要注意引导手势，手肘弯曲，手掌摊开，小臂与掌心持平、五指并拢，并辅以话术：“二位这边请！请跟我来！”

客户进店时

【知识链接】

引导礼仪

1. 引导位置

引导人员站在来宾的左前方，距来宾0.5—1.5米，传达“以右为尊、以客为尊”的理念。来宾人数越多，引导的距离也应该越远，以免照顾不周。

2. 引导手势

在引导时，大多使用“前摆式”手势。四指并拢，拇指靠向食指，手掌伸直，由身体侧自下而上抬起，以肩关节为轴，到腰的高度再由身前左方或右方（视指引的方向和来宾的位置而定）摆去，手臂摆到距身体15厘米，并不超过躯干的位置时停止。目视来宾，面带微笑。

3. 引导语言

要有明确而规范的引导语言，多用敬语“您好”“请”，以表达对来宾的尊重。

4. 引导具体地点

（1）走廊处

引导人员应走在来宾一两步之前，让对方走在道路的中央，自己走在走廊一侧。切记：与来宾步调保持一致。

（2）楼梯处

当引导来宾上楼时，应该让来宾走在前面，引导人员走在后面。下楼梯时，应该由引导人员走在前面，来宾走在后面。途中要注意引导提醒来宾。拐弯或有楼梯台阶的地方应使用手势，并提醒来宾“这边请”或“注意楼梯”等。

（3）电梯处

引至电梯口。如果只有一位来宾，引导人员按住按钮，请客人进入；如果有两位以上来宾，引导人员与电梯成90°角站立，用靠近电梯门一侧的手采用直臂式手势护梯，另外一只手用回摆式邀请来宾进入。

陪同进入。如果只有一位来宾，则请来宾进入电梯，然后紧跟进入，站到电梯内控制按钮附近，身体背对电梯，与电梯门成90°角。如果有两位以上来宾，先说“请稍等”，然后走进电梯，用另一只手邀请来宾进入。电梯内尽量侧对客人。出梯时，按住按钮说“您先请”，等来宾都走出电梯后，再走出去引领。

（4）开门和关门

如果是手拉门，引导人员应先拉开门说“请稍等”，再用靠近把手的手拉住门，站在门旁，用回摆式手势请大家进门，最后自己把门关上。

如果是手推门，引导人员推开门说“请稍等”，然后先进，握住门把手，用横摆式手势请来宾进入。

当来宾走入会客厅后，接待人员用前摆式手势指示，同时要说“您请坐”等敬语。看到来宾坐下后，向后退两步后离开。

5. 注意事项

(1)通常情况下，引导人员在来宾的左前方。

(2)引导人员的步调要适应来宾的速度。

(3)引导时，多用语言提醒，多用敬语，注意保护来宾的安全。

2. 客户看车时

客户进店后如果提出要“自己看看”，销售顾问应尊重客户，请客户随意观看，同时向客户明确说明自己的服务意愿和候叫的位置。例如：“有需要，请随时叫我，我就在这边。”随时关注客户动向和兴趣点，与客户保持适当的距离，避免让客户产生压力。客户在看车的时候不希望被打扰，而在需要帮助的时候，又希望能够得到及时的帮助。销售顾问要密切关注客户发出的接近信号，抓住接近客户的最好时机。当发现客户想问问题时，应主动上前询问是否需要帮助。

客户发出的接近信号有以下几种：

(1)客户的注意力集中在某辆汽车上

客户的注意力集中在某辆汽车上，表明客户对这款汽车产生了兴趣。销售顾问应利用这种机会接近客户，可以说：“您真有眼力。”“您的风度高雅，开这种款式的汽车，真是太合适了。”然后进一步询问客户的需要。

(2)客户触摸汽车时

客户仔细地观看、触摸汽车，表明他对这款汽车产生了兴趣，并希望通过销售顾问的介绍更多地了解汽车。销售顾问可利用这种机会接近客户，可以说：“先生，需要我为您介绍这辆车吗？”

注意不要在客户刚刚触摸汽车时就上前询问，不要从客户背后突然插话，应该在客户踌躇未定的瞬间，主动从正面或侧面迎上前去。

(3)客户看到某款汽车后，抬起头来寻找销售顾问

客户在看到某款汽车后，突然抬起头左右张望，表明他需要帮助。销售顾问可利用这种机会接近客户，恰当回答客户的询问，并主动介绍汽车。若客户觉得这款汽车不太中意，准备离开，销售顾问要见机行事，接近客户：“这款不太适合吗？那边还有一款，请您再看看！”

(4)客户突然停下脚步时

当客户一边走一边浏览展示的汽车时，突然停下脚步，表明某款汽车引起了他的注意。销售顾问这时应立即迎上前，主动介绍客户关注的汽车的相关信息。

(5)与客户的目光相接时

当销售顾问与客户的目光相接时，销售顾问应向客户点头致意，并说“您好，欢迎光临”。这时轻轻地招呼，虽然不一定能谈成生意，但可以表现出销售顾问礼貌的态度和接待的热情。

3. 客户洽谈时

(1)邀请入座

引导客户到洽谈区后，销售顾问主动邀请客户先入座，让客户坐在可以看到展车的位置。客户入座时，帮客户拉椅子，体现“客户至上”的理念。

(2)提供饮料服务，暂时分散客户的注意力

向客户提供可选择(一般三种)的免费饮料，注意饮品杯不宜装太满，手指不要碰到杯沿，从客户的右面上饮品，先女后男，并随时注意观察客户是否需要续杯。

【参考话术】

销售顾问：“我们为您准备了茶、矿泉水和咖啡，请问您需要哪一种？”

客户：“茶。”

销售顾问：“好的，请稍等！”

销售顾问：“张先生，您要的茶，您请慢用！”

(3)销售顾问入座

从服务的角度来说，我们的视线不应高于客户，在征得客户同意后入座于客户侧面，并保持适当的身体距离(0.8—1.2米)。

【知识链接】

社交中常见的几种距离

人与人之间的远近亲疏是可以用界域或距离的大小来衡量的。无论在何种情况下，个体周围都有一个属于自己的空间，人际交往只有在这个允许的空间范围内才会显得自然并给人以安全感。

1.亲密距离

0—0.5米为亲密距离。这是恋人之间、夫妻之间、父母子女之间以及至爱亲朋之间的交往距离。亲密距离又可分为近位和远位两种。

近位亲密距离为0—15厘米。这是一个“亲密无间”的距离空间。在这个空间内，人们可以尽情地表现爱抚、安慰、保护等多种亲密情感。

远位亲密距离为15—50厘米。这是一个可以肩并肩、手挽手的空间。在这个空间里，人们可以谈论私事，说悄悄话。

在公众场合，只有至爱亲朋才能进入亲密距离这一空间。在大庭广众面前，除了客观上十分拥挤的场合，一般异性之间是绝不应进入这一空间的，否则就是对对方的不尊重。即使因拥挤而被迫进入这一空间，也应尽量避免身体的任何部位触及对方，更不能将目光紧紧盯在对方的身上。

2.社交距离

0.5—1.5米为社交距离。这一距离下，双方都把手伸直，有可能相互触及。由于这一距离有较大开放性，亲密朋友、熟人可随意进入这一区域。

3.礼仪距离

1.5—3米为礼仪距离。人们在这一距离时可以打招呼，如“刘总，好久不见”。这是商业活动、国事活动等正式社交场合所采用的距离。采用这一距离可体现交往的

正式性和庄重性。在一些领导人、企业老板的办公室里，其办公桌的宽度在 2 米以上，设计这一宽度的目的之一就在于领导者与下属谈话时可显示出距离与领导的威严。

4.公共距离

3 米之外为公共距离，处于这一距离的双方只需要点头致意即可，这时候就不需要大声喊话了，大声喊话是有失礼仪的。

(4)资料递送

客户提出想看一下车型介绍，或者发生其他需要向客户递送资料的情形时，注意应该双手递送，资料须是经过整理、正面朝向客户的，同时要有指引说明。例如："这是××车型的配置表及相关资料，您请看！"

(5)与客户交流

在洽谈区与客户交流时，注意不要太着急，应先从礼貌寒暄开始，扩大谈话面，引导对话方向。例如："您是第一次来我们店吗？""您是怎么知道我们店的？""我看您是开车来的是吧？我们这店的位置好找吗？"

与客户洽谈时

【知识链接】

寒　暄

寒暄的主要用途是在人际交往中打破僵局，缩短人际距离，向交谈对象表示自己的敬意，或是向对方表示乐于与之结交之意。所以说，在与他人见面之时，若能选用适当的寒暄语，往往会为双方进一步的交谈做好良好的铺垫。

一、常见的寒暄方式

1.问候型

(1)典型问候型。典型的说法是问好。常说的是"你们好""大家好"等，这是近几十年来流行的问候语，也是人际交往中用得最多的一种问候语。近些年开始流行英文的问候方式，如"嗨(Hi)"等。

(2)传统意会问候型。传统意会问候型主要是指一些貌似提问实际上只是表示问候的招呼语。如："上哪去呀""吃过饭了吗""怎么这么忙啊"等。这一类问语并不表示提问，只是见面时交谈开始的媒介语，并不需要回答，主要用于认识的人之间。

(3)古典问候型。具有古代汉语风格色彩的问候语主要有"幸会""久仰"等。这类问候语书面语风格比较鲜明，多用于比较庄重的场合。

2.攀认型

攀认型问候是抓住双方共同的亲近点，并以此为契机进行发挥性问候，以达到顺利接近对方的目的。销售顾问与客户接触时，只要留心，就不难发现自己与客户有着这样或那样的共同点，像“同乡”“自己喜欢的地方”等就能与客户“沾亲带故”。例如：“大家是山东人，我母亲出生在山东，说起来，我们算是半个老乡了。”“大家都是陕西人，我也算是陕西人。我在西安上的大学，西安可以说是我的第二故乡了。”

3.关照型

关照型寒暄主要是在寒暄时要积极地关注客户的各种需求，不露痕迹地解决客户的疑问。销售顾问在寒暄中能够有针对性地关注这些方面的问题，就能够一定程度地解除客户的某些必要的或者是不必要的担心，就能有效地活跃客户的情绪。

二、寒暄注意事项

寒暄的时候有必要注意以下三点：

1.应有主动热情、诚实友善的态度

有了自然而得体的话题，有了认同感，再加上寒暄时诚恳、热情的态度、语言、表情以及双方表现出的对寒暄内容的勃勃兴致，和谐的交际气氛也就自然地创造出来了，这样就为销售顾问下一步的销售工作的顺利开展打下了良好的基础。寒暄时选择合适的方式、合适的语句是非常必要的，但这合适的方式、语句的表示还有赖于主动热情、诚实友善的态度。只有把这三者有机地结合起来，寒暄的目的才能达到。试想，当别人用冷冰冰的态度对你说“我很高兴见到你”时，你会有一种什么样的感觉？当别人用不屑一顾的态度夸奖你“很精明能干”时，你又会做何感想？推己及人，我们寒暄时不能不注意态度。

2.应适可而止，因势利导

做任何事情都应有个“度”，寒暄也不例外。恰当适度的寒暄有益于打开谈话的局面，但切忌没完没了，时间过长（当然，对方有兴致聊时例外）。有经验的销售顾问总是善于从寒暄中找到契机，因势利导，言归正传。

3.善于选择话题

切入自然而得体的寒暄话题，双方的心理距离就会有效缩短，双方的认同感就容易建立起来。一般来讲，在寒暄时可以选择以下的话题作为开始。

(1)天气。天气几乎是中外人士最常用的“开场白”。天气对于生活的影响太大了，天气很好，不妨同声赞美；天气太热，也不妨交换一下彼此的苦恼；如果有什么台风、暴雨或是季节性流行病的消息，更值得拿出来谈谈，因为那是人人都关心的话题。例如：今天是周末，下了那么长时间的雨，天总算是放晴了，您今天出来走动走动真是挑对了时候。

(2)开开无伤大雅的玩笑。这一类的笑话，多数人都爱听。开开自己的玩笑，除了能够博人一笑之外，还会使人觉得你为人很随和，很容易相处。

(3)医疗保健，这也是人人都感兴趣的话题。新发明的药品、著名的医生、对流行病的医疗护理、自己或亲友养病的经验、怎样可以延年益寿、怎样可以增强体质、怎样可以减肥等一类的话题，也许纯粹就是一家之言，但它能吸引人的注意力。特别在遇到朋友或其家人健康有问题的时候，假如你能向他提供有价值的意见，那他更是会对你非常感激的。

(4)轰动一时的社会新闻也是闲谈的资料。假使你有一些特有的新闻或特殊的意见和看法，那足可以把一批听众吸引在你的周围。以“新闻”为话题交谈的对象一般是老客户，如果知道对方的喜好那是最好不过了，可以聊一聊客户喜欢的新闻；如果不知道客户的喜好，就要小心一点，最好事先试探性地提及，如果客户不感兴趣，应赶紧停止该话题。

(5)家庭问题。关于家庭生活的各方面的知识，例如儿童教育、购物经验、夫妇之间怎样相处、亲友之间的交际应酬、家庭布置等，也会使大多数人产生兴趣。

当然，除了以上几点外，还有许多作为闲谈的资料，如运动、娱乐、政治和宗教等。

学会赞美客户

正所谓“美言一句三冬暖”，每个人都希望得到别人的尊重、夸奖、欣赏、赞美。人是群居动物，需要相互间的欣赏和承认来获取心理上、精神上的平衡和满足，真、善、美是人永恒的追求。适当的赞美可以拉近汽车销售顾问与客户之间的距离，使得销售活动能更顺利地进行下去；不适当的赞美就会让客户觉得很假，很做作。因此，赞美客户需要懂得一定的技巧。

技巧一：不要轻易赞美新客户，礼貌即可

汽车销售顾问在接待新客户的时候，千万不要马上就天花乱坠地赞美他们。你的过度热情会吓到客户，使得他们调头就走。对待新客户，只要礼貌即可。因为在还不熟悉的情况下，贸然赞美客户，反而会让客户反感，甚至认为你有谄媚之嫌。

技巧二：留意老客户细节上的变化

客户买车很少能一两次沟通就成交的，总会在买车之前考虑很多。所以，汽车销售顾问可以在第二次接待客户的时候，细心发现客户身上，例如服饰、发型等的变化，有的话，可以适当赞美一下，这样的效果非常好。你的细心会让客户有被重视和被留意的感觉。

每个人都有一种希望别人注意到自己不同之处的心理。因此，如果你能发现客户异于别人的地方（当然是好的方面），并及时表达赞扬之情，一定会取得出乎意料的效果。

技巧三：借助别人的口去赞美

汽车销售顾问可以借助别人的话语去赞美客户，这样就不会显得做作，反而让客户觉得这样的赞美是客观的，别人是认同的。比如可以说：“是的，刚才旁边的那位客户也说您所选择的颜色是很有个性和品位的！”

技巧四：通过具体的事情、细节去赞美

在赞美客户的时候，可以从具体一点的细节入手。比如你可以赞美客户所提的问题很专业，看问题比较深入等。这样的赞美往往能让客户感觉你是在真诚地赞美，而不是谄媚。

技巧五：完成交易后，通过赞美强化客户购买的信心

客户购买完产品之后，汽车销售顾问不能认为整个交易活动就结束了，而是要通过赞美去强化客户购买产品的信心。一般来说，有些客户在购买完产品之后，会习惯性地怀疑自己是否买亏了或者担心买回去之后会用得不合适，所以他们都会去询问身边的人来判断自己买得是否合适。汽车销售顾问要在结束交易之后，对客户说些肯定和赞美的话语，增强客户对产品的信心。

(6)关注随行人员

当我们面对1个以上的客户时，要随时关注客户的同伴，不可忽视。

(7)在适当时机请客户留下个人信息

客户随时都有离开展厅的可能，因此销售顾问要选择恰当的时机，留下客户的联系方式。这是在销售接待过程中最基本的要求。接待客户一次就成交的概率很小，后续我们需要根据客户资料继续跟进。可以这样说："张先生，咱们店不定期会有一些优惠活动，为了第一时间能通知到您，您方便留一下电话号码吗？""您的微信就是这个手机号吧？我加一下您。"

留取客户电话

在实际情况中，这一请求经常会遭到客户的拒绝。一般来说，客户拒绝的原因有以下几种：

①担心被骚扰。客户担心汽车销售顾问会像一些专门发送垃圾短信的公司一样进行电话或者短信骚扰，影响自己正常的生活。

②担心失去主动权。客户担心给了销售顾问电话号码后，随时都有可能接到销售顾问的推销电话，扰乱自己的决策节奏，从而失去主动权。

③担心泄露个人信息。电话号码也是个人信息的一部分，客户担心被泄露给其他人，给自己的工作生活带来不便。

④担心在不方便的时候接到电话。客户担心在开会、休息或其他不方便的时间段接到销售顾问的电话，给自己造成不便。

⑤缺乏正当合理的理由。销售顾问在要电话号码时动作、理由有不合适的地方。

⑥客户不属于意向购车客户，只是来展厅了解一下，或是竞争对手伪装的调查人员，担心自己暴露身份，所以不愿意留下电话号码。

在搞清楚客户不愿意留下联系方式的原因后，销售顾问应该打消客户疑虑，让客户知道留下信息对自己的好处，以诚恳的态度获得客户信任。比如："张先生，您放心，我们公司非常重视对客户信息的保密，绝对不可能泄露出去的。留下您的联系方式，就是为了在咱们店有优惠或者其他活动的时候我可以第一时间通知您。我们不会在您休息的时间打搅您，也不会无缘无故地给您打电话的。"

4. 客户离开时

客户离开时，销售顾问应及时提醒客户清点随身携带的物品，主动送客户至展厅门外；若客户开车前来，则要陪同客户到车辆边，感谢客户惠顾，并欢迎客户再次来访。应微笑目送客户离开并挥手道别，时间至少5秒钟。如果有必要，销售顾问可协助安排出租车送客户离开。

【知识链接】

末轮效应

末轮效应是有关服务礼仪的又一种重要的基础理论，是相对于首轮效应而言的，强调服务结尾的完美和完善，即要“功德圆满”。这主要是说在服务过程中，服务人员和服务单位所留给服务对象的最后印象，也是非常重要的。它往往是其整体印象的重要组成部分，有时甚至直接决定了其整体形象是否完美以及完美的整体形象能否继续得以维持。末轮效应的核心思想，是要求人们在塑造自己的整体形象时，必须有始有终，始终如一。

客户离开(去)时

5. 客户离开后

(1)客户离开后，销售顾问迅速回到展厅，整理洽谈区、展车，恢复原状。

(2)整理客户信息，填写“来店客户登记表”，并在系统中登记客户信息(包括客户姓名、性别、年龄、职业、手机号码等)和购车意向信息(包括车型、颜色、来访方式、预算、用途等)。

(3)根据客户初次接待情况，划分客户类型，并进行跟踪。

客户离开(去)后

【任务小结】

本任务主要讲解了接待来店客户的流程与技巧。客户接待作为整个销售过程的第一个阶段，是后续实质性洽谈的前奏，在与客户的最初沟通中，最重要的是建立客户对经销商和销售顾问的信任，为后续正确挖掘客户的需求做好铺垫。来店客户接待执行点可依照以下口诀进行记忆。

客户进门迎上前，您好欢迎递名片。
自行看车要尊重，注意观察看时机。
客户就座递茶水，陪同朋友要关照。
信息整理要及时，真心实意贯始终。

【任务实施】

【任务工单】★☆接待来店客户☆★

<table>
<tr><td>工作任务</td><td colspan="2">接待来店客户</td><td>实操成绩</td><td></td></tr>
<tr><td>任务地点</td><td colspan="2"></td><td>任务日期</td><td></td></tr>
<tr><td>组号</td><td colspan="2"></td><td>小组组长</td><td></td></tr>
<tr><td>班级</td><td colspan="2"></td><td>小组成员</td><td></td></tr>
<tr><td>任务描述</td><td colspan="4">昨天和张先生、张太太约好今天上午 9 点他们到店看车，销售顾问江小白事先已经做好了充分的准备工作。今天张先生和张太太如约到店，江小白负责接待他们，以期为客户提供周到、专业化的服务。</td></tr>
<tr><td rowspan="2">任务实施</td><td>任务</td><td colspan="3">接待来店看车的张先生和太太</td></tr>
<tr><td colspan="4">小组成员分配销售顾问和客户角色，结合来店客户接待流程及技巧，编写接待到店客户方案并进行情景模拟。</td></tr>
</table>

说明：本表由小组长带领成员共同完成，一组一份。

【学习评价——小组评价】

小组学习评价表

小组自评（100分）	优点	不足	自评成绩
小组互评（100分）	组别	优点与不足	互评成绩
	1组		
	2组		
	3组		
	4组		
教师评价（100分）	优点	不足	教师评分成绩
总评成绩（100分）	计算公式		总成绩
	总评成绩＝小组自评成绩×30％＋小组互评成绩×30％＋教师评价成绩×40％		
反思与改善			

说明：本表由小组长完成，一组一份。

【学习评价——个人评价】

个人学习评价表

我学会了	
我做到了	
我有待提升的地方	
自我学习评价	○优　　□良　　△及格　　▽不及格
反思与改善	
教师评语及建议	

说明：本表由学生个人完成，一人一份。

【评分标准】

“接待来店客户”评分细则

	项目	满分	得分
1	能进行 5S 管理(整理、整顿、清理、清洁、素养)	5	
2	着装整洁,仪表端庄,表情和蔼可亲,眼神自然真诚,手势规范,姿态正确、自然大方,声音清晰标准,语音语速适中	5	
3	客户进店后,销售顾问在 30 秒内,主动迎接客户	5	
4	销售顾问面带微笑,并主动打招呼	5	
5	销售顾问主动向客户做自我介绍	7	
6	销售顾问主动提供名片	8	
7	销售顾问询问客户称呼,询问同行人员的称呼	8	
8	销售顾问邀请客户入座,提供饮品	8	
9	当客户自行看车时,能利用恰当时机接近客户	9	
10	销售顾问与客户寒暄,赞美客户,与客户建立良好关系	9	
11	销售顾问留取客户联系方式并妥善应对客户的抗拒情绪	9	
12	销售顾问礼貌送别客户	7	
13	销售顾问填写客户登记表	5	
14	突发事件处理能力	5	
15	小组成员分工合理,职责明确	5	

【巩固提升】

1. 展厅接待的目的是什么?
2. 简述来店客户接待流程。
3. 模拟接待到店客户,情景自定。以下情景供参考:

(1)夫妇二人带着 5 岁的孩子前来看车。

(2)企业老板带妻子来看车。

项目四

你的心思我知道——客户需求分析

很多销售顾问在接待客户时不乏热情，在推荐车型时也很积极，他们熟悉车型参数、了解车型配置，总是滔滔不绝、不厌其烦地把自己心目中认为最好的车介绍给客户，然而客户却反应淡淡，不感兴趣。你是这样的销售顾问吗？是不是感觉很无辜？总觉得自己像在“单相思”，得不到客户的回应，最终导致客户流失。到底是什么原因呢？有时候问客户，客户总会说“我不需要”或者“我钱还没凑够”再或者“我考虑考虑”，然而这一考虑客户就无影无踪了。其实这都是因为销售顾问在还没了解客户的真正需求时，就开始盲目地推销产品，如同盲人摸象、黑屋打靶，结果可想而知。这也如同医生没有给病人号脉或者检查身体就开药，那肯定不能对症下药，自然更不能药到病除。优秀的销售顾问都有一个习惯：他们重视需求分析，重视挖掘客户的真实需求，以客户为中心，引导客户需求，真正扮演好客户的选车顾问这一角色，为客户量体裁衣，推荐的车型既符合客户的需求又提高了客户的满意度，自然成交率也提高了。

【课程导航】

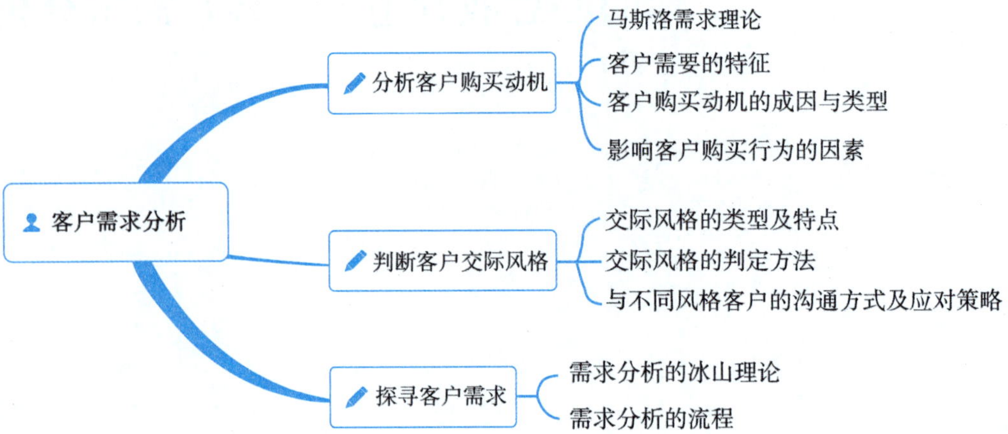

任务一　分析客户购买动机

客户为什么要买车？是为了代步还是为了享受生活，又或者是彰显地位、开展业务？这些都是客户购车的原因或者动机来源。如果我们了解了客户购买汽车的动机，就相当于了解了客户产生需要的背后原因，了解了影响客户做决策的原因，这样可以通过销售技巧有力地推动客户的购买行为。

【工作情景】

销售顾问江小白最近遇到一个棘手的问题，很苦恼。本来客户张明先生对速腾很满意，都要订车了，后来带太太来看了一次车，二位又觉得高尔夫这款车更适合家用，且对于车型配置、颜色以及购车预算又产生了分歧，争执不下，无法达成统一意见进而作出决定，甚至在选择哪个品牌上面也有点动摇。小白暗想："我怎么这么倒霉啊，碰到这样难缠的客户。"

小白来请教销售总监，总监耐心地告诉她："优秀的销售顾问永远不会嫌弃客户麻烦，只会帮客户解决问题。"其实这很正常，由于汽车价格高，技术性强，不同于普通商品，因此客户不会轻易下决定。如果你掌握了客户购车的行为动机与影响因素的知识，这一切都会迎刃而解。

【学习目标】

素质目标

1. 提升思维能力和分析问题的能力。
2. 提升服务意识、工作责任心，爱岗敬业。

知识目标

1. 明确需要的意义。
2. 掌握客户购买汽车的动机。
3. 掌握汽车购买行为的影响因素。

能力目标

1. 能够正确认识购买动机对于购买决策的影响。
2. 能够在实战中正确分析出客户购买行为的影响因素权重。

【知识储备】

一、马斯洛需求理论

1. 什么是需要

需要是指人对某种目标的渴望和欲求,它指引和推动人为了实现目标而实施各种行为。因此,了解客户的需要,是研究客户购买行为的切入点。

广义上的需要与需求是一个意思,如果我们要详细区分一下“需要”与“需求”两个词的意思,那可以说:需要是一种主观愿望,是一种欲望和要求,是无限制的;需求则是有支付能力约束的需要,是受条件限制的。

2. 马斯洛需求的层次理论

马斯洛理论把需求分成生理需求(Physiological needs)、安全需求(Safety needs)、爱和归属感(Love and belonging)、尊重(Esteem)和自我实现(Self-actualization)五类,依次由较低层次到较高层次排列,如图 4-1 所示。

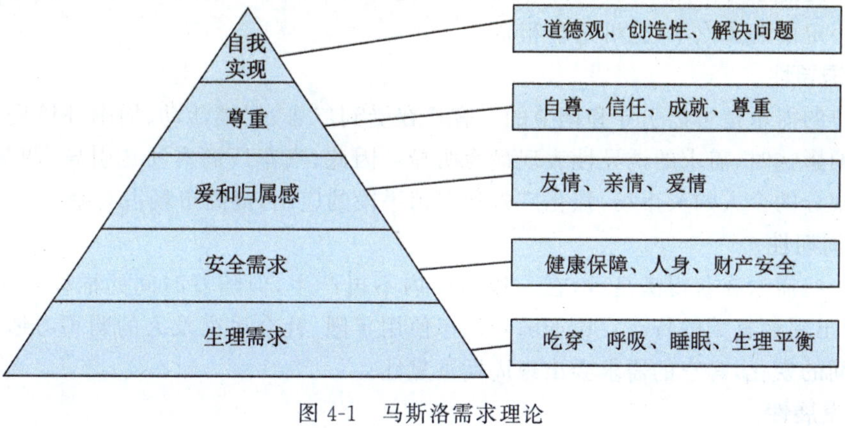

图 4-1　马斯洛需求理论

需求层次理论有两个基本出发点:一是人人都有需求,某层次需求获得满足后,另一层次需求才出现;二是在多种需求未获满足前,首先满足迫切需求;该需求满足后,后面的需求才显示出其激励作用。

基于这一理论,处于不同需求层次的客户对汽车的要求是不同的。如果客户购买汽车只是为了解决自己的出行问题,那么他想要的可能就是一辆经济实惠、简单实用的汽车。客户不同类型的需求通常会通过他的意向、愿望、兴趣体现出来。销售顾问可以在与客户的交谈中了解客户的需求层次,明确洽谈的重点。

党的十九大报告也提到要不断满足人民日益增长的美好生活需要。这里提到的需要，从需求性质来看，大致可划分为三个层次：第一层次是物质性需要，指的是保暖、饮食、家族繁衍等生存需要，这是人类最基本的需要。第二层次是社会性需要，它是在物质性需要基础上形成的，主要包括社会安全的需要、社会保障的需要、社会公正的需要等。第三层次是心理性需要，指的是由于心理需求而形成的精神文化需要，比如价值观、伦理道德、民族精神、理想信念、艺术审美、获得尊重、自我实现、追求信仰等。

二、客户需求的特征

尽管客户的实际需求是多种多样的，但都有一定的倾向性和规律性。需求的特征有多样性、伸缩性、替代性、诱导性、周期性及发展性。

1. 多样性

由于客户的性别、年龄、民族、文化程度、职业、收入水平、社会阶层、宗教信仰、生活方式、个性心理特征等不同，因而在需求的内容、层次等方面千差万别，这要求汽车生产企业能为客户提供更为丰富多彩的产品。

2. 伸缩性

当客观条件发生变化或者不明朗时，比如油价上调或者政府出台限制私家车使用的政策时，就会抑制客户的需求，出现持币待购的现象。当客观条件有利于消费，如车价大幅下降，或消费税下降时，客户潜在的购买需求会提前释放。所以，创造一个有利于客户购车的环境，是促进汽车购买的有力保障。

3. 替代性

客户的需求可以用不同的方式来满足。比如共享汽车产生之后，客户需要使用汽车时并非一定要购买汽车，也可选择租赁。

4. 诱导性

客户的需求是可以引导和调节的。客户在受到广告、促销活动、周围环境变化、流行性购买的影响时，需求的诱导性表现最为明显。因此，汽车厂商应注意引导、调节和培养某些被细分的个人购买市场，强化广告和促销手段的应用，提高市场占有率。

5. 周期性

有一些需求在获得满足后，在一段时间内不再产生，但随着时间的推移还会重新出现，显示出周而复始的特点。比如随着汽车使用年限、社会风尚及人的购买习惯、工作与闲暇时间的变化，客户的需求会出现周期重复性。

6. 发展性

个人的需求具有从低级向高级发展的趋向。随着现代汽车技术的发展，人们选车时对汽车的智能性、科技性、节能性及安全性能的要求也越来越高，而且购车时的选购方式、支付方式、购买观念等都随着经济大环境的变化发生日新月异的变化，这些都意味着个人需要有发展性，要与时俱进。

三、客户购买动机的成因与类型

当有了明确的目标后，需求会转化成购买动机。购买动机是指为了满足一定的需求，引起人们购买某种商品或服务的愿望或意念。由于人的生理需要和社会需要复杂多样，支配客户购买行为的购买动机往往是混合的，多种购买动机形成一个购买动机体系。如果这些购买动机一致，则会有力地推动购买行为；如果这些购买动机相互矛盾或抵触，购买行为则取决于倾向与阻碍两种动机的对比，二者若势均力敌，则要依赖其他因素来决断。

1. 购买动机的形成

客户购买动机的形成有两个条件：一是内在条件，即需求，并能达到一定的强度；二是外在条件，即诱因，要有能满足其需求的合适的商品或服务。

改革开放40多年来，我国社会生产力水平明显提高，人民生活得到显著改善。人民群众不再满足于基本的生理需求，而是产生了日益增长的对美好生活的需要。

购买动机的目标和强度是可以被诱导的。如某客户在购买汽车之前，可能已经有了一定的想法，但在4S店看过汽车，并经过汽车销售顾问介绍后，其想法可能会有较大的改变。在这个过程中，汽车的展示和试乘试驾、媒体宣传、汽车销售顾问的建议及其购车方案等都会成为诱导客户购买的因素。

2. 购买动机的类型

客户一般性购买动机具体可分为生理性购买动机和心理性购买动机两大类。

(1)生理性购买动机

生理性购买动机是指客户由于生理本能的需要而产生的购买动机。客户为了满足、维持、保护、延续及发展自身，必然会产生激励其购买所需要的商品的动机，而这类动机大多是建立在生理需要的基础之上的，具有明显、稳定、简单、重复、个体间差异小的特点。

(2)心理性购买动机

心理性购买动机是指客户由于心理需要而产生的购买动机。由于客户心理活动的复杂性，心理性购买动机比生理性购买动机更为复杂多变，难以掌握。心理性购买动机是人所特有的，具有深刻、隐匿、多样和个体间差异大等特点。

3. 常见的购买动机

客户购车常见的动机有出行代步、家庭需要、纯粹商用、一车多用、更新换代、彰显个性等，对于不同的购车动机，客户的关注点也不同。详情如表4-1所示。

表4-1 客户购车动机

	具体体现	客户关注点
出行代步	上下班代步，出行更方便、轻松	经济性好、操控方便、节能减排等
家庭需要	新婚购车；家庭日常出行，如购物、休闲度假，走亲访友，接送老人、小孩、孕妇	安全保障、空间舒适、驾控方便
纯粹商用	接送客户、职员，外出商务洽谈，运输货物，载客运营等	汽车品牌、安全性、舒适度，要求外观稳重大气，符合并能够彰显企业形象及实力
一车多用	既能满足节假日开车自驾游的需求，又能满足平时上班商务接送的需求	兼顾车辆的外观、舒适性和安全性方面
更新换代	为改善生活质量，客户会换购新车	汽车品牌、档次提升、高科技智能化配置以及售后服务
彰显个性	提升个人形象，体现身份地位；热衷于汽车生活，享受驾驶快感；收藏车型	汽车的品牌历史、车型设计、车型辨识度、知名度和稀缺性

四、影响客户购买行为的因素

1. 政治因素对购买行为的影响

(1)政治制度

政治制度对消费者的消费方式、内容、行为具有很大影响，如为了保护环境，许多国家对汽车的排放量都作出了详细的规定，不符合环保规定的汽车既不允许生产，也不允许销售。再比如党的十九大报告明确指出，中国特色社会主义进入了新时代，我国社会主要矛盾已经转化为人民日益增长的美好生活需要和不平衡不充分的发展之间的矛盾。社会主要矛盾的变化是关系全局的历史性变化，要求我们在继续推动发展的基础上大力提升发展质量和效益，更好满足人民日益增长的美好生活需要。所以，政治制度与政治环境会影响消费者的消费观，其对市场购买活动的影响是客观存在的。

(2)国家政策

国家政策规范了国家事务的处理方式、方法、程序、要求等内容，这些政策也会对消费者的购买行为产生极大的影响。例如2021年5月31日，国家为积极应对人口老龄化，提出新的优化生育政策："实施一对夫妻可以生育三个子女政策及配套支持措施。"这对于消费者的购车决策会产生一定的影响，汽车品牌经销商也纷纷利用这一政策合理引导消费理念。图4-2为央视新闻官方发布的生育政策宣传图，图4-3为一汽大众与上海通用五菱为三胎政策发布的消费引导宣传图。

图4-2　央视新闻发布的生育政策宣传图

图 4-3 一汽大众与上海通用五菱关于三胎政策消费引导图

2. 经济因素对购买行为的影响

经济因素对购买行为的影响体现在社会生产力水平和消费者的经济收入两个方面。比如,在封建时期,无论是富甲一方的乡绅还是王公贵族,都没有购买汽车的想法,在汽车被卡尔·本茨发明出来之前,购买能力再强的人或者组织也不会产生购买汽车的行为。人的购买行为受社会生产力水平的制约。

据经济学家研究,轿车的私人购买与人均 GDP 之间有着必然的联系。消费者的收入是有差异的,同时又在不断变化着。因此,消费者的收入会影响消费的数量、质量以及消费方式,从而影响市场购买行为。消费者绝对收入和预期收入的变化都会影响购买行为。

3. 消费群体对购买行为的影响

人在不同的文化和生活环境中显然有不同的需求。因此,人们根据所处的相同或不同的自然和社会环境形成一个一个的群体,形成不同的购买特色和评定标准,这些群体成为影响消费者购买行为的参照群体。参照群体促使人们的行为趋于某种"一致化",从而影响消费者对某些产品和品牌的选择。我们可以按年龄段来划分消费群体,也可以依照职业、收入对其进行划分。表 4-2 所列的是不同年龄阶段人群的汽车消费特征。

表 4-2 各年龄段人群消费特征

年龄段	家庭情况	购车主要关注点
45—60 岁	事业有成,子女也有行为能力	品牌、档次、安全、服务、置换或增购需求
35—45 岁	已婚,经济独立,孩子年幼	舒适、质量、品牌、油耗、价格、服务
25—35 岁	成家立业期,经济独立	动力性、经济性及档次
18—25 岁	未婚,创业初期,经济尚未独立	时尚性、外观、经济性、个性化

【任务小结】

本任务主要学习了马斯洛需求理论、客户需求的主要特征、客户购买动机的形成及类型、影响客户购买行为的因素等知识。对于本次任务,同学们可依照以下口诀进行记忆。

需求层次各不同,客户需求有特征。
多样伸缩加替代,诱导周期与发展。
购买动机有区别,代步家商要换代。
行为影响三因素,政治经济加群体。

【任务实施】

【任务工单】★☆分析客户购买动机☆★

工作任务	分析客户购买动机	实操成绩	
任务地点		任务日期	
组号		小组组长	
班级		小组成员	
任务描述	一汽大众销售顾问江小白最近遇到一个棘手的问题，很苦恼。本来客户张明先生对速腾很满意，都要订车了，后来带太太来看了一次车，二位又觉得高尔夫这款车更适合家用，且对于车型配置、颜色以及购车预算又产生了分歧，争执不下，无法达成一致意见进而作出决定，甚至在选择哪个品牌上面也有点动摇。小白应该如何帮客户解决问题呢？		
任务实施	任务：分析客户购买动机 小组成员分配销售顾问和客户角色，制订分析客户购买动机方案并进行情景模拟。		

说明：本表由小组长带领成员共同完成，一组一份。

【学习评价——小组评价】

小组学习评价表

小组自评（100 分）	优点	不足	自评成绩
小组互评（100 分）	组别	优点与不足	互评成绩
	1 组		
	2 组		
	3 组		
	4 组		
教师评价（100 分）	优点	不足	教师评分成绩
总评成绩（100 分）	计算公式		总成绩
	总评成绩＝小组自评成绩×30％＋小组互评成绩×30％＋教师评价成绩×40％		
反思与改善			

说明：本表由小组长完成，一组一份。

【学习评价——个人评价】

个人学习评价表

我学会了	
我做到了	
我有待提升的地方	
自我学习评价	○优　□良　△及格　▽不及格
反思与改善	
教师评语及建议	

说明：本表由学生个人完成，一人一份。

【评分标准】

"分析客户购买动机"评分细则

	项目	满分	得分
1	能进行5S管理(整理、整顿、清理、清洁、素养)	5	
2	着装整洁,仪表端庄,表情和蔼可亲,眼神自然真诚,手势规范,姿态正确、自然大方	10	
3	销售顾问能区分不同的购买动机	5	
4	销售顾问能够分析出客户的购买动机	20	
5	销售顾问能够分析出客户决策受哪些因素影响	20	
6	销售顾问能够判断客户属于哪一类目标客户群	20	
7	知识、技巧运用	5	
8	声音清晰标准,语音语速适中,语句流畅	5	
9	突发事件处理能力	5	
10	小组成员分工合理,职责明确	5	

【巩固提升】

1. 马斯洛需求层次的内涵是什么?
2. 客户需求有哪些特征?
3. 常见的客户购买动机有哪些?
4. 客户做出购车行为会受哪些因素影响?请举例说明。
5. 组织学生参观1—2家汽车4S店,听销售顾问介绍经验并组织讨论,分析不同类型客户的不同消费需求及表现形式。

任务二　判断客户交际风格

销售顾问每天都会接触到很多客户,不同的客户有不同的交际风格,有的自信果断,有的慎重多疑,有的随和客气,有的外向幽默。优秀的销售顾问总能根据客户的不同风格调整自己的沟通方式与接待技巧,与客户沟通更加轻松顺畅,游刃有余,这样也能更好更快地与客户建立一种融洽的关系,自然而然地取得客户信任。

【工作情景】

销售顾问江小白今天接待了一位预约看车的客户。客户来店之前,小白进行了充分的准备，接待过程中也非常地热情周到，可是总感觉客户反应淡淡的，不易接近。小白想用自己的亲和力和幽默感营造和谐的氛围，可是好像更加糟糕。当小白想与客户深入沟通时，客户却说："我就是随便来看看，没有买车的打算。"然后客户找了个借口就离店了。小白有点怀疑：是自己不够努力吗？

小白来请教销售总监，总监耐心告诉她："不要放弃，更不要怀疑自己，并非你不够努力，要相信自己。工欲善其事，必先利其器，不同的客户具有不同的交际风格，需要选择合适的沟通方式，这个错误我之前也犯过，学习了这部分理论知识后，再去实践中总结经验，你一定会进步的。"

【学习目标】

素质目标

1. 提升处理问题的能力及抗压能力。
2. 树立自信心，提升自我激励意识、工作责任心。

知识目标

1. 明确客户不同交际风格的特点。
2. 掌握客户不同交际风格的辨别方法。
3. 掌握与不同交际风格的客户的沟通方式。

能力目标

1. 能够正确判断客户的交际风格。
2. 能够在实战中与不同风格的客户愉快沟通。

【知识储备】

一、交际风格的类型及特点

1. 交际风格的类型

交际风格的不同，表现在对自己的自制能力和对他人支配能力的强弱不同，因此，心理学家依据自制力和支配力的强弱变化将消费者划分为四种不同的交际风格，分别为驾驭型、分析型、亲切型和表现型，如图 4-4 所示。

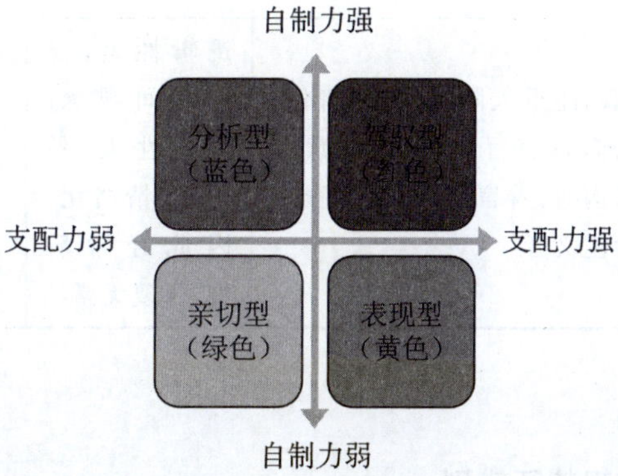

图 4-4　不同交际风格类型象限

为了帮助记忆，心理学家将四种基本的交际风格对应了四种不同的颜色：驾驭型（权威型）——红色；分析型（思考型）——蓝色；亲切型（合作型）——绿色；表现型（外向型）——黄色。

客户的交际风格往往不是单纯的一种，而是表现为以一种风格为主调，并辅以另一种风格。但红色与绿色、蓝色与黄色一般不会共存。

2. 不同交际风格的客户特点

上述四种交际风格的客户，在表现特征、弱点、基本需求及表象方面各有不同，具体如表 4-3 所示。

表 4-3　不同交际风格分析

	特征	弱点	基本需求	表象
驾驭型（权威型：红色，I 象限）	自我约束力强，高度自信，果断；目的性强，注重效率与结果；不太重视人际关系；对工作高度专注，喜欢告知别人如何去做，很少关注别人的感受；有冒险精神和强烈的领导欲望，权力崇拜者	没有耐心，较难沟通、接近；缺乏亲和感；顽固、易独断	权力、成就	快速有力，重点强调，工作负责
分析型（思考型：蓝色，II 象限）	爱提问，注重事实和资料；讲求秩序，有敏锐的观察力；遇事慎重，关注工作细节；忽略说服技巧，完美主义者；一般不愿与别人分享信息，接受新事物能力较差，销售时间较长	封闭，寡言少语，不易接近	秩序、安全	语速慢，动作少，工作是谈话重点
亲切型（合作型：绿色，Ⅲ象限）	随意，合群，有耐心；待人客气，喜欢聊天，容易沟通；关注融洽的合作关系	无时间观念，原则性较差；反复不定，优柔寡断，不愿承担风险	合作、安全	表情温和，寻求接纳，放松，重点是沟通
表现型（外向型：黄色，IV 象限）	外向乐观，注重人际关系，情绪化；精力充沛，具有冒险精神；幽默合群，容易沟通，善言辞；关注过程表现，冒险主义者	逻辑性差，没有时间观念；随意性大，易冲动、情绪化，因此经常后悔；反复无常	认同、成就	表情丰富，衣着随意，重点是沟通

二、交际风格的判定方法

1. 通过消费者的表现特征辨别

不同交际风格的消费者在行为表现上也各不相同，针对不同类型的客户，采取不同的销售策略，能大幅提高汽车销售顾问对消费者购买行为的判断准确率。不同交际风格客户的行为表现特征如表 4-4 所示。

表 4-4　每种交际行为的表现特征

	驾驭型	分析型	亲切型	表现型
脸部表情	少变化	少变化	温和有笑容	很多表情
眼神接触	直接，凝聚	专注注视	注视，寻求接纳	多方注视
说话速度	快速有力	从容不迫	慢，有时停下	快速
声音	控制声音	适中	柔软温和	大声
音调	单调，重点强调	单调	流畅	忽高忽低
姿势	正式，强硬	僵硬	放松	充满活力
身体活动	有些快速，有力	少姿势	动作徐缓	多变化
说话重点	工作	工作	人	人

2. 通过消费者支配力的强弱辨别

汽车销售顾问在初步判断客户的交际风格后，还需要通过客户的支配力和自制力，对其交际风格进行深入、全面的判断。如果客户的行为和语言表现出竞争性、冒险、快速等特征或倾向，这说明该客户属于支配力强的类型；反之则属于支配力较弱的类型。具体来说，支配力弱的客户喜欢询问，不喜欢发表意见并且决策慢，而支配力强的客户喜欢告知、自以为是并且能快速决策。

3. 通过消费者自制力的强弱辨别

只看客户在交际过程中支配力的强弱还不足以判断出他的交际风格类型，还需要结合客户的自制力的强弱来判断。自制力弱的客户往往热情、随和、容易沟通，他们可能不守常规，不拘小节，放纵散漫，不修边幅；而自制力强的客户往往有冷漠、理性、重形式等特征或倾向，并且对自己情绪的控制力强，给人以距离感。

这三种辨别方法虽简便实用，容易理解，不过也需要具体问题具体分析，不能按图索骥，教条照搬。正如陆游诗中所言“纸上得来终觉浅，绝知此事要躬行”，实践是检验真理的唯一标准，要想真正掌握一项技能，就要做到知中有行，行中有知，知行合一。

三、与不同风格客户的沟通方式及应对策略

根据日常经验总结，还可以将上述交际风格的客户再细分为十种类型的客户。如驾驭型又分为情感冲动型、先入为主型、固执己见型；分析型又细分为思想保守型、精明理智型、生性多疑型、沉默寡言型；亲切型又分为内向含蓄型、犹豫不决型；表现型也称虚情假意型。这十类客户的沟通方式与应对策略如表 4-5 所示。

表 4-5 每种交际行为的表现特征

	细分类型	沟通方式	特点	应对策略
驾驭型(权威型:红色,I象限)	情感冲动型	(1)避免个人化和浪费时间,注重事实 (2)直截了当,保持快节奏,注意客户的想法与目的 (3)避开细节,谈论要点 (4)强调产品解决客户问题的能力 (5)提出建议,由对方来做决定	生性冲动,容易受外界环境影响;只要稍受外界刺激,便畅所欲言,毫不顾忌后果。如常打断汽车销售顾问的话,借题发挥,妄下断言等。对于自己原有的主张或承诺,也会一时兴起,全部推翻或不愿负责	"快刀斩乱麻"是应对此类客户的原则。先要让对方接受自己,然后说明产品或服务能给他带来的好处,能做演示的尽量做演示
	先入为主型		作风干脆,在与汽车销售顾问接触之前,他已经准备好问什么、答什么。因此,在这种心理准备下,此类客户能与你自由交谈。刚与汽车销售顾问见面时,他便会先发制人地说"只看看,不想买"	此类客户较易成为交易对象。虽然他一开始就持否定态度,但对于交易而言,这种心理抗拒是最微弱的。对于此类客户一开始的抵抗言语,汽车销售顾问可以先不予理会,再以热诚的态度亲近他,成交便很容易达成
	固执己见型		一旦决定的事,就不可更改。即便后来知道是错的,也会一错到底,甚至会出言不逊;汽车销售顾问的以礼相待,也难以被接纳	持之以恒、真诚相待、适时加以恭维,时间长了,或许能博得好感,让客户转变态度。心理学上讲,性格顽固的人心底往往是脆弱和寂寞的,比一般人更渴望理解和安慰

续表

	细分类型	沟通方式	特点	应对策略
分析型（思考型：蓝色，II象限）	思想保守型	（1）避免个人化和明显施压 （2）做好充分的产品知识准备，树立专家形象 （3）正规的交流场合，完整详尽的信息，系统性的交流方式 （4）对工作程序要有耐心，注意细节，向客户提供具体行动步骤与相关文本 （5）慎重报价	思想保守、固执，不易受外界干扰或受他人的劝导而改变消费行为或态度。此类客户对现状常持满意态度，即便有不满，也能容忍，不显露于人前	必须发现客户对现状不满的地方和原因，然后详细分析自己营销建议中的实惠和价值，请客户尝试接受自己的产品或服务
分析型（思考型：蓝色，II象限）	精明理智型	（1）避免个人化和明显施压 （2）做好充分的产品知识准备，树立专家形象 （3）正规的交流场合，完整详尽的信息，系统性的交流方式 （4）对工作程序要有耐心，注意细节，向客户提供具体行动步骤与相关文本 （5）慎重报价	用理智支配、控制购买行为，不会轻信广告宣传和汽车销售顾问的一面之词，会根据自己的学识和经验对商品进行分析和比较，再作出购买决定	很难打“情感牌”，必须从熟知商品或服务的特征入手，多方比较、分析、论证，用产品或服务将给客户带来的好处来说服客户
分析型（思考型：蓝色，II象限）	生性多疑型	（1）避免个人化和明显施压 （2）做好充分的产品知识准备，树立专家形象 （3）正规的交流场合，完整详尽的信息，系统性的交流方式 （4）对工作程序要有耐心，注意细节，向客户提供具体行动步骤与相关文本 （5）慎重报价	不管是对汽车销售顾问所说的话，还是对产品或服务本身，都持怀疑的态度。如果这类人心中有个人烦恼，还会把怨气撒在汽车销售顾问身上	以亲切友善的态度和其交谈，绝不与其争辩，同时尽量避免对其施加压力。进行商品或服务说明时，态度要沉着，言辞要恳切；如果观察到客户的忧虑，则以一种友好的口吻询问：“我能帮你吗?”待其情绪平和时，再用一般方式洽谈
分析型（思考型：蓝色，II象限）	沉默寡言型	（1）避免个人化和明显施压 （2）做好充分的产品知识准备，树立专家形象 （3）正规的交流场合，完整详尽的信息，系统性的交流方式 （4）对工作程序要有耐心，注意细节，向客户提供具体行动步骤与相关文本 （5）慎重报价	比较理性，沉着冷静，虽注意倾听汽车销售顾问的介绍，但反应冷淡。汽车销售顾问很难知道其内心感受	先用“询问”的技巧探求客户内心活动，并且着重以理服人，让客户接受自己，提高自己在客户心中的地位

续表

	细分类型	沟通方式	特点	应对策略
亲切型（合作型：绿色，Ⅲ象限）	内向含蓄型	(1)注意礼节和创造好的交流氛围，以个人身份与其打交道 (2)提供步骤明确的流程表和计划书 (3)不要过分施压，采用让步式报价方案 (4)耐心解答，建议其征求他人意见 (5)保持经常性接触，多听少说	较为神经质，深知自己极易被说服，故总是害怕与汽车销售顾问有所接触；这类客户在交谈时，会显得困惑不已，坐立不安，喜欢东张西望，不专注于同一方向	必须谨慎而稳重，细心地观察客户，坦率地称赞他的优点，与他建立值得信赖的友人关系
	犹豫不决型		性格可能是优柔寡断，虽然其外表平和、态度从容、比较容易接近，但长期接触后，便可发现其不善于做决定的个性与倾向	首先要有自信，并把自信传达给对方，同时鼓励对方多思考问题，尽可能地使谈话围绕营销核心与重点，不设定太多、太复杂的问题
表现型（外向型：黄色，Ⅳ象限）	虚情假意型	(1)友好、非正式的会谈 (2)引导其谈论解决方案，对其想法表现出热情 (3)多听少说，保持快节奏 (4)尽量以书面形式表达其想法，并获得书面承诺，但注意不可太烦琐 (5)多谈产品实现的利益，帮助其处理细节 (6)订单签订后，要注意私人关系的建立	表面上非常友善、比较合作、有问必答，实际上他们对购买缺少诚意和兴趣。一旦汽车销售顾问请求购买产品或服务，则闪烁其词，装聋作哑	识别此类客户的“真面目”，以免花费大量时间、精力与其交往，最后却愿望落空。鉴别这类客户需要汽车销售顾问的经验和功力

【任务小结】

本任务主要学习了客户交际风格的类型及特点，如何判断客户的交际风格，针对不同交际风格的客户应采取的沟通技巧及应对策略。对于本次任务，同学们可依照以下口诀进行记忆。

根据自制支配力，客户风格来分类。
驾驭分析加表现，还有亲切分象限。
表现自制支配力，火眼金睛细分辨。
根据风格巧沟通，客户满意你准行。

【任务实施】

【任务工单】★☆判断客户交际风格☆★

<table>
<tr><td>工作任务</td><td colspan="2">判断客户交际风格</td><td>实操成绩</td><td></td></tr>
<tr><td>任务地点</td><td colspan="2"></td><td>任务日期</td><td></td></tr>
<tr><td>组号</td><td colspan="2"></td><td>小组组长</td><td></td></tr>
<tr><td>班级</td><td colspan="2"></td><td>小组成员</td><td></td></tr>
<tr><td>任务描述</td><td colspan="4">销售顾问江小白今天接待了一位预约看车的客户，客户来店之前，小白进行了充分的准备，接待过程中也非常地热情周到，可是总感觉客户反应淡淡的，不易接近。小白想用自己的亲和力和幽默感营造轻松的氛围，可是好像更加糟糕，当小白想与客户深入沟通时，客户却说“我就随便来看看，没有买车的打算”，然后找了个借口就离店了。小白应该怎样正确与客户沟通呢？</td></tr>
<tr><td rowspan="2">任务实施</td><td>任务</td><td colspan="3">判断客户交际风格</td></tr>
<tr><td colspan="4">小组成员分配销售顾问和客户角色，结合客户风格相关知识，制订判断客户交际风格的方案并进行情景模拟。</td></tr>
</table>

说明：本表由小组长带领成员共同完成，一组一份。

【学习评价——小组评价】

小组学习评价表

小组自评（100分）	优点	不足	自评成绩
小组互评（100分）	组别	优点与不足	互评成绩
	1组		
	2组		
	3组		
	4组		
教师评价（100分）	优点	不足	教师评分成绩
总评成绩（100分）	计算公式		总成绩
	总评成绩＝小组自评成绩×30%＋小组互评成绩×30%＋教师评价成绩×40%		
反思与改善			

说明：本表由小组长完成，一组一份。

【学习评价——个人评价】

个人学习评价表

我学会了	
我做到了	
我有待提升的地方	
自我学习评价	○优　□良　△及格　▽不及格
反思与改善	
教师评语及建议	

说明：本表由学生个人完成，一人一份。

【评分标准】

"判断客户交际风格"评分细则

	项目	满分	得分
1	能进行5S管理(整理、整顿、清理、清洁、素养)	5	
2	着装整洁,仪表端庄,表情和蔼可亲,眼神自然真诚,手势规范,姿态正确、自然大方	10	
3	销售顾问能掌握不同交际风格客户的特征	15	
4	销售顾问能够从表现特征、自制力及支配力三方面判定客户类型	15	
5	能够针对客户类型轻松愉快地与客户沟通	25	
6	知识、技巧运用	10	
7	声音清晰标准,语音语速适中,语句流畅	10	
8	突发事件处理能力	5	
9	小组成员分工合理,职责明确	5	

【巩固提升】

1. 客户交际风格是根据哪两个变量进行分类的?
2. 权威型和亲切型客户的表现特征是什么?
3. 销售顾问应该从哪几方面判断客户交际风格?
4. 针对表现型客户应采取的沟通方式及策略是什么?
5. 模拟一次客户交际风格的判断与沟通,情景自定。以下情景供参考:

(1)客户是一位精力充沛、不修边幅的单身小伙,比较喜欢自驾游探险,初次到店未按约定时间,有问必答,善于言谈。

(2)客户是一位退休干部,气度不凡,不怒自威,周末准时到店,对于自己喜欢的车型了解较多,希望销售顾问关注他的要求。

(3)客户是一位全职妈妈,随和亲切,主动与销售顾问聊做饭、带娃经验,容易沟通,选车除了对安全性方面有较高需求外,车型、配置等方面无主见,洽谈时会打电话询问其丈夫的意见。

任务三　探寻客户需求

需求分析是汽车销售流程中的关键一步,需求分析是否到位,是影响成交的关键因素。现代营销学之父菲利普·科特勒说过,做好客户需求分析是成功销售的关键一步。有经验的销售顾问不会在没有了解客户需求的时候,就盲目地推荐车型,这样无异于蒙着眼睛射击,命中率极低。要想做到有的放矢,就要重视需求分析。那么如何进行需求分析呢?通过什么方式和流程来分析客户需求呢?这是本次任务研究的重点。

【工作情景】

销售顾问江小白今天热情接待了一位客户。客户一进店就走到速腾车面前问:"这车多少钱?"小白赶紧回答:"这辆车目前售价123900元,您今天选中这款,还能优惠。""优惠多少呢?""目前已经在厂家指导价的基础上直降27000元现金,还能送您导航仪、贴膜等精品。""哦,还有活动吗?"小白心里别提多开心了,这客户真爽快,看来马上就要签单了。她连忙回答说:"这周末就有团购会,您到时候直接来店里签单吧,现场活动还有惊喜。"可是这时,客户却摇摇头,说了句:"好吧,我回去考虑考虑。"说完,还不等小白询问联系方式,客户就离开展厅,留下小白暗自懊恼:"本以为都要成交了,这下好了,竹篮子打水一场空,到底问题出在哪了呢?"

小白来请教销售总监,总监耐心地告诉她:"刚刚我看到你接待客户了,热情周到,可是你踩到了汽车销售中的一个'大地雷':没有了解客户需求,就报了价格,这样的报价是盲目的,没有意义的,甚至你都没给客户留下印象。客户为什么买车?是家用还是商用?给谁买车?置换还是增购?这些你全然不知。没关系,当你学习了这部分理论知识后,再去实践中总结经验,相信你一定会进步的。"

【学习目标】

素质目标

1. 具有敏锐的观察力,提升有效沟通能力。
2. 诚信,友善,敢于担当,爱岗敬业。

知识目标

1. 明确客户需求分析的概念、意义和冰山理论。
2. 掌握需求分析的流程。
3. 掌握提问的技巧及倾听的技巧。

能力目标

1. 能够按照需求分析的流程针对不同客户设计需求分析的话术。
2. 能够开展需求分析。

【知识储备】

一、需求分析的冰山理论

1. 需求分析的概念

需求分析就是要了解客户的需求,通过适当的提问,鼓励客户发言,使客户感受到"被尊重",进而充分自主地表达其需求。详细的需求分析是满足客户需求的基础,也是保证产品介绍有针对性的前提。销售顾问应通过下列问题,不断地提醒自己注意进行需求分析。

(1)一般的客户是否愿意告诉你他(她)的需求。

(2)一般的客户是否愿意告诉你他(她)的“真正”需求。

(3)一般的客户能否清晰地说明他们的需求。

(4)一般的客户能否非常清楚他(她)的需求。

2. 需求的冰山理论

在销售中,有些需求是客户自己了解并且愿意表达出来的需求,比如客户此次购车的用途、意向车型、购车关注点等,我们称其为显性需求;而有一些需求是客户不愿意轻易表达出来的或者客户自己也没有意识到的需求,比如客户的品牌情结、从众心理、价值心理、用车彰显地位的需求以及对竞品车型的评价等,我们称其为隐性需求,或者叫真实需求。客户的显性需求就好像海平面上面露出的冰山一角,而占比90%的隐性需求则像是隐藏在海平面之下庞大的冰山,如图4-5所示。客户的隐性需求需要销售顾问去挖掘。真实需求点被挖掘得越多,满足得越多,成交的概率就越高。

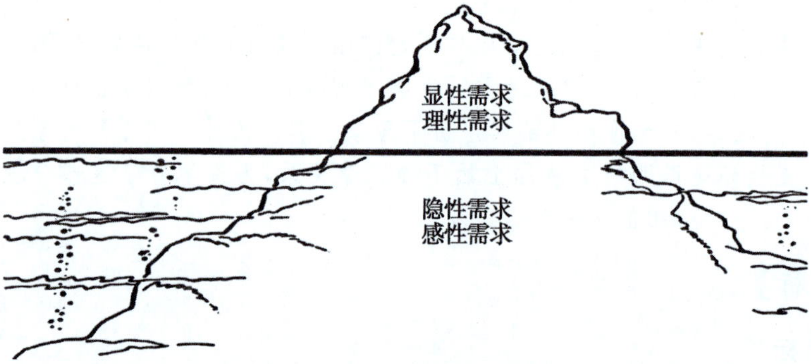

图4-5　需求分析的冰山理论

二、需求分析的流程

需求分析的过程其实就是捕捉挖掘客户选车信息的过程,一般采用的是与客户轻松洽谈的方式,需要销售顾问敏锐的观察力,快速的反应能力以及配合有效提问和积极聆听的技巧。将需求分析的流程概括一下,可以归纳为“望、问、闻、切”四部曲,即敏锐观察、有效提问、积极倾听、制订方案四个环节。

1.“望”——敏锐观察

优秀的销售顾问总是具有敏锐的观察力。“望”是指销售顾问应注意观察客户,善于从客户的外表神态、言谈举止上揣摩客户的心理,正确判断客户的来意与爱好,并有针对性地提供客户需要的服务,从而更好地把握客户的特点及购车动机,这样才能够在交流中做到有的放矢,对症下药,否则事倍功半。在“望”这一环节,不得不强调的一点是,销售顾问一定要树立诚信阳光的服务理念,要用欣赏、友善、肯定的眼光看客户,切记不可以貌取人,见风使舵,看人下菜碟,具体操作时应注意目光平视,态度诚恳,不能上下打量客户,更不可对客户评头论足,指指点点。销售顾问务必明确:“望”这一环节的目的是通过观察判断客户的交际风格及购车动机,为客户提供更合适的服务模式,提高客户满意度。我国古代对于人才的选拔,也有“察其言,观其色,闻其声,视其行”之说,说明通过观察是有助于了解客户的。观察的重点如表4-6所示。

表 4-6　客户观察的重点

	反映的客户信息
衣着	一个人的着装可以表达个人喜好和个性，饰品则与消费能力相关
目光、语态	眼睛是心灵的窗户，语态是心理的流露。从目光、语态当中可以判断客户的心理动机和购买意向
姿态	一定程度上可以传达客户的性格、兴趣点及购车态度
眼神	可反映客户的关注点、购车意向及兴趣点
表情	可反映客户的心情、情绪、对目前交流是否感兴趣及选购的迫切度
行为	可传达客户的购车意向、关注点及偏好
随行人员	可反映其与客户的关系、其对客户决策的影响力
交通工具	可反映客户增购还是换购，客户曾用车情况及选车关注点等

2."问"——有效提问

挖掘客户需求最直接有效的方式就是提问，销售顾问通过提问可以获得很多信息，帮助销售顾问给客户推荐更合适的车型。提问的内容选择以及与客户沟通中选择恰当的提问方式都是销售顾问应该掌握的一项基本功。

(1)提问的内容

销售顾问应通过提问的方式收集客户购车信息，如表 4-7 所示。

表 4-7　信息收集的内容

	信息内容	销售顾问主攻角度
客户的个人信息	姓名、联系方式	—
	职业、职务	声誉、赞美、感情投资
	兴趣爱好	操控性能、动力性、安全性
	家庭成员	内部空间、后备厢、感情投资、舒适性
使用车经历	品牌、车型	同品牌产品升级；不同品牌的品牌价值、品牌口碑、品牌实力；旧车的满意之处
	当初选购的理由	
	换新车的原因	

续表

	信息内容	销售顾问主攻角度
客户现在的状况	对造型、颜色、配置的要求	时尚、声誉、舒适、安全
	主要用途	底盘、发动机、操控性能、安全、舒适、经济
	谁是使用者	女：时尚、操控便利、健康、舒适、安全 男：操控性、动力性、安全、舒适、声誉
	对本品牌的了解程度	品牌价值、品牌口碑、品牌实力
	对竞争对手的了解	品牌、舒适性、安全性
	选购车时考虑的主要因素(如性能要求等)	购买动机、时尚、声誉、安全、舒适
	购车预算、付款方式、购车时间	早买早享受，价格、后续服务
客户未来的期望	需要提供什么特殊服务	—
	对所购的车有什么期望	
	供车时间要求	

(2)提问的方式

开放式提问即提问者提出一个问题后，回答者围绕这个问题告诉提问者许多信息，不是简单地以“是”或者“不是”来回答提问者的问题，类似于让对方做填空题。汽车销售顾问要想从客户那里获得较多的信息，就需要采用开放式问法，使客户对问题有所思考，然后透露相关的信息。例如：“您购车的主要用途是什么？”“您比较看重车辆哪些方面的性能？”“看您仪表不凡，您是从事什么职业的？”开放式提问有助于客户认真思考需要回答的问题，说出自己的看法和建议，透露一些有价值的信息，有利于销售顾问更好地进行销售工作。

销售顾问可以采用5W2H的方法进行开放式提问，具体提问要点如表4-8所示。销售顾问应努力在5个问题内得出客户的购买动机。在任何情况下都应考虑的问题是：

- 车辆具备什么样的条件客户才会买它？
- 客户决定购车的最重要的原因是什么？
- 对于新车，客户更注重它的什么功能？
- 客户当时因为什么而购买了现在所用的车辆？
- 车辆的经济性能对客户来说有多重要？
- 客户为什么对××品牌的车如此感兴趣？
- 客户对车辆要求什么样的安全性能？
- 客户认为如何能使推销人员与他成为更强有力的合作伙伴关系？
- 客户的家庭对新车强调什么？
- 客户是否曾经和汽车推销人员打过交道？
- 客户为什么换了另外一家经销商？
- 客户为什么要更换品牌？

• 购买一辆新车会对客户哪些方面产生更加有利的条件？

表 4-8 5W2H 提问要点

	提问内容	话术举例
Who	购买人、使用人、决策者、影响人	您为谁购买这辆车？
Why	买车动机、是什么原因买车	为什么您一定要选购三厢车呢？
Where	车辆使用场景	您选车是家用还是商用为主呢？
What	对车辆的哪些配置或特性感兴趣	您购车的主要用途是什么？您买车主要关注哪些方面？
When	购买的时间、提车的时间	您何时需要新车？
How	购买方式、付款方式、交付方式	您这次打算全款呢还是分期？
How much	购车预算	冒昧地问一下，您的购车预算大约是多少？

封闭式提问即被提问者仅需要回答“是”或者“不是”，就能使提问者了解回答者的想法，类似于做判断题。例如：“刚刚聊了这么多，您对这款车一定十分满意吧？”“您打算这个月订车吗？”如果提出的问题使客户以“是”或者“不是”来回答，就可以将谈话的主题控制在与产品有关的范围内，避免把话题扯远。因此销售顾问可以用封闭式提问来控制谈话的主动权，节约时间，引导客户作出决定，促成交易。

开放式提问与封闭式提问得到的回答是截然不同的。封闭式提问的回答很简单，一般用来确认客户需求；而开放式提问的回答所包含的信息量多，回答也常常出乎提问者的意料，通常用来掌握更多的信息。具体选择哪一种问法，销售顾问要根据交谈时的实际情况而定。

3.“闻”——积极倾听

在与客户接触的时候，不仅要学会问，还要学会听。通过积极倾听，避免误解，让客户有受尊重的感觉。倾听包括五个层次，分别是听而不闻、假装听而思路游离、有选择性地听、专注地听和积极倾听。优秀的销售顾问总是能耐心、主动地倾听客户意见。客户要买车，需要买什么样的车，有什么样的顾虑，有什么样的要求，他都想告诉销售顾问，让销售顾问给他参谋。可是如果客户发现销售顾问没有仔细听他讲，他就会觉得不被关注，甚至会心生不满，后果可想而知。

倾听是一种需要不断修炼的艺术，为了达到良好的沟通效果，销售顾问必须不断修炼倾听的技巧。

(1)集中精力，专心倾听

销售顾问应该在与客户沟通之前做好多方面的准备，如身体准备、心理准备、态度准备以及情绪准备等。疲惫的身体、无精打采的神态、消极的情绪以及随手把玩使人分心的东西(如铅笔、钥匙串等)等，都可能让客户觉得不受尊重。

(2)不随意打断客户谈话

随意打断客户谈话会打击客户说话的热情和积极性，如果客户当时的情绪不佳，而你又打断了他们的谈话，那无疑是火上浇油。

当客户谈话热情高涨时，销售顾问可以给予必要的、简单的回应，如“噢”“对”“是吗”“好的”等。除此之外，销售顾问最好不要随意插话或接话，更不要不顾客户喜好另起话题，例如：“等一下，我们公司的产品绝对比你提到的那种产品好得多……”

(3)谨慎反驳客户观点

客户在谈话过程中表达的某些观点可能有失偏颇，也可能不符合你的口味，但是你要记住：客户大多不愿听到销售顾问直接批评或反驳他们的观点。

如果你实在难以对客户的观点作出积极反应，那可以采取提问等方式改变客户谈话的重点，引导客户谈论更能促成销售的话题。

(4)用信号表明你有兴趣

可以用下列方式(见表 4-9)表明你对说话内容感兴趣。所有这些信号都有利于对方判断出你是否正在专心聆听他们说的内容。

表 4-9　倾听时传递信号的方式

传递信号的方式	具体表现
保持视线接触	聆听时，必须看着对方的眼睛
让客户把话说完	让客户把话说完整并且不插话，这表明你很看重沟通的内容
表示赞同	点头或者微笑表示你赞同客户的意见
放松自己	放松的身体姿态，会让对方觉得“谈话气氛令人放松”

(5)及时归纳和总结客户的观点

通过归纳总结，一方面可以向客户传达你一直在认真倾听的信息，另一方面也有助于保证你没有误解或歪曲客户的意见，从而使你更有效地找到解决问题的方法。

【参考话术】

销售顾问：“通过刚刚跟张先生、张太太的交流，我对二位的购车需求做了一下大致的总结。二位是想置换一辆 25 万元左右的车，主要是先生开，买车主要是为家用，偶尔会有接送客户的需求，选车重点关注车身工艺、环保减排、车辆安全、操控性能这几方面。二位看我说的对吗？还有什么需要补充的吗？”

(6)检查你的理解力

检查自己是否听得真切，并且已正确地理解了信息(尤其是在打电话时)，可以通过复述信息和提出问题两种方式检查自己对信息的理解，也能使说话者知道你在积极主动地聆听。

(7)站在对方的立场

优秀的销售顾问总是懂得换位思考。每个人都有他的立场及价值观，因此，你必须站在对方的立场，仔细地倾听对方所说的每一句话，不要用自己的价值观去指责或评断对方的想法，要与对方保持共同理解的态度。

(8)聆听弦外之音、言外之意

客户为什么想买车？有的汽车销售顾问会这样回答：因为客户希望上下班或者日常出行能更舒适、更自由，或者客户希望能提升家庭的生活品质。事实上，这些原因都只是表面上的，从根本上来说，客户的购车行为都是源于对现实的不满意与不满足，正是因为有这种不满，才会有新的需求与追求，才会有改变。因此，优秀的汽车销售顾问要善于从客户随意的一句感慨或者抱怨中挖掘出客户的弦外之音和言外之意，从而挖掘出客户的需求，找到突破口。

【参考话术】

场景一

客户："这夏天一到可太难受了，又闷又热，每一天都是一身汗。"

销售顾问："您说得对，夏天实在是酷热难当。您可以上驾驶座上休息一会，我现在打开空调，不出3分钟，整个车内的温度就会立刻降下来。有一款这样的车，以后您夏天开车就不用再怕闷热、怕出汗了。怎么样？是不是要凉快很多，舒适很多呢？"

场景二

客户："我现在开的车是老车型，安全配置不高，我老婆怀孕了，为了安全，她再不敢坐我的车了。"

销售顾问："看得出您是个非常爱家的好丈夫、好父亲。确实，对一个即将有宝宝的家庭来说，安全比一切都重要。为了安全，哪怕牺牲一点驾驶的刺激和愉悦都是理所应当的。我们有一款车配备了全方位的安全保障，而且后排空间非常舒适，很适合准妈妈和未出生的小宝宝，我们一起来看看。"

场景三

客户："我很早就想来看这款车了，但一直忙着接待客户，腾不出时间来。"

销售顾问："您刚毕业就自己创业，这才几年就获得这么好的发展，真是年轻有为、让人敬佩。您平时接触到的想必也是像您这样的精英人士了，我建议您可以选择这款旗舰车型，配置更高。有它陪伴您，我想您的出差旅程会更舒适、自由一些，而且，这款车能彰显您的实力和品位，用于商务接待会让您的合作伙伴乘坐更愉悦，为您的事业助力。"

4."切"——制订方案

"切"，就是制订合适的营销方案。在这一环节，销售顾问通过与客户聊天，对客户有了一定的了解，掌握了客户购车的重要信息并挖掘出一部分客户真实需求。这时应该把客户的需求要点罗列出来，按重要程度进行排序，确定客户的关键需求，及时调整营销策略，制订出适合客户的营销方案，推荐满足客户需求的合适车型，并引导客户意识到这款车是根据他的需求所推荐的。

【参考话术】

销售顾问："张先生、张太太，通过刚刚与二位就购车需求方面的沟通以及我的理解，我真诚地向二位推荐这款高端时尚、有品位的全新一代迈腾2.0TSI豪华版。

这款车的全国统一售价为249900元。非常适合二位作为家商两用呢！而且迈腾的空腔灌蜡技术以及超长激光焊接技术在行业内都是首屈一指的，非常符合二位对车身工艺方面的需求，车辆性能也十分符合二位的要求。那接下来耽误二位几分钟的时间，咱们一起去展厅近距离、全方位地看一下实车，我为二位做一下详细的介绍，二位看可以吗？二位这边请。”

需求分析

【任务小结】

本任务主要学习了需求分析的冰山理论以及需求分析的流程，即望、问、闻、切的“四部曲”的需求分析步骤。对于需求分析，同学们可以依照以下口诀进行记忆。

客户需求像冰山，真实需求藏下面。
为把需求来挖掘，望问闻切记心间。
观察客户加赞美，目光平视见真诚。
有效提问有技巧，开放封闭别混淆。
光说不听客户烦，弦外之音要走心。
最后总结加复述，根据需求荐车型。

【任务实施】

【任务工单】★☆探寻客户需求☆★

<table>
<tr><td>工作任务</td><td>探寻客户需求</td><td>实操成绩</td><td></td></tr>
<tr><td>任务地点</td><td></td><td>任务日期</td><td></td></tr>
<tr><td>组号</td><td></td><td>小组组长</td><td></td></tr>
<tr><td>班级</td><td></td><td>小组成员</td><td></td></tr>
<tr><td>任务描述</td><td colspan="3">销售顾问江小白今天热情接待了一组客户，客户为一名男士和一名女士，带着一个五六岁的小女孩。男士名叫张明；女士为张先生的太太，年龄为30—35岁，怀孕6个月左右。张先生职业为企业主管，张太太职业为教师。第一次到店，客户驾车前来，原车型为福克斯，车龄2年，行驶里程约3万公里；本次购车为增购，购车预算25万元左右，主要用于商务接待、照顾家庭。比较在意车辆外观、空间及舒适性、安全性、智能化配置。业余爱好为自驾游。</td></tr>
<tr><td rowspan="2">任务实施</td><td>任务</td><td colspan="2">探寻客户需求</td></tr>
<tr><td colspan="3">小组成员分配销售顾问和客户角色，结合需求分析知识，制订探寻客户需求方案并进行情景模拟。</td></tr>
</table>

说明：本表由小组长带领成员共同完成，一组一份。

【学习评价——小组评价】

小组学习评价表

小组自评（100 分）	优点	不足	自评成绩
小组互评（100 分）	组别	优点与不足	互评成绩
	1 组		
	2 组		
	3 组		
	4 组		
教师评价（100 分）	优点	不足	教师评分成绩
总评成绩（100 分）	计算公式		总成绩
	总评成绩＝小组自评成绩×30％＋小组互评成绩×30％＋教师评价成绩×40％		
反思与改善			

说明：本表由小组长完成，一组一份。

【学习评价——个人评价】

个人学习评价表

我学会了	
我做到了	
我有待提升的地方	
自我学习评价	○优　　□良　　△及格　　▽不及格
反思与改善	
教师评语及建议	

说明：本表由学生个人完成，一人一份。

【评分标准】

"探寻客户需求"评分细则

	项目	满分	得分
1	能进行5S管理(整理、整顿、清理、清洁、素养)	5	
2	着装整洁,仪表端庄,表情和蔼可亲,眼神自然真诚,手势规范,姿态正确、自然大方	5	
3	主动询问客户用车情况	10	
4	主动推荐客户置换并告知优惠政策	5	
5	主动询问购车用途、车辆使用者信息、购车预算	10	
6	主动运用开放式和封闭式两种提问技巧	10	
7	主动询问客户交车日期、付款方式等	10	
8	询问得当,适当赞美客户	10	
9	询问客户看车经历	5	
10	记录、理解并分析客户信息,总结确认需求	5	
11	针对客户需求,给客户推荐适合的车型	10	
12	声音清晰标准,语音语速适中,语句流畅	5	
13	突发事件处理能力	5	
14	小组成员分工合理,职责明确	5	

【巩固提升】

1. 什么是封闭式提问？试举例应用。
2. 开放式提问的问题一般采用什么方法设计？试举例说明。
3. 如何真正做到积极倾听？
4. 如何结合客户的需求给客户推荐车型？
5. 模拟一次客户需求分析,情景自定。以下情景供参考:

(1)客户王先生独自驾车来店,在用车型为捷达,置换购车,家用为主,提升外观、空间及智能化配置,主要关注安全性、舒适性,爱好为自驾游。

(2)客户张女士带着闺蜜来店选车,二人都为医护人员,之前几乎没有驾车经历,但此次购买的是家庭第二辆车。张女士的丈夫要到别的城市工作两年,张女士想要一辆车用来上下班代步、接送孩子,选车主要考虑驾控方便、安全节能、智能配置。

项目五

把我说给你听——汽车产品展示

在汽车销售流程中，产品展示是很重要的一个环节。销售顾问在把握客户需求的前提下与客户进行有针对性的沟通，让客户认同推荐车型是最能满足其主要需求的理想选择。销售顾问是4S店形象的代表，对4S店品牌的塑造和口碑宣传都起着非常重要的作用。一名优秀的销售顾问必须在熟悉自己产品的前提下，结合客户的需求，运用合理有效的方式方法，有重点地向客户介绍汽车产品，最终达到签单成交的目的。

【课程导航】

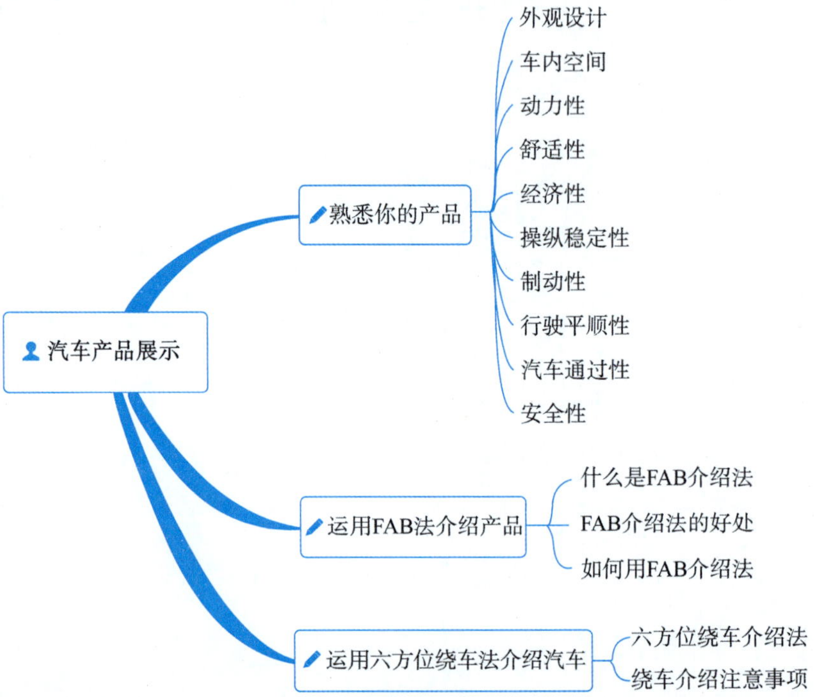

任务一　熟悉你的产品

汽车是一种高价值耐用品。消费者在选购过程中，都希望选择一辆好车，但各自需求及关注点不同，有的追求外观漂亮的，有的追求动力性好的，有的希望省油些，有的希望价格便宜些。专业的汽车销售顾问必须在非常熟悉汽车相关专业知识的基础上，对自己所销售的汽车产品有一个全面、深入的了解，帮助客户建立倾向于自己所销售的汽车产品的评价体系与评价标准。

【工作情景】

我是销售顾问江小白，在和客户张女士的接触中，发现她对汽车并不了解。她向我询问，如何评价一辆车的好坏。在前期，我经过认真学习，储备了相关内容，今天刚好可以给她讲讲了。

【学习目标】

素质目标

1. 认真负责的工作态度。

2. 实事求是的工作作风。

3. 扎实的专业知识。

知识目标

1. 知道汽车评价指标。

2. 知道汽车评价指标的影响因素。

能力目标

1. 能说出汽车评价指标内涵及影响因素。

2. 能结合汽车评价指标及汽车配置表向客户进行说明。

【知识储备】

一、外观设计

汽车不仅仅是一种代步工具,也代表了车主对生活的态度。外观是最先吸引客户的地方,如果一辆车的外观不能让客户产生兴趣,那就更别谈选择购买了。所以,大部分车主在买车时的首要评价指标就是这款车好看不好看。这点在女性用户群体中体现得尤为明显。

作为一种商品,汽车的外观本应该是“萝卜白菜各有所爱”,只有喜欢与否,没有高下之分。但由于大家同处一个社会,因此在汽车外观评价上还是存在一个大众的审美标准。通常来讲,汽车外观的评价指标主要有三个。

1. 款式

选择两厢车还是三厢车?购买 MPV 还是 SUV?每个人都有自己的审美观,各类车型款式特点简介如下。

三厢车(Sedan):中间高两头低,前部是发动机舱,中部是乘员舱,后部是后备厢。从侧面看前后对称,美观大方,沉稳庄重,符合中国人的审美。其缺点是车身尺寸较长,不便于停车,扁平的后备厢放不下大件行李。

两厢车(Hatchback):车身较短,转向灵活,便于停车,充分融合了乘坐空间最大化的理念。另外,折叠后排座椅可获得超大的储物空间,适合家用。

多用途车(MPV):集轿车的舒适性和厢式货车的宽大空间于一体,通常为 5—7 座结构,车内每个座椅都可调整,并有多种组合方式,多用于商务用途。

运动型多功能车(SUV):这是在轿车底盘基础上发展而来的一种厢式车。其优点是离地间隙大,视野好;除了具备轿车的舒适性之外,还具有一定的越野性和运动感,便于自驾游和野外休闲用。

2. 造型

不同车型有着不同的风格特点,以满足特定人群的审美需求。例如一辆家用车,其造型应给人以温馨、灵巧、可靠的形象;一款商务车,高端、大气、上档次是设计师优先考虑的设计元素;一辆越野车,则应具有狂放、豪迈、勇猛的造型特点;而一款跑车,动感、时尚、拉风是其必然的审美取向。不同造型的车可以从线条、装饰、做工几个方面进行衡量。

3. 颜色

颜色是一辆汽车给人的第一感官印象，不同的颜色给人不同的感觉，同时也反映了车主的品位与个性。

银灰色：代表安全、可靠、永恒，给人以强烈的金属质感。有研究表明，银灰色汽车发生交通事故的概率最低，因而在众多色彩中，银灰色最具安全性，也最具人气和运动感。

白色：给人以纯洁、典雅、明快的感觉，属中性色调，对性别要求不高。此外，白色还属于立体色，使车体显大。

黑色：既代表保守、庄重和尊贵，又不乏新潮、野性和动感。大尺寸的中高级车选用黑色更显气派；但小尺寸的 A 级、A0 级则不宜选用黑色，因为黑色是收缩色，会使本来不大的车身更显短小。

红色：代表激情、幸福和蓬勃充沛的生命力。它也是放大色，看起来使小车显大，深受年轻女性的喜爱，非常适合跑车和运动型车。

蓝色：给人以清爽、舒适、豪华的感觉。在劳斯莱斯和奔驰家族中，都可以看到蓝色的身影，彰显其博大、尊贵的气派和风度。

黄色：给人以鲜艳、活泼、温暖的感觉，它也是放大色，在环境视野中非常显眼，非常适合跑车和小型车。

绿色：有很好的可视性。小车选择绿色很有个性，具有田园诗画般的旖旎风情，但豪华车不宜选用绿色。

因为个体差异，每个人的审美都不同，所以很难对一辆车的美与丑评头论足。只要是自己看着好看，就是一辆外观造型美的车。一款迎合大众审美的车总会有不俗的销量表现，所以一般而言，销量高的车都有迎合潮流的外观设计。

二、车内空间

汽车要满足运输的功能特性，就决定了它要有充足的车内空间，而越是宽敞的车身，乘坐起来就越舒适。所以，一般情况下，宽敞的车内空间也成了消费者评价一辆车好坏的一个指标。

反映一辆车乘用空间大小的关键因素，便是轴距。轴距是汽车前轴中心到后轴中心的距离，即通过汽车同一侧面相邻两车轮中心，并垂直于汽车纵向对称平面的两垂线之间的距离。具体如图 5-1 所示。

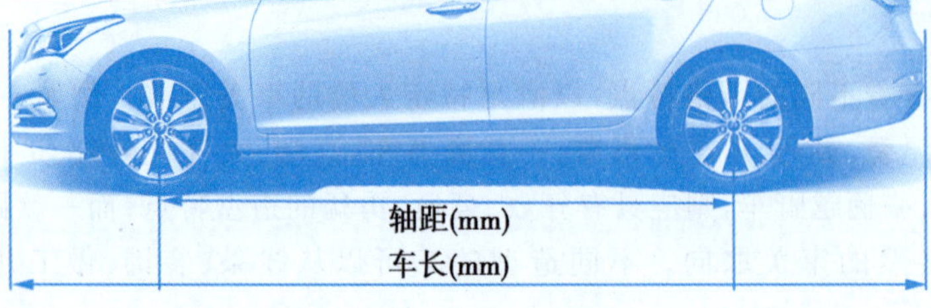

图 5-1　汽车轴距

从实际使用看，轴距的长短直接影响汽车的长度，进而影响车的内部使用空间。微型轿车轴距一般都在2.2米以下，它的后座的腿部空间较小，如果是成人坐在后座的话，通常膝盖会顶在前面座位的后背上，腿根本伸不开，坐在车里有一种压抑的感觉。普通型轿车和中级轿车的轴距一般较长，后座空间相对大了一些，所以这一级的轿车无论是做家庭用车，还是做出租车和公务车，都深受人们欢迎。

在车长被确定后，轴距是影响乘坐空间最重要的因素，因为绝大多数的两厢和三厢乘用车的乘员座位都是布置在前后轴之间的。长轴距使乘员的纵向空间增大，将大大增加影响乘坐舒适性的腿部空间。虽然轴距并非决定车内空间的唯一因素，但却是根本因素。

不否认轴距短的车可以通过某些设计对内部空间狭小的问题加以弥补，但总的来说这种弥补还是有限的。同时，轴距的长短对轿车的舒适性、操纵稳定性的影响很大。一般而言，轿车级别越高，轴距越长；轴距越长，车厢长度越大，乘员乘坐的座位空间也越宽敞，抗俯仰和横摆性能越好。长轴距在提高直路行驶稳定性的同时，转向灵活性下降，转弯半径增大，汽车的机动性也降低。鱼与熊掌不可兼得，因此在稳定性和灵活性之间必须作出取舍，找到合适的平衡点。当然在高档长轴距的轿车上，这样的缺点已经被其他高科技装置所弥补。

需要注意的是，尺寸与空间大小不是汽车好坏的绝对评判标准。假如买的是一辆性能车或者是跑车，流线的造型、轻巧的车身反而能提高汽车的整体性能，所以这时候空间宽敞就成为非必要的评判标准。

【知识链接】

乘用车级别

汽车等级是源自德国大众对汽车的一种分级方法，它不是权威的标准，只是大众当初为自己确立平台战略时，制订的一套参考数值。虽然大众之后再没有使用过，但是这个分级方法还是被广泛地使用开来，我国也基本上采用这个标准。

1.微型车

微型车也被称为A00级乘用车。一般情况下，该级别车的轴距在2.0米至2.3米之间，车身长度在4.0米之内，搭载的发动机排量在1.0升左右。由于微型车的体积较小、油耗较低、价格便宜，所以比较适合代步。比较典型的微型车是奥拓、奇瑞QQ3、比亚迪F0等。

2.小型车

小型车也被称为A0级车。一般情况下，该级别车的轴距在2.3米至2.5米之间，车身长度在4.0米至4.3米之间，发动机排量在1.0升至1.5升之间，比较典型的小型车是POLO、飞度、赛欧等。

3.紧凑型车

紧凑型车也被称为A级车。一般情况下，该级别车的轴距在2.5米至2.7米之间，车身长度在4.2米至4.6米之间，发动机排量在1.6升至2.0升之间，比较典型的紧凑型车是高尔夫、标致、福克斯等。

4.中型车

中型车也被称为B级车。一般情况下，该级别车的轴距在2.7米至2.9米之间，车身长度在4.5米至4.9米之间，发动机排量在1.8升至2.4升之间，比较典型的中型车是宝马3系、雅阁等。

5.中大型车

中大型车也被称为C级车。一般情况下，该级别车的轴距在2.8米至3.0米之间，车身长度在4.8米至5.0米之间，发动机排量超过2.4升，比较典型的中大型车是奥迪A6、奔驰E级、皇冠等。

6.豪华车

豪华车也被称为D级车。一般情况下，该级别车的轴距超过3.0米，车身长度超过5.0米，发动机排量超过3.0升，比较典型的豪华车是奔驰S级、迈巴赫、劳斯莱斯幻影等。豪华车可以分为两种：一种是民用级豪华车，也就是常规高端品牌的顶级车型，比如奥迪A8L等；还有一种就是豪华品牌的豪华车型，比如宾利雅致等，它们的售价通常都不低于300万元，并且加长现象非常普遍，车内空间极为宽敞。很多车都是根据客户的需求量身定做的，不少配置可以用“奢华”来形容。

三、动力性

汽车是一种高效率的运输工具，运输效率之高低在很大程度上取决于汽车的动力性。所以，动力性能也是影响一辆车好坏的主要评价标准之一。动力性是汽车各种性能中最基本的、最重要的性能，是指汽车在良好路面上直线行驶时所能达到的平均行驶速度。汽车行驶遇到的阻力有滚动阻力、空气阻力、坡度阻力和加速阻力。汽车必须有足够的驱动力来克服这些阻力，才能以较高的平均速度行驶。简单来说，一辆车的动力强，开起来就有劲，加速也快；如果动力弱，则开起来没劲，加速就慢。

汽车动力性主要由以下三个方面指标来评定。

1. 最高车速

汽车的最高车速是指汽车在满载的情况下，在水平良好的路面上能达到的最高行驶速度。在此时，发动机节气门全开，变速器在最高或次高挡位。很显然，汽车的最高车速越高，汽车的动力性越好。

2. 汽车的加速时间

汽车的加速时间表示汽车的加速能力，是指汽车在各种使用条件下迅速增加行驶速度的能力。它一般有两种表示方法：一种是汽车原地起步加速时间，即百公里加速时间，它反映的是汽车在中低速时的加速能力；另一种是汽车超车加速时间，反映的是汽车的超车能力。因为汽车超车时与被超车车辆并行，容易发生安全事故，所以超车加速能力越强，并行行驶的时间就越短，行驶就越安全。一般来说，汽车的加速时间越短，汽车的动力性越好。

3. 汽车爬坡能力

汽车的爬坡能力一般用最大爬坡度来表示，它是指汽车满载时用变速器的最低挡，在坚硬的路面上等速行驶所能克服的最大道路坡度。一般来说汽车能够克服的最大坡度越大，汽车的动力性也就越好。

需要注意的是：汽车的动力性和发动机的动力性是截然不同的两回事。发动机动力性好并不代表汽车的动力性好。

四、舒适性

消费者在购买汽车的时候，大都会关注汽车的舒适性。舒适性是指人们驾乘汽车时的一种主观感受，是为乘员提供舒适、令人愉快的乘坐环境和轻松、便利的操纵条件的能力。简单来说，当人在车里感觉舒服、放松、开心时，这辆车的舒适性就好；当人感到难受、压抑、别扭时，这辆车的舒适性就差。

选购汽车时，消费者评判一款车是否舒适主要参考以下几个方面：

(1)“看”着舒不舒服。具体来说，一看外观，包括车身结构、造型、尺寸、线条、颜色和装饰；二看内饰，包括设计风格、色调搭配、材质做工等。

(2)“坐”着舒不舒服。具体来说，一是宽敞的空间，包括前后排乘员的头部、腿部和肩部空间；二是舒适的座椅，包括材质、软硬、包裹性、调节方式、座椅头枕和中央扶手。

(3)“开”着舒不舒服。主要指驾控性能，包括四个方面：①操纵是否轻便，如转向盘的握感和调节方式，踏板的位置和力度，按键旋钮的布置和阻尼。②座舱环境，如车内温度、湿度和风速的调节，车内噪声、光线的控制。③悬架类型，如独立悬架还是非独立悬架，多连杆悬架还是扭力梁悬架。④轮胎轮毂，如轮胎的品牌、尺寸和级别，轮毂的材质、造型和工艺。

(4)“用”着舒不舒服。主要指日常使用，包括两个方面：①储物空间，如车内储物格的尺寸、数量和位置是否人性化，行李箱的大小是否合适，行李装卸是否便利。②配置是否齐全，如各种舒适性配置的多少，实用性的大小以及自动化程度的高低。

五、汽车燃料经济性

汽车燃料经济性是指汽车以最少的燃料消耗完成单位运输工作量的能力，它是汽车使用的主要性能之一，主要评价指标就是汽车的百公里油耗。显然，百公里油耗越低的车型，它的经济性就越好。

影响汽车燃料经济性的因素是多方面的，比如同样一款车，搭载柴油机就要比搭载汽油机燃料经济性更好，这主要是因为柴油机热效率更高；缸内直喷发动机要比多点电喷发动机更省油；发动机压缩比越大，热效率越高；变速箱挡位越多，汽车燃料经济性越好；传动系统的传动效率越高越好；汽车的质量越小越好(这也是汽车轻量化的主要因素)；汽车的风阻系数越低越好；等等。此外，驾驶员的驾驶技术、汽车的使用条件、轮胎(子午线轮胎要比斜交线轮胎更省油)等也会直接影响汽车的燃料经济性。

六、汽车的操纵稳定性

汽车的操纵稳定性包含互相联系的两个部分：一是操纵性，二是稳定性。操纵性是指汽车能够确切地响应驾驶员转向指令的能力，操纵性的好坏实际上指的是汽车的运动参数与驾驶员要求的运动参数之间的接近程度和渐进过程。稳定性是指汽车行驶中具有抵抗改变行驶方向的各种干扰并保持稳定行驶的能力，稳定性的好坏实际上指的是汽车的运动参数与原来的运动参数之间的接近程度和渐进过程。事实上汽车的操纵性和稳定性是相辅相成、相互影响的，稳定性的好坏直接影响操纵性的好坏。汽车的操纵稳定性直接影响汽车的行驶安全，对于驾驶员的劳动强度也有很大的影响。

七、汽车的制动性

汽车的制动性是指汽车在行驶过程中，强制减速以及视需要停车或在下长坡时维持一定行驶速度的能力。它是汽车的主要性能之一，是汽车行驶安全的保证，直接关系到人民生命财产的安全。制动效能良好的汽车，才能使良好的动力性得以发挥，有利于提高汽车的平均行驶速度。一般用制动效能、制动效能的恒定性以及制动时的方向稳定性这三个指标来评价汽车的制动性，其中最主要的指标是汽车的制动效能。

所谓制动效能，是指汽车迅速减速直至停车的能力，即在良好路面上，汽车以一定的初速度制动到停车的制动距离或制动时汽车的减速度。它是制动性能最基本的评价指标，常用制动减速度和制动距离来评价汽车的制动效能，一般用汽车从 100km/h 开始制动到汽车完全停止的距离来表示。对于普通的家用车来说，百公里制动距离一般在 35—45 米，制动距离越短，汽车的制动性越好，汽车也就越安全。

八、汽车的行驶平顺性

汽车的行驶平顺性是指汽车在行驶时，对路面不平度的隔振特性。具体来说，就是指汽车在一般行驶速度范围内行驶时，避免产生振动和冲击，使人感到不舒服、疲劳甚至损害健康，或者使货物损坏的性能。平顺性主要是根据乘员的舒适程度来评价，所以又被称为乘坐舒适性，它是现代高速汽车的主要性能之一。它研究的主要内容就是汽车振动系统的动态特性(汽车的振动是极其复杂的)。我们常说的汽车的 NVH(噪音、振动、声振的粗糙度)就是汽车平顺性的内容之一。

九、汽车通过性

汽车的通过性是指在一定车载质量下，汽车能以足够高的平均车速通过各种坏路及无路地带和克服各种障碍的能力。汽车通过性可分为轮廓通过性和牵引支承通过性。轮廓通过性是表征车辆通过坎坷不平路段和障碍(如陡坡、侧坡、台阶、壕沟等)的能力；牵引支承通过性是指车辆能顺利通过松软土壤、沙漠、雪地、冰面、沼泽等地面的能力。

影响汽车轮廓通过性的几何参数主要有最小离地间隙、接近角、离去角、纵向通过角、最小转弯直径和内轮差、转弯通道圆及车轮半径等；影响汽车牵引支承通过性的主要因素有附着质量、附着系数及车辆接地比压。一般说来，汽车的动力性越好，最小离地间隙越大，接近角、离去角、纵向通过角越大，汽车的通过性越好。

十、安全性

汽车安全性是指汽车以最小的交通事故概率和最少的公害适应使用条件的能力。汽车安全性是汽车的重要使用性能之一，它直接关系人们的生命财产安全。汽车安全性也是汽车一系列结构性能的综合体现。随着汽车技术的不断发展和完善，对汽车安全性的要求也越来越高。“安全、节能、环保”已成为当代汽车工业发展的三大主题。汽车的安全性是备受消费者关注的一项，成为消费者购车的重要考量因素。

一般情况下，对汽车自身的安全性来说，可以按照交通事故发生前后分为主动安全性与被动安全性。汽车的主动安全性是指汽车防止事故发生的能力，一般评价的内容包含行驶方面的特性表现(制动性能和操纵稳定性)、视野状况及相关的操纵部件等;汽车的被动安全性是指减轻事故后果的能力,一般评价的内容包含外部安全性(车身外形、变形特性等)、内部安全性(乘员室配置、安全带、转向柱等)。因此,在评价汽车安全性的时候,主要是比较汽车主动安全性和被动安全性的技术配置以及性能表现等。

如果一辆车配备了 ESP(车身电子稳定系统)、安全气囊、带预紧功能的安全带等配置,将可以减少很多事故带来的伤害。如果还配备有自动制动、车道偏离预警等先进配置,还可以避免很多事故发生,从而大大改进和提高汽车的行车安全性。

以上就是对汽车性能的主要评价指标,不过任何汽车都不可能在所有方面都做得非常好。事实上汽车是一个均衡的机械产品,要根据它的定位和使用的人群来具体地调校。比如想要良好的动力性,那么就必然要牺牲一定的经济性;要具备良好的操控性,就要牺牲一定的舒适性;汽车的底盘高、通过性好,汽车的行驶平顺性就会受到一定的影响;等等。人无完人,金无足赤,所以,十全十美的汽车是不存在的,我们在选购汽车时首先要明确自己的实际需求。如果只是城市代步,我们就要更注重汽车的行驶平顺性和燃料经济性;如果经常自驾游,就要注重汽车的动力性和通过性;如果驾驶风格激进,喜欢开快车,就要注重汽车的动力性、操控性和制动性;等等。应该说,符合自己需求的车就是好车。

【任务小结】

本任务主要讲解了客户在购车时较关注的几个汽车评价指标,可依照以下口诀进行记忆。

客户购车有需求,
好坏评判依指标。
外观设计加空间,
舒适经济动力强。
操控稳定制动好,
安全平顺通过优。

【任务实施】

【任务工单】★☆熟悉你的产品☆★

工作任务	熟悉你的产品	实操成绩	
任务地点		任务日期	
组号		小组组长	
班级		小组成员	
任务描述	我是销售顾问江小白，在和客户张太太的接触中，发现她对汽车并不了解。她向我询问，如何评价一辆车的好坏。在前期，我经过认真学习，储备了相关内容，今天刚好可以给她讲讲了。		
任务实施	小组成员分配销售顾问和客户角色，结合汽车评价指标相关内容，编写车辆评价指标话术并进行情景模拟。		

说明：本表由小组长带领成员共同完成，一组一份。

【学习评价——小组评价】

小组学习评价表

<table>
<tr><td rowspan="2">小组自评
(100 分)</td><td>优点</td><td>不足</td><td>自评成绩</td></tr>
<tr><td></td><td></td><td></td></tr>
<tr><td rowspan="5">小组互评
(100 分)</td><td>组别</td><td>优点与不足</td><td>互评成绩</td></tr>
<tr><td>1 组</td><td></td><td></td></tr>
<tr><td>2 组</td><td></td><td></td></tr>
<tr><td>3 组</td><td></td><td></td></tr>
<tr><td>4 组</td><td></td><td></td></tr>
<tr><td rowspan="2">教师评价
(100 分)</td><td>优点</td><td>不足</td><td>教师评分成绩</td></tr>
<tr><td></td><td></td><td></td></tr>
<tr><td rowspan="2">总评成绩
(100 分)</td><td colspan="2">计算公式</td><td>总成绩</td></tr>
<tr><td colspan="2">总评成绩=小组自评成绩×30%+小组互评成绩×30%+教师评价成绩×40%</td><td></td></tr>
<tr><td>反思与
改善</td><td colspan="3"></td></tr>
</table>

说明:本表由小组长完成,一组一份。

【学习评价——个人评价】

个人学习评价表

我学会了	
我做到了	
我有待提升的地方	
自我学习评价	○优　□良　△及格　▽不及格
反思与改善	
教师评语及建议	

说明：本表由学生个人完成，一人一份。

【评分标准】

"熟悉你的产品"评分细则

	项目	满分	得分
1	能进行5S管理(整理、整顿、清理、清洁、素养)	5	
2	着装整洁,仪表端庄,表情和蔼可亲,眼神自然真诚,手势规范,姿态正确、自然大方,声音清晰标准,语速适中	5	
3	通过款式、造型、颜色三个方面说明车辆外观设计的好坏,信息全面、正确	8	
4	车内空间评价描述正确,影响因素描述全面、信息正确	8	
5	动力性描述正确,最高车速、加速时间、爬坡能力三方面展开,信息正确	8	
6	舒适性描述正确,内容全面,信息正确	8	
7	燃油经济性描述正确,影响因素描述全面、信息正确	8	
8	操控稳定性信息说明正确	8	
9	制动性描述正确,影响因素描述全面、信息正确	8	
10	行驶平顺性描述正确	8	
11	通过性描述正确,影响因素信息描述全面、正确	8	
12	安全性描述正确,影响因素信息描述全面、正确	8	
13	语言表达流畅,无错误	5	
14	小组成员分工合理,职责明确	5	

【巩固提升】

1. 汽车外观的评价指标主要有三个,分别是________、________、________。

2. 轴距,是汽车________到________的距离。

3. 汽车动力性主要由________、________、________三个方面指标来评定。

4. 一般用________、________以及________这三个指标来评价汽车的制动性,其中最主要的指标是________。

5. 汽车最小离地间隙________,汽车的通过性越好。

6. 一般对汽车自身的安全性来说,按照交通事故发生前后分为________与________。

7. 任选一车型,结合车辆配置表练习向客户介绍汽车评价指标。

任务二　运用FAB法介绍产品

做人做事，方法很重要。方法得当，事半功倍；方法不当，事倍功半。销售顾问要想把产品顺利销售出去，选择正确的方法很重要。客户购买你的产品，不仅因为对你的产品和服务感兴趣，而且他们认为你的产品和服务能为他们带来效益和利益，客户只在意产品能否满足他们的需求，只有明确地指出客户购买产品后能获得的利益，才能打动客户的心。

【工作情景】

作为一名职场新人，我做事积极认真，汽车专业知识功底也非常扎实。今天上午我接待了一名年轻女性客户张女士，经过交流我发现她对车了解得不多，当时我并没有意识到这个问题，而是非常热情地向她介绍："这辆车在安全方面配备了ABS防抱死系统和EBD电子制动力分配系统，它们……"张女士看上去一脸茫然，不为所动，围着车子转了几圈就淡淡地说了一句"我再看看，谢谢"，然后转身走了。

所谓亡羊补牢，为时不晚，发现问题，就要及时更改，我应该如何向客户张女士介绍我的产品呢？

【学习目标】

素质目标

1. 认真负责的工作态度。
2. 实事求是的工作作风。
3. 扎实的专业知识。

知识目标

1. 知道FAB法则的含义。
2. 知道FAB介绍法的好处。
3. 知道FAB介绍法的用法。

能力目标

能够运用FAB介绍法向客户介绍产品，增加客户对产品的接受度。

【知识储备】

一、什么是FAB介绍法

为了方便大家理解，我们先看看下面这则漫画故事，如图5-2至图5-4所示。

一只猫非常饿了，想大吃一顿。这时销售人员推过来一摞钱，并说："猫先生，这是一大笔钱啊！足足有一万块呢！"但是这只猫没有任何反应。

图 5-2　第一次推介

猫趴在地上非常饿了，销售人员接着说："猫先生，这可是一摞钱啊！可以买很多鱼！"但是猫仍然没有反应。

图 5-3　第二次推介

销售人员继续说："猫先生，我这里有一摞钱，您可以用这些钱买最新鲜的鱼大吃一顿。"刚说完，猫先生飞快地跳起来扑向那摞钱。

图 5-4　第三次推介

在销售人员给猫先生第一次推介"钱"时，这一万块钱只是一个属性(Feature)；在第二次推介中，销售人员指出这些钱可以买很多鱼，这是钱的作用(Advantage)。在两次推介中，猫先生都不为所动。

作为一名销售顾问，我们在介绍产品的时候，通常会有一个通病：总是讲不到跟客户有关系的要点上，导致介绍过程很精彩，客户却丝毫不动心。

图 5-4 中猫先生有了反应，飞快地扑向了这摞钱，是因为销售人员说“您可以用这些钱买最新鲜的鱼大吃一顿”，这就是利益(Benefit)。猫先生这时候的利益点就是解决饥饿的问题，所以当销售顾问表明钱能够给他带来的利益时，他被打动了。

销售顾问的第三次推介，就是运用了 FAB 介绍法。FAB 介绍法是销售顾问在进行产品介绍或销售政策、销售细节等表述的时候，针对客户需求意向，有选择、有目的地逐条理由说服客户，向客户分析产品利益的一种方法。

1. Features(属性)

属性是指产品本身所包含的客观现实，如材料、外观等。属性是客观存在的，可以看到、尝到、摸到或闻到。每一种产品都有它的特性，关键是你从哪个角度去认识它。对于自己所销售的产品的属性，销售人员必须要有足够的了解和认识。为了更好地销售，需要深刻发掘产品自身的潜质，努力找到其他销售人员忽略的、没想到的属性。当我们给客户“情理之中，意料之外”的惊喜时，下一步的工作就很容易展开了。

2. Advantage(作用)

“Advantage”可译为“优势”“长处”等。但是，“优点”也是在销售活动中容易让人产生更大抵触情绪的一个字眼，因为优点就是比竞争产品好的方面，然而实际上，汽车市场竞争激烈，竞争对手非常多，相似的产品也非常多，不可能存在自家所销售的汽车比竞争对手的汽车各方面都好的情况。如果销售顾问对自己所销售的汽车夸夸其谈，多数客户听了会有一种“王婆卖瓜，自卖自夸”的感觉，会对销售顾问产生不信任和抵触的情绪，结果就会适得其反。因此，销售活动中把“Advantage”翻译成“作用”会更好一些，“作用”就是能够给客户带来的用处，它是根据汽车的特性总结出来的特殊功能，同时解释了产品的属性如何被利用，能实现哪些目的。

3. Benefit(利益)

客户最关注的就是产品能给他们带来的利益是什么。“利益”就是能给客户带来的价值或创造价值的部分，是将“作用”融合起来构成一个或者多个的购买动机，即告诉客户该产品如何满足他们的需求。利益又分为产品的利益和客户的利益。我们必须考虑产品的利益是否能真正带给客户利益。也就是说，要将产品的利益与客户所需要的利益有效结合起来。

二、FAB 介绍法的好处

1. 能让客户听懂商品介绍。
2. 给客户真实可靠的感觉。
3. 提高客户的购买欲望，使客户对产品有深入的认识。

三、如何用 FAB 介绍法

1. FAB 句式的运用

FAB 介绍法其实是一种针对不同客户的不同购买动机，把最符合客户要求的产品利益向客户加以推介，有条理地讲清楚产品的属性、作用以及可以给客户带来的好处的一种销售方法。在产品介绍中，它形成了“因为……所以……对您而言……”的标准句式，即“因为＋属性，所以＋作用，对您而言＋利益”。

例如：因为这款车的车灯是氙气大灯，所以光照范围更广，光照强度更大，对您而言（这就意味着），大大地提高了驾驶的安全性。

再例如：因为这款车配有 ABS，所以可以有效地控制车子行驶的方向，前面有障碍物的话，绕个弯儿就过去了。对您而言（这就意味着），一是不会给对方造成损失，二是自己的车也不会受损失。

我们再接着讲猫和钱的故事（见图 5-5）。

图 5-5　第四次推介

猫吃饱喝足了，销售人员又过来说：“猫先生，我这里有一摞钱，你可以用这些钱大吃一顿。”但是猫完全没有反应了。这是为什么呢？

当猫吃饱了，它不再需要鱼填饱肚子了，这时，我们再告诉它钱可以买鱼，可以大吃一顿，有用吗？很明显，当客户实在不需要这个“利益”的时候，销售人员就要转变一下了，开发“钱”这个产品与客户的利益有关系的另一套说辞。

《亮剑》中有句台词：“要是弄不清楚为什么打仗的问题，那就是瞎打。”我们在向客户介绍产品的时候，关键要找对利益点，找对客户的需求，把产品的好处告诉他。如果不知道客户的需求，说再多的“F”，都是白说。如果介绍产品，只是介绍“F”或者“FA”，这和客户没有关系，对客户没有好处，就会白忙一场。FAB 定律是销售中的“亮剑”，是让客户购买的“亮剑”。

2. 注意事项

（1）实事求是

在讲解汽车具体配置的过程中一定要实事求是，不可夸大其词，尤其不可以恶意诋毁其他竞争品牌车型，否则很可能引起客户反感。

（2）清晰简洁

汽车销售顾问在讲解车辆配置的过程中，遇到生涩专业的术语，要采用通俗易懂的语言清晰简洁地进行介绍，必要时可以借助现场演示、实际操作等方法帮助客户了解配置卖点。

（3）主次分明

汽车销售顾问在介绍车辆时要时刻围绕客户需求，对于客户不重视的配置性能可以简略介绍，对于客户感兴趣的配置应该详细介绍。另外，在介绍过程中要突出本品牌的亮点，比如对德系车多介绍其安全性和造车工艺，对日系车多介绍其省油性，而销售国产车则应强调其性价比。

总之，汽车销售顾问在讲解车辆之前要对车的基本配置有足够的了解，可以在日常工作中多挖掘汽车属性、作用、利益等方面的信息，这样才能更好地应用FAB方法。

【案例】

销售顾问：张女士，您选车主要是为了方便接送孩子，是吧？

客户：是呀，我孩子快上幼儿园了，可淘气了，学校离家比较远，有车要方便些。

销售顾问：孩子4岁到12岁，是最调皮、最好动的时候，行驶途中的安全是第一位的。孩子对车外总是充满好奇，喜欢攀爬车窗，如果触碰到车窗上升按钮，很容易被玻璃夹伤。我们这款车采用的是电动防夹车窗，车窗上升的时候，如果孩子将手搭在了玻璃上，车窗会从上升的趋势改为下降，可以避免孩子发生夹伤事故。好动的孩子还有可能在车子行驶途中打开车门，这是非常危险的。您看，只要您细心地把开关设到“LOCK”的位置，车门就只能通过车外的门把手打开，而孩子们从车内是打不开的，这样能够有效地防范风险。您来试试……

客户：这样设计不错，我们家孩子要是不防着他一点，还真怕他出事。

【任务小结】

本任务围绕FAB介绍法，讲解了FAB介绍法的含义、好处及用法，可依照以下口诀进行记忆。

介绍产品有技巧，
FAB法则解难题。
特点优势和好处，
因为所以意味着。
产品知识为根基，
客户需求为导向，
利益到位才动心。

【任务实施】

【任务工单】★☆运用 FAB 法介绍产品☆★

工作任务	运用 FAB 法介绍产品	实操成绩	
任务地点		任务日期	
组号		小组组长	
班级		小组成员	
任务描述	客户张女士喜欢自驾游，30 岁，意向车型为迈腾，期望利益是动力性和舒适性，请你运用 FAB 法向她介绍配置。		
任务实施	小组成员分配销售顾问和客户角色，结合 FAB 汽车介绍法相关内容，编写车辆配置介绍话术并进行情景模拟。		

说明：本表由小组长带领成员共同完成，一组一份。

【学习评价——小组评价】

小组学习评价表

<table>
<tr><td rowspan="2">小组自评
（100 分）</td><td>优点</td><td>不足</td><td>自评成绩</td></tr>
<tr><td></td><td></td><td></td></tr>
<tr><td rowspan="5">小组互评
（100 分）</td><td>组别</td><td>优点与不足</td><td>互评成绩</td></tr>
<tr><td>1 组</td><td></td><td></td></tr>
<tr><td>2 组</td><td></td><td></td></tr>
<tr><td>3 组</td><td></td><td></td></tr>
<tr><td>4 组</td><td></td><td></td></tr>
<tr><td rowspan="2">教师评价
（100 分）</td><td>优点</td><td>不足</td><td>教师评分成绩</td></tr>
<tr><td></td><td></td><td></td></tr>
<tr><td rowspan="2">总评成绩
（100 分）</td><td colspan="2">计算公式</td><td>总成绩</td></tr>
<tr><td colspan="2">总评成绩＝小组自评成绩×30％＋小组互评成绩×30％＋教师评价成绩×40％</td><td></td></tr>
<tr><td>反思与
改善</td><td colspan="3"></td></tr>
</table>

说明：本表由小组长完成，一组一份。

【学习评价——个人评价】

个人学习评价表

我学会了	
我做到了	
我有待提升的地方	
自我学习评价	○优　□良　△及格　▽不及格
反思与改善	
教师评语及建议	

说明：本表由学生个人完成，一人一份。

【评分标准】

"运用 FAB 法介绍产品"评分细则

	项目	满分	得分
1	能进行 5S 管理(整理、整顿、清理、清洁、素养)	5	
2	着装整洁,仪表端庄,表情和蔼可亲,眼神自然真诚,手势规范,姿态正确、自然大方,声音清晰标准,语音语速适中	10	
3	推荐配置符合客户需求	15	
4	动力性至少包含 2 项配置说明	15	
5	舒适性至少包含 2 项配置说明	15	
6	F(属性)A(作用)B(利益)句式运用正确,无缺项	15	
7	FAB 话术编排语言流畅,感染力强	15	
8	突发事件处理能力	5	
9	小组成员分工合理,职责明确	5	

【巩固提升】

1. 什么是 FAB 介绍法?
2. FAB 介绍法的好处有哪些?
3. 如何运用 FAB 介绍法。
4. 请任选一车型配置,用 FAB 法进行介绍。

任务三　运用六方位绕车法介绍汽车

绕车介绍是销售过程的核心环节,有效的产品展示能建立客户的信任感。在此过程中,可展现 4S 店和销售顾问服务的专业性,提升其服务品质。销售顾问在产品介绍时采用六方位绕车介绍法,顺序清晰明确,有条理,有助于销售顾问更容易、有条理地记住所要介绍的具体内容。

【工作情景】

经过前期需求分析,我了解到:张女士,30 岁,教师,已婚,有一个 3 岁儿子,购车主要用途是接送孩子,比较关注车辆的安全性和舒适性,预算在 20 万元左右。我向她推荐了店里的迈腾汽车,下面我将带她去了解一下这款车。

【学习目标】

素质目标

1. 认真负责的工作态度。
2. 实事求是的工作作风。
3. 扎实的专业知识。

知识目标

1. 掌握六方位绕车介绍法的内容。
2. 掌握六方位绕车介绍法的执行规范。

能力目标

能运用六方位绕车介绍法进行汽车销售介绍。

【知识储备】

一、六方位绕车介绍法

六方位绕车介绍法是指在向客户介绍汽车的过程中，销售顾问围绕汽车的车前方、车侧方、车后方、车后排、驾驶室、发动机舱六个方位逐个展示汽车的过程，是一个比较规范化的汽车产品展示流程(见图5-6)。从车前到发动机舱，刚好沿着汽车绕了一圈，并且把车辆的配置状况做了一个详尽的介绍。按照这个顺序介绍，可以帮助销售顾问迅速记起车辆功能及配置，而且当客户没有特别要求的时候，这样介绍会给客户留下非常专业的印象，取得其信任。一名优秀的汽车销售顾问必须熟练掌握六方位绕车介绍法。但是，需要提醒大家的是，汽车销售顾问不应该把六方位绕车介绍看作一个僵化的产品展示规范流程，在实际的销售过程中，客户一般不会从始至终非常配合地跟着你绕上一圈，所以我们应该活学活用，针对客户的特定需求有侧重点地进行讲解。

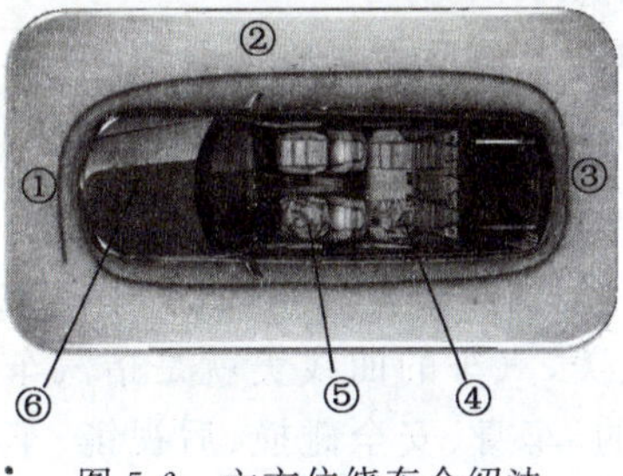

图5-6　六方位绕车介绍法

1. 车前方

我们在观察一个人的时候，首先是看这个人的整体，然后再具体看他的长相，他的身材等等。车和人一样，向客户介绍汽车时，也应该从整体入手，首先对整车做一个概括性介绍，让客户对眼前这辆车有一个整体的认识。汽车销售顾问在这个时候要做的就是让客户喜欢上这辆车。车的前脸是一个车型乃至车企的灵魂所在，也是客户最感兴趣的地方。销售顾问引导客户来到车辆正前方，上身微转向客户，距离30厘米，左手引导客户参观车辆。

当汽车销售顾问和客户并排站在汽车的正前方时，销售顾问可以向客户介绍车辆外部造型特征、车标、车身尺寸、轴距，天窗、侧窗玻璃、前刮水器设计，发动机盖、进气格栅设计，前照灯总成、前雾灯总成，前保险杠设计等。

车前方

【参考话术】

车前方

【车型历史】今天我们一起来看一下这款期待已久的全新一代迈腾，它是德国大众第八代B级车，具有纯正的德系“血统”。43年的发展历程，使得迈腾早已誉满全球，正是凭借品质、舒适、驾驶乐趣以及设计方面的绝对优势，全新一代迈腾再次荣获欧洲年度轿车金方向盘等国际知名大奖。

【前脸设计】全新一代迈腾采用德国大众的家族前脸设计X造型元素，大灯与格栅融为一体，尽显平衡之美。

【LED大灯】U形的LED大灯搭配LED日间行车灯，辨识度极强，又十分时尚，相信这样一款车无论是在商务场合还是私下空间，都能够轻松满足您的需求。这款大灯除了闪耀的外观，还非常智能。

【动态灯光辅助系统】首先，它搭载了MDFS大灯动态辅助系统，该系统通过摄像头时刻监测前方和对面来车，自动调整大灯的照射范围，避免对其他车辆的驾驶员造成眩目，减少安全隐患。

【大灯随动转向】同时，大灯还具备随动转向功能，保持大灯方向与车辆行驶方向一致，随时对前方道路提供最佳的照明，从而大大提升夜间行驶安全。

2. 车侧方

车的侧面是汽车整个设计理念里面非常重要的一环，也是车头美感的延续。人体讲究曲线美，而汽车也讲究曲线美，汽车的曲线美就是指汽车的腰线设计。所以在车侧方讲解腰线的设计美感是合适的，车身、安全碰撞、后视镜、车轮等都可以在车侧方进行讲解，还可以让客户听一听钢板的声音，看一看门的做工等。

车侧方

【参考话术】

车侧方

【侧面设计】全新一代迈腾侧面线条硬朗大气，贯穿门把手的腰线，十分高档，饱满流畅的车顶曲线，优雅、舒缓，让经典与时尚交相辉映。

【铝合金轮毂】18寸全新造型五幅合金轮毂非常运动强悍，相信停在路边定会带来不少的回头率。

【ABC柱】全新一代迈腾的A柱相较于同级车更窄，减少视觉盲区，视野也更加清晰，当然我们也不必担心车辆的安全问题。全新一代迈腾采用80%的高强度钢板、27%的热成型钢板，比如A柱、B柱、底盘通道均采用热成型钢板，强度高达1000MPa以上，相当于每平方厘米可以承受10吨以上压力而不变形。

【激光焊接】此外，车身还采用激光焊接工艺，使焊缝达到分子层面结合，焊接处钢板强度等同于一整块钢板，车身强度比普通点焊提升30%，可有效抑制车身碰撞变形，并将碰撞能量分散至车身各部位骨架，为车内驾驶人员赢得更大的生存空间，确保人身安全。

【自动折叠后视镜】全新一代迈腾的外后视镜集成了LED转向灯、双曲率、电加热、导水槽、电动调节、电动折叠、锁车自动折叠、变道辅助系统报警灯、副驾驶侧倒车自动倾覆等多项功能。在行车、倒车时均能提供清晰的后方视野，提升行驶时的安全性和舒适性。外后视镜锁车自动折叠功能，在体现高科技感的同时也大大避免了安全隐患。

【变道辅助系统】全新一代迈腾搭载了升级版的变道辅助系统，当车速超过30km/h时，系统通过后保险杠两侧的雷达传感器监测车后区域，最大探测范围可达70m。变道时，如果存在潜在危险，系统会通过左右外后视镜内侧的报警灯闪亮来提醒驾驶员，最大限度减少由于视野盲区、注意力不集中等带来的潜在危险，真正实现方便、安全、舒适！

【DCC动态底盘】它还搭载了第二代DCC动态底盘系统，有“经济”“舒适”“标准”“运动”“个性化”五种模式。您可根据驾驶习惯及当前路况，通过触摸屏幕上的驾驶模式菜单进行自主选择；颠簸路面或长途驾驶时可以选择舒适模式；日常路况可以选用标准模式；弯道较多时可以选择运动模式；想要节油的时候也可以选择经济模式。当然您也可以根据个人的喜好在个性化模式下对减震调节系统、方向盘等进行调节，满足您的不同驾驶乐趣，可以说开着全新一代迈腾，就像开着5款车！

3. 车后方

朱自清先生的《背影》，通过对父亲背影的描述，表达了作者对父亲的感恩之情。车的尾部正如人的背影，它也在向每一个客户诉说着自己的故事，自己的设计的理念。

汽车销售顾问引领客户站立在距离轿车约60厘米的地方，从后备厢开始，依次介绍高位制动灯、后风窗加热装置、后组合尾灯、尾气排放系统、燃油系统等。随着自驾游的日趋增多，很多客户对后备厢的要求也越来越高，因此汽车销售顾问一定要掀开备胎和工具箱外盖进行简略介绍。尽管汽车的正后方是一个过渡位置，但是，汽车的许多附加功能均可以在这里介绍，如后排座椅的易拆性，后门开启的方便性，存放物体的容积大小，汽车的尾翼、后窗刮水器、备胎的位置设计，尾灯的独特造型等。汽车的排放也可以在这里介绍。

车后方

【参考话术】

车后方

【尾部设计】全新一代迈腾的尾部线条同样突显 X 家族元素，与前脸相呼应，显示大成之美。

【全新 LED 高尾灯】全新的 LED 尾灯醒目时尚，夜间行驶时，“变化多端”，尽显科技质感！全新造型排气尾管，倒梯形设计，精致动感。

【后备厢开启】除了美观，全新一代迈腾也是非常实用的，可以通过脚部感应，轻松开启后备厢，十分轻便。想象一下购物后，双手提着物品，通过这样的方式开启后备厢，十分轻便，而且十分高端。

【后备厢容积】我们来看一下后备厢，容积高达 533 升，可以轻松满足储物需要，此外，通过座椅 4/6 比例放倒等多种方式，可进一步扩大储物空间，方便实用。

【电动尾门】再来看一下这个按钮，这便是电动尾门技术，只需轻轻按压即可关闭后备厢，使用起来轻松舒适，可避免伸手够不到后备厢盖顶的尴尬，或在雨雪天关闭后备厢盖时弄脏手的烦恼。

4. 车后排

人有外在美，也有内在美，做人要内外兼修；车同样有“内在美”。前面三个方位的介绍都属于“外在美”，从这个方位开始就可以说说车的“内涵”了。

车内的空间也是向客户介绍的一部分，可以邀请客户进入车内感受空间大小，包括头部空间、腿部空间等。座椅的材质、设计、扶手，儿童座椅的安装等都可以在这个方位进行讲解。

车后排

【参考话术】

车后排

【后排空间】打开车门，映入眼帘的是超大后排乘坐空间，轴距相比上一代增加 59mm，后轴轮距增加 25mm，后排座椅高度降低 14mm，带来的便是更大的头部空间，更宽的肩部空间，保证后排的乘员十分舒适，就像住进大房子里一样，我们进去感受一下。

【睡眠头枕】全新一代迈腾还搭载了十分人性化的睡眠头枕，长途行驶时，可以保证后排乘员安心睡眠。睡眠头枕可以更好地固定颈部位置，避免“睡姿不雅”的尴尬，同时，还可以更好地保护颈部，避免受伤。大空间以及睡眠头枕的设计，如同飞机头等舱一样，彰显车主的品位。

【独立空调，220V 电源，老板按键】同时，后排带有独立空调、220V 电源、USB 接口、老板按键等人性化装备，不用担心行车路上不能充电、看电脑这样的烦恼，满足后排乘员舒适和商务的需求。

5. 驾驶室

客户察看了汽车的外形和内饰，对汽车的性能有了大致的了解，接下来就要告诉他驾驶的乐趣以及操作方法了。第五个方位就是驾驶室。这时，汽车销售顾问可以邀请客户进入车内。先行开车门引导客户入座，客户在上车时，注意要为其做好安全防护措施，比如可以用手在上方挡一下，以防客户碰头，同时帮助客户调整座椅。安排好客户入座后，销售顾问再轻轻关上车门，自己去副驾驶就座。销售顾问应一边展示汽车的各种功能，一边引导客户操作。在驾驶室可以介绍的内容包括座椅的多方位调节、方向盘的调控、仪表盘设置、开车时的视野、腿部空间大小、安全气囊、制动系统的表现、音响和空调等。

驾驶室

【参考话术】

驾驶室

【四门无钥匙进入】全新一代迈腾搭载了高端车配备的四门无钥匙进入功能，锁车后，若发现有物品遗落后排座位时，无须过多操作，只需要轻拉后排门把手，即可轻松开启车门，十分方便。

【一键启动】同时，全新一代迈腾全系还配备了一键启动功能，可以轻松启动发动机。

【内饰设计】坐到车内，全新的内饰设计，无论从视觉上、嗅觉上，还是触觉上都给人非常震撼的感觉。全新的 MQB 风格方向盘，高端的石英钟，犹如琴弦般贯穿式出风口，桃木饰条以及高亮黑仪表板等设计，着重突出拥有者的尊贵身份和油然而生的舒适感，更加强调整体视觉效果和细节处理。

【内饰氛围灯】在旗舰车型上，配有 26 处氛围灯，夜间行驶时，氛围灯可以打造温馨静谧的环境，让驾乘更加舒心。

【信息娱乐】信息娱乐系统采用白、蓝、橙三种颜色，亮度可调节，十分温馨，开这样的车出去，一定会让人身心愉悦。

【液晶数字仪表】看看正前方的仪表盘，您一定发现不同之处了吧？全新一代迈腾搭载的是12.3英寸数字仪表，可进行个性化布局，同时还可显示行驶数据、本车状态、电话、音频、视图、导航、智能驾驶系统等多种信息，给人以前卫科技感。

【抬头显示功能】驾驶员注意力不集中，是车辆发生小剐蹭和一般事故的重要原因，而全新一代迈腾搭载了抬头显示功能，可避免驾驶员因低头查看相关信息而发生危险。驾驶员可以在不转移视线的情况下，查看相关信息，让行车更加安全可靠；可以通过灯光调节旋钮旁边的这个按钮进行开启和调节。

【多功能座椅】全新一代迈腾采用高端科技的多功能座椅，具有12项电动调节功能，可实现座椅的前后、高低、坐垫角度、靠背角度以及腰部支撑的调节，可以最大限度地满足舒适需求，座椅按摩可使驾驶过程更加舒适。

【座椅加热和通风】座椅还配备了加热和通风功能，共有三个挡位，依次按压进行调节，无论是冬天还是夏天，开着全新一代迈腾都是一种享受。

【自动空调】全新一代迈腾配备3区自动空调（驾驶侧、副驾驶侧、后排空间），可以满足不同位置乘客的需要，着重体现后排乘客的尊贵感。

【PM2.5过滤装置】PM2.5过滤装置可以让车内空气更加清新，尤其在雾霾天或堵车环境下，给车内乘客营造一个更加清新的环境。

【全景天窗】全新一代迈腾采用超大全景天窗，就像住在配有落地大飘窗的房子里一样，心情也会非常轻松愉悦。这款天窗采用深色隔热玻璃并配有电动遮阳帘，避免烈日灼晒，同时还可实现翘起和滑动开启，满足不同驾驶需求。

6. 发动机舱

驾驶室并非汽车展示的终点，要带领客户检查发动机。作为汽车的心脏，发动机的性能和油耗也是很多客户考虑的重点之一。

介绍发动机时，势必涉及一些专业的数据。汽车销售顾问可以根据客户类型分别对待：对于一些中老年客户或者对汽车并不是很了解的客户，只需向他们简单说明发动机的原产地、油耗等基本信息即可；当遇到一些汽车“发烧友”或者年轻客户时，则需要在征询他们同意之后，引导客户站在车头前缘偏右侧，打开发动机盖，依次向他们详细介绍，包括发动机盖设计（外观、开启位置、开启方式、重量、隔热隔音护板）、发动机舱布局、发动机技术、变速器技术、制动系统、空气过滤器、散热器护板等。

发动机舱

【参考话术】

发动机舱

【发动机】全新一代迈腾搭载全面升级的黄金动力组合。动力方面提供了280TSI(1.4T)、330TSI(1.8T)和 380TSI (2.0T)三种动力选择。第三代 EA888 380TSI (2.0T)发动机集双喷射系统、进排气双可变气门正时、排气可变气门升程等尖端技术于一体,将缸内直喷技术与涡轮增压技术完美结合,动力强劲,更实现了高效输出,其最大功率可达 162 kW,可输出最大扭矩 350 N·m。

【发动机启停技术及制动能量回收系统】此外,全系车型还搭载了发动启停及制动能量回收技术,在行驶过程中,当您松开油门或踩下制动踏板时,系统自动将多余的动力转化为电能,进一步降低油耗。

【七速湿式双离合变速器】全新设计的 DSG 七速湿式双离合变速器相比于六速湿式双离合变速器,不仅传动效率更高,而且最高可承受 420 N·m 的扭矩,可实现7个挡位换挡快捷,让驾驶员几乎感觉不到顿挫感,传动效率极高。全面设计的第三代 EA8888 380TSI 发动机与之搭配,让全新一代迈腾的百公里油耗仅为 6.7L,加速时间提升至 7.1s,可以说是同级车里油耗最低、加速最快的。有了全新一代迈腾,我们尽可以加足马力,驰骋向前。

绕车走一圈,看似简单,其实大有学问,很能考验汽车销售顾问的推销技术,但只要大体上介绍清楚这几点,一定能给客户留下深刻的印象。当然,任何技术性的沟通都比不上设身处地地满足客户的需求,因此,汽车销售顾问始终不能忘记将汽车的特点与客户的需求相结合。

二、绕车介绍注意事项

1. 热情的态度

介绍过程中要面带微笑,微笑应该贯穿于整个销售过程中。销售顾问做介绍时,眼睛应看向客户,而不是看着车介绍,绕车介绍时客户才是主角。用手势引导客户到相关的位置,注意走位,与客户保持适当的距离,别与客户撞在一起。介绍到轮胎、底盘、座椅调节按钮等位置时,销售顾问应使用蹲姿进行介绍;请客户坐进汽车里时,销售顾问应该要帮客户打开车门,用保护手势避免客户磕到头顶。

2. 通俗易懂的语言

销售顾问在介绍车辆的过程中不要过多使用专业名词,尤其是面对一些不太懂车的客户时。如果不断地堆砌“专业名词”,不仅会让客户觉得枯燥无趣,而且会让客户觉得自己没有得到足够的尊重,找不到作为消费者的优越感,很有可能会放弃购买本品牌汽车。所以销售顾问在进行车辆介绍时一定要设身处地地为客户着想,表述时必须做到生动有趣,语言简练,表现出自信而谦虚、热情而自然的态度,切不可拖泥带水、支支吾吾。

3. 鼓励客户体验

俗话说,耳闻不如眼见,眼见不如亲试。买衣服的时候,导购小姐会让客户去触摸衣服,感受面料的质地,鼓励客户去试衣间试穿,看一下上身效果;买电器的时候,销售员会让客户去操作电器,感受电器的操作便利性,让客户对比产品,感受产品的优越性能。所以在车辆介绍过程中要多让客户亲手操作。客户往往存有戒备心理,对销售顾问的话术抱有怀疑态度,让客户体验功能,会比销售顾问滔滔不绝的讲述更有说服力。在进行展示时,销售顾问不仅要将汽车知识讲解给客户听,让客户去看样车和资料,更要鼓励客户亲自触摸感受汽车,充分调动客户的多种感官,使其全方位地感受汽车的优良性能,以刺激其购买欲望。即使是需要销售顾问亲自演示,也不要自导自演,而要尽可能地让客户自己动手,销售顾问只在必要的时候给予恰当的指导即可。

但是销售顾问也要注意,一定要让客户在可控制的范围内体验,如果放任客户自行去操作和体验,最后客户很有可能因为不熟悉操作而体会不到车辆的真正功能,并且还会挑出一堆毛病,所以要提前做好规划。

4. 观察客户反应

在车辆介绍环节,客户对产品有了更为深入的了解,喜好也表现得比较明显。这时,销售顾问要注意客户的兴趣点,若发觉客户不感兴趣,要试探性地提问,找出客户的需求,再继续依客户的兴趣介绍。一般情况下,如果客户在看车过程中左顾右盼,而且未提出过任何实质性问题,也很少仔细查看车辆,就表明客户对介绍或者车不感兴趣。相反,如果客户对每一个细节都十分在意,而且不断地提出各种相关问题,那么就表明客户已经接受了你的产品,只是可能还存在一些顾虑,希望获得进一步的说服。

5. 使用 FAB 方法

为了使产品介绍切实有效,在六方位绕车介绍中要结合客户需求配合使用 FAB 方法进行介绍。

介绍过程中要注意客户眼神中释放出来的购买信号,记住眼睛是“心灵之窗”。六方位介绍法旨在让客户了解产品,认同产品,若介绍当中发现客户已经认同产品,即可停止六方位介绍,设法引导客户进入试乘试驾或条件商谈的阶段。

【任务小结】

本任务主要讲解了六方位绕车介绍法,包括车前方、车侧方、车后方、车后排、驾驶室、发动机舱,可依照以下口诀进行记忆。

绕车介绍六方位,
车前车侧车后方,
后排驾驶和机舱。
客户需求要牢记,
产品介绍要对应。
客户引导要及时,
设定标准卖车快。

【任务实施】

【任务工单】★☆运用六方位绕车法介绍汽车☆★

工作任务	运用六方位绕车法介绍汽车	实操成绩	
任务地点		任务日期	
组号		小组组长	
班级		小组成员	
任务描述	经过前期需求分析，我了解到：张太太，30 岁，教师，已婚，有一个 3 岁儿子，购车主要用途是接送孩子，比较关注车辆的安全性和舒适性，预算在 20 万元左右。我向她推荐了店里的迈腾汽车，下面我将带她去了解一下这款车。		
任务实施	小组成员分配销售顾问和客户角色，结合六方位绕车介绍法相关内容，编写六方位绕车介绍话术并进行情景模拟。		

说明：本表由小组长带领成员共同完成，一组一份。

【学习评价——小组评价】

小组学习评价表

<table>
<tr><td rowspan="2">小组自评
(100分)</td><td>优点</td><td>不足</td><td>自评成绩</td></tr>
<tr><td></td><td></td><td></td></tr>
<tr><td rowspan="5">小组互评
(100分)</td><td>组别</td><td>优点与不足</td><td>互评成绩</td></tr>
<tr><td>1组</td><td></td><td></td></tr>
<tr><td>2组</td><td></td><td></td></tr>
<tr><td>3组</td><td></td><td></td></tr>
<tr><td>4组</td><td></td><td></td></tr>
<tr><td rowspan="2">教师评价
(100分)</td><td>优点</td><td>不足</td><td>教师评分成绩</td></tr>
<tr><td></td><td></td><td></td></tr>
<tr><td rowspan="2">总评成绩
(100分)</td><td colspan="2">计算公式</td><td>总成绩</td></tr>
<tr><td colspan="2">总评成绩=小组自评成绩×30%+小组互评成绩×30%+教师评价成绩×40%</td><td></td></tr>
<tr><td>反思与
改善</td><td colspan="3"></td></tr>
</table>

说明:本表由小组长完成,一组一份。

【学习评价——个人评价】

个人学习评价表

我学会了	
我做到了	
我有待提升的地方	
自我学习评价	○优　□良　△及格　▽不及格
反思与改善	
教师评语及建议	

说明：本表由学生个人完成，一人一份。

【评分标准】

“运用六方位绕车法介绍汽车”评分细则

	项目	满分	得分
1	能进行5S管理(整理、整顿、清理、清洁、素养)	5	
2	着装整洁,仪表端庄,表情和蔼可亲,眼神自然真诚,手势规范,姿态正确、自然大方,声音清晰标准,语音语速适中	5	
3	熟练正确讲解车前方至少2项配置,其中至少一项运用FAB法	9	
4	熟练正确讲解车侧方至少2项配置,其中至少一项运用FAB法	9	
5	熟练正确讲解车后方至少2项配置,其中至少一项运用FAB法	9	
6	熟练正确讲解车后排至少2项配置,其中至少一项运用FAB法	9	
7	熟练正确讲解驾驶室至少2项配置,其中至少一项运用FAB法	9	
8	熟练正确讲解发动机舱至少2项配置,其中至少一项运用FAB法	9	
9	所介绍配置符合客户需求	7	
10	鼓励客户动手参与	5	
11	寻求客户认同	5	
12	方位转移中及时引导客户	4	
13	话术编排语言流畅,感染力强	5	
14	突发事件处理能力	5	
15	小组成员分工合理,职责明确	5	

【巩固提升】

1. 六方位绕车介绍法中的六方位指什么?各个方位要介绍哪些方面?
2. 六方位绕车介绍的注意事项有哪些?
3. 请任选一车型,进行六方位绕车介绍,情景自拟。

项目六

嫌货人才是买货人——客户异议处理

汽车销售顾问在4S店销售展厅里会遇到形形色色的客户，需要处理各种各样的客户异议。有的销售顾问一遇到有异议的客户就想放弃，他们认为客户太挑剔，自己无法将产品卖到他们心中去。殊不知，往往是这些挑剔的人才是真正购买汽车产品的人。同时，只有学会解决异议，才能促进销售顾问的快速成长。当销售顾问遇到客户异议时，千万不要消极应对。美国作家奥格·曼狄诺曾说："如果想法改变，态度就会改变；如果态度改变，行为就会改变；如果行为改变，习惯就会改变；如果习惯改变，人格就会改变；如果人格改变，命运就会改变；如果命运改变，人生就会改变。只要决心成功，失败永远不会把我击垮。"所以当我们在工作中遇到困难时，要迎难而上，千万不要有畏难情绪。

美国著名的销售大师汤姆·霍普金斯曾经说："一旦遇到异议，优秀的销售员会意识到，他已经到达了金矿；当他听到不同意见时，他就是在挖金子了；只有得不到任何意见时，他才真正感到担忧，因为没有异议的人一般不会认真地考虑购买。"

【课程导航】

- 客户异议处理
  - 认识客户异议
    - 什么是客户异议
    - 客户异议的类型
    - 客户异议的成因
  - 处理客户异议
    - 处理客户异议的时机
    - 处理客户异议的策略
    - 处理客户异议的方法
    - 处理客户异议的技巧

任务一　认识客户异议

在化解客户异议时，销售顾问一定要注意不能轻视客户，更不能因此心出芥蒂，应该以积极的心态应对客户异议。过程是态度问题，结果是业绩问题。好过程更可能有好结果。如果你觉得有一个好过程，但没有一个好结果，那一定是你的过程还不够好，因此我们说态度决定一切。所以销售顾问正确认识客户异议至关重要，异议的提出更有助于销售顾问了解客户的需求，从而有助于交易的达成。

【工作情景】

销售顾问江小白在接待客户张先生和张太太时，明显感觉他们很喜欢迈腾这款车，但是客户却提出了很多问题，诸如价格太高了、不喜欢内饰、油耗过高等。江小白很困惑：明明他们挺喜欢这辆车呀，怎么还指出这么多的问题呢？

【学习目标】

素质目标

1. 树立敢于挑战自我的勇气和信念。
2. 孕育积极阳光心态。

知识目标

1. 知道什么是客户异议。
2. 知道客户异议的类型和成因。

能力目标

1. 能正确认识客户异议。
2. 能区别客户异议类型。

【知识储备】

一、什么是客户异议

所谓客户异议，是客户对销售顾问或其销售活动所作出的一种在形式上表现为怀疑或否定或反对意见的反应。简单地说，被客户用来作为拒绝购买理由的意见、问题、看法就是客户异议。在实际销售过程中，销售顾问会经常遇到“对不起，我很忙”“对不起，我没时间”“对不起，我没兴趣”“价格太贵了”“质量能保证吗”等被客户用来拒绝购买产品的问题，这就是客户异议。

二、客户异议的类型

1. 按照客户异议的性质进行划分

(1)真实异议

真实异议是指客户的真实意见和不同的看法，因此又称为有效异议。在这种情况下，客户往往有真实的购车需求，也愿意接受销售顾问的产品推荐，但是对于产品或服务存在质疑，从而拒绝购买。

①价格问题。在汽车展厅内，销售顾问遇到最多的客户异议就是价格太高了。

②质量问题。一般情况下，客户在购车前会通过多种渠道关注产品质量的相关信息，比如通过新闻媒介、社会评价获取质量方面的信息，或可通过竞争品牌获取相关信息。

③售后服务问题。购买汽车产品后需要定期对车辆进行维护保养，因此很多客户会关注售后服务问题及服务质量，比如特约服务站网点是否数量多，维修是否方便，维修质量是否过关等。

④交易条件。客户在交易环节也会经常提出异议，比如付款方式、优惠折扣、赠送精品、交车时间、免费保养次数、车辆的美容装潢等。

⑤对汽车销售公司不满。客户异议还包括对销售顾问所属的经销商的不满，这类异议往往来自竞争企业的宣传、媒体的负面报道、周围人的评价等。

⑥对销售顾问不满。销售顾问给客户留下了衣冠不整、态度不好、夸夸其谈、责任心不强、专业技能不过关等不良印象，客户将不购车的理由转移到销售顾问身上。

(2)虚假异议

虚假异议是指客户为了拒绝购买而编造的各种反对意见和看法，是客户对销售活动的一种虚假反应。虚假异议的产生多是客户拒绝购买的意思表示，并不是客户的真实想法。一般情况下，虚假异议并不会影响客户的购买行为，故虚假异议又称为无效异议。

(3)隐藏异议

隐藏异议是指客户并不把真正的异议提出来，而是提出其他真的或假的异议，目的是要借此假象获得有利于隐藏异议解决的局面。如：客户希望降价，但是却提出其他如品质、颜色等异议，以降低产品的价值，从而达成降价的目的。

客户常见异议如表 6-1 所示。

表 6-1 客户常见异议

	借口	真实原因
1	我考虑考虑再说	没钱;目前不需要;价格太贵;对产品、公司、推销人员不信任
2	没钱	有钱,但舍不得买
3	我要和(领导、妻子)商量商量	自己拿不定主意
4	给我一点时间想想	没有其他人的授权,无权擅自购买
5	我还没有准备要买	认为别人可以买到更合适的
6	我们已经有了	不想更换供货厂家
7	价格太贵了	想到处比价
8	没打算要买	此时忙着处理其他事情,没时间

2. 按照客户异议的来源进行划分

(1)源于客户一方

①需求异议。需求异议是指客户主观上认为自己不需要产品的一种异议。如客户听完销售顾问介绍后,常常以"我们对现在开的车很满意,不打算换车"等方式提出异议。这一异议来自客户本身,也是一种较为常见的异议。需求异议产生的原因有很多:客户没有认识到自身需求;客户对企业或其产品持有成见;客户对产品的性能不了解;销售顾问对产品信息的介绍不够详细、全面。

②财力异议。财力异议是指客户以支付能力不足或没有支付能力为由而提出的一种购买异议。这是客户可以随时利用的异议,也是客户认为最有效的异议。一般情况下,真正财力困难的客户往往不会直接表示出来,而是通过车辆的性能、货源等其他方面的异议间接表现出来;而财力并不困难的客户却常常提出财力异议。因此,财力异议往往有真实与虚假之分,销售顾问要善于分析来判断异议的真伪。

③权力异议。权力异议是指客户以自己并非购买决策者为由拒绝汽车销售顾问,如"这个事情我们决定不了"等。权力异议也有真实与虚假之分。有很多权力异议的背景比较复杂,并且多数为销售顾问所不知,如客户内部的组织机构、企业制度、办事程序、人际关系以及外部宏观环境因素的影响等。

④购买时间异议。购买时间异议是指客户自认为购买产品的最好时机还未成熟而提出的异议,例如"我们再好好研究一下,过几天再给你打电话""让我再想想"等。这类异议意味着客户还没有下定决心购买,拖延的真正原因可能是价格、产品或其他方面不合适。有些客户还利用购买时间异议来拒绝销售顾问的接近和面谈。因此,销售顾问要根据客户的具体异议,采取有针对性的应对策略。

(2)源于销售一方

①货源异议。货源异议是指客户对产品来源于哪个生产企业或哪个销售企业而产生的不同看法。比如客户说:"不考虑国产车了,我还是想买合资品牌的车。"货源异议大多是由客户对企业与产品的不信任造成的。当然,也有一些客户利用货源异议来与销售顾问讨价还价。因此,销售顾问应认真分析货源异议产生的真正原因,并用恰当的方式

来处理货源异议。

②服务异议。服务异议指客户针对购买前后一系列服务的具体方式、内容等方面提出的异议。比如销售企业承诺的售后服务方面的异议。

③产品异议。产品异议是指客户对产品的使用性能、质量、设计、结构、品牌、规格等方面提出的异议。比如客户提出："这个品牌的车不错，就是很久都没有推出新款了，款式太老了。"客户对产品产生异议表明客户对产品有一定的认识，但了解得还不够，担心产品不能满足自己的需要。

客户之所以提出这样的异议，有可能是因为产品本身确实存在缺陷，也可能是客户的一种主观看法，如偏见、借口等。所以，虽然有些客户具有比较充分的购买条件，但仍然不愿意购买。这就要求销售顾问充分掌握产品知识，能够准确、详细地向客户介绍产品特征、优势及其为客户带来的利益，从而消除客户的异议。

④价格异议。价格异议是指客户认为产品的价格与自己估计的价格不一致而提出的异议。在销售工作中经常会听到这样一些议论："这个车的价位太高了。""别人的比你的便宜。""我用不着买这么贵的车。"这是客户受自身购买习惯、购买经验、认识水平以及外界因素影响而产生的一种自认为产品价格过高的异议。

价格异议一般有两种表现形式：一是客户认为产品价格过高，这是价格异议中最常见的、主要的形式，常常被很多客户用来讨价还价以争得更多交易利益，或者是被客户当作拒绝购买的一种借口。对此，销售顾问要进行适当的解释，让客户感到物有所值，也可在必要的时候作出适当的让步。二是客户认为产品价格过低，怀疑其质量或其他方面存在问题。对此，销售顾问要给客户一个明确的解释，以消除客户心中的疑虑。否则，极易引起误解，形成销售障碍。

三、客户异议的成因

在整个汽车销售过程中，从客户开发、展厅接待、需求分析、产品展示、试乘试驾、报价签约、新车交付到售后跟踪，每个环节都有可能遇到客户异议。汽车销售顾问只有了解客户异议的成因，才能做到"有的放矢"地去化解异议。在销售过程中，客户异议的产生原因是多种多样的，归纳起来有以下几个方面：

1. 客户方面的原因

(1)希望得到更多的信息以便作出判断。

(2)没有完全理解销售顾问传递给他的信息。

(3)希望在购买之前和家人商量。

(4)销售顾问还未充分介绍车型或益处。

(5)客户已发出购买信号，需要销售顾问再给他一些信心。

2. 产品方面的原因

(1)产品的品牌

一般而言，很多客户都有自己熟悉乃至喜欢的品牌，对于陌生的品牌往往持有保留或者观望甚至怀疑的态度，所以会产生客户异议。

(2)产品的功能

功能是指产品的功用、效能，这决定了产品能给客户带来多大的使用价值。所以功能的多少也是客户选择汽车产品时的一个重要依据。若功能太多或太少，或功能不符合客户的需要，客户当然会提出异议，从而拒绝购买该产品。

(3)产品的利益

客户购买产品，并不只是为了产品本身所带来的基本利益。只有当你的产品能为客户带来比其他产品更多的利益和好处时，如节省时间、服务更完善等，客户才有可能放弃购买其他产品而购买你的产品，否则，客户也会提出异议。

(4)产品的质量

产品的质量是产品最重要的属性，汽车产品质量的好坏直接影响客户的购买行为。客户对产品的功能、造型等方面的选择都是以产品质量令客户满意为前提的。如果客户认为产品质量不过关，或不能达到令他满意的标准，就会提出异议，而且一般很难改变。

3. 汽车销售顾问方面的原因

销售顾问缺乏一定的职业素养和专业知识，衣冠不整、态度不好、夸夸其谈、责任心不强、专业技能不过关等，都会导致客户的厌恶，最终引起客户异议。

【任务小结】

本任务主要讲解了什么是客户异议以及客户异议的类型与成因，可依照以下口诀进行记忆。

客户异议种类多，积极心态来应对。
真实虚假和隐藏，火眼金睛去识别。
细致区分来源方，客户销售别漏项。
客户产品和销售，细致找出成因方。

【任务实施】

【任务工单】★☆认识客户异议☆★

<table>
<tr><td>工作任务</td><td>认识客户异议</td><td>实操成绩</td><td></td></tr>
<tr><td>任务地点</td><td></td><td>任务日期</td><td></td></tr>
<tr><td>组号</td><td></td><td>小组组长</td><td></td></tr>
<tr><td>班级</td><td></td><td>小组成员</td><td></td></tr>
<tr><td>任务描述</td><td colspan="3">销售顾问江小白在接待客户张先生和张太太时，明显感觉他们很喜欢迈腾这款车，但是客户提出了很多问题，诸如价格太高了、不喜欢内饰、油耗过高等。江小白很困惑：明明他们挺喜欢这辆车呀，怎么还指出这么多的问题呢？</td></tr>
<tr><td rowspan="2">任务实施</td><td>任务</td><td colspan="2">认识客户异议</td></tr>
<tr><td colspan="3">以小组为单位，梳理客户异议知识点，制作一份认识客户异议 PPT 并进行汇报，要求课件制作精美。</td></tr>
</table>

说明：本表由小组长带领成员共同完成，一组一份。

【学习评价——小组评价】

小组学习评价表

小组自评（100分）	优点	不足	自评成绩
小组互评（100分）	组别	优点与不足	互评成绩
	1组		
	2组		
	3组		
	4组		
教师评价（100分）	优点	不足	教师评分成绩
总评成绩（100分）	计算公式		总成绩
	总评成绩=小组自评成绩×30%+小组互评成绩×30%+教师评价成绩×40%		
反思与改善			

说明：本表由小组长完成，一组一份。

【学习评价——个人评价】

个人学习评价表

我学会了	
我做到了	
我有待提升的地方	
自我学习评价	○优 □良 △及格 ▽不及格
反思与改善	
教师评语及建议	

说明：本表由学生个人完成，一人一份。

【评分标准】

"认识客户异议"评分细则

	项目	满分	得分
1	能进行 5S 管理(整理、整顿、清理、清洁、素养)	5	
2	着装整洁,仪表端庄,表情和蔼可亲,眼神自然真诚,手势规范,姿态正确、自然大方	10	
3	找出汽车销售过程中常见的客户异议	20	
4	分析客户异议的类型	20	
5	找出客户异议产生的原因	20	
6	知识、技巧运用	5	
7	声音清晰标准,语音语速适中,语句流畅	10	
8	突发事件处理能力	5	
9	小组成员分工合理,职责明确	5	

【巩固提升】

1. 什么是客户异议?
2. 客户异议的类型有哪些?
3. 请说明以下汽车销售过程中常见的客户异议的类型以及产生的原因:

(1)这款车不错,但是价格太高了,我买不起。

(2)这个车型很久没有推出新款了,款式太老旧了。

(3)这个车型我都没有听说过。

任务二　处理客户异议

在产品介绍的过程中,客户会对我们的产品、服务有各种疑问,有时销售顾问会很疑惑:明明已经讲得很仔细了,为什么客户还是会提出很多疑问呢?其实讲得好只是做到了一个方面,更重要的是能有效化解客户的疑虑,这对实现成交尤为重要。

【工作情景】

客户张明先生一家三口来 4S 店购买新车,销售顾问江小白对客户进行产品介绍时,张先生质疑:"你们这个品牌的发动机都是自然吸气的吗?那肯定比涡轮增压的发动机油耗高吧!"该客户可能对于品牌有偏见或者是受到周围朋友的影响,觉得自然吸气的发动机不如涡轮增压的发动机,对油耗问题比较担忧。销售顾问江小白将为客户解答异议。

【学习目标】

素质目标

1. 提升心理素质，克服处理客户异议时的畏难情绪。
2. 提升沟通表达能力。
3. 以诚待人，以礼待人，实事求是。

知识目标

1. 掌握处理客户异议的方法。
2. 掌握处理客户异议的策略。
3. 掌握处理客户异议的技巧。

能力目标

1. 能够把握处理客户异议的时机。
2. 能够对客户异议案例进行分析。
3. 能够熟练应对各种客户异议。

【知识储备】

一、处理客户异议的时机

1. 先发制人，提前处理客户异议

先发制人，提前处理客户异议，指的是如果销售顾问观察到客户马上就会提出某种异议，最好是抢在客户的前面把问题先提出来，自己及时解答。这样做就会使客户感到“这个销售顾问善解人意，是站在我的立场为我着想”，客户也就觉得没有必要再提异议了。如果客户尚有其他异议，也不会小题大做、吹毛求疵。同时，在客户提出异议之前先进行解答，就避免了销售顾问去纠正客户的看法或者反驳客户的意见，避免了与客户直接发生争论。这样一来，销售顾问可以争取主动，按照自己的意思措辞，把产品的特点统统讲出来，从而使客户认识到销售顾问没有欺骗自己，这就为销售顾问赢得客户的信任奠定了基础。另外，这样也可以把大事化小、小事化了，节省营销时间。

然而，在实际营销活动中，提前处理客户异议，尽管能起到先发制人的作用，但是这一策略也有其局限性：一是销售顾问先发制人，抢先提出异议并加以处理，可能使客户觉得销售顾问咄咄逼人，进而增加了客户的心理压力。二是销售顾问抢先提出的异议，可能是客户还没有意识到的无关异议，这样会使客户失去购买信心，造成异议的传染与扩散，反而使客户有了拒绝成交的理由。

2. 毫不怠慢，即时处理客户异议

在营销活动中，如果销售顾问不能在客户提出异议之前主动提出问题并作答，就要在客户提出异议后，立即热情地回答客户的异议，以避免怠慢客户，导致客户对销售顾问失去信任进而坚定他自己的异议观点。

一般地说，每个客户都希望销售顾问能尊重和听取自己的意见，并立即作出令人满意的答复，因此，对那些直接影响客户购买决定的重要异议，销售顾问通常要及时答复。如果推迟回答或不回答，就会使客户认为销售顾问有所隐瞒，或认为异议是真实的。所以，客户异议的即时处理是处理异议的最佳时间，代表销售顾问对客户意见的重视和尊重。

但是，对于客户提出的许多异议，销售顾问若无一例外地立即处理，会形成销售顾问被客户审视、追问进而无法控制推销局面的被动局势，还可能使销售面谈无法按计划、按重点进行，导致营销的失败。因此，销售顾问要思维敏捷，具有灵活应变的能力、能说善辩的口才、丰富广博的知识和临场不乱的经验。

3. 稍等片刻，推迟处理客户异议

推迟处理客户异议，就是当客户提出异议后不立即作答，而是等到合适的时机再作答。以下几种情况均可以推迟处理：

(1)客户异议离题太远，可以不马上回答。

(2)如果你不想反驳客户的异议，可以不予立即作答。

(3)若客户异议将随面谈的进行而逐渐减少或消失，不必马上答复。

(4)若马上答复客户异议会对推销产生不利影响，最好不要马上答复。但销售顾问一定要掌握好答复的时间，否则易受到客户的“盘问”而处于被动。

(5)若销售顾问不能立即给客户一个满意的答复，或没有足够的资料作出有说服性的回答，应说明情况，暂时搁置，有了满意的结论再予答复。

在推迟处理客户异议时，销售顾问应注意适用推迟处理的条件，对需要推迟处理的客户异议，销售顾问应表现出能够处理的信心，不要犹豫不决。

推迟处理客户异议在某种情况下是处理客户异议的最佳策略，它有利于销售顾问进行周密的思考，有针对性地灵活处理客户异议。但也有一定的局限性：它可能降低推销效率，给竞争对手以可乘之机，还可能出现一些意外的情况，使前段的营销努力付诸东流。

4. 请求谅解，不予处理异议

不予处理异议，是指销售顾问有意对客户的异议“装聋作哑”，不予理睬。一般来说，销售顾问不应冷落客户，不尊重客户，而是要正确对待并妥善处理客户异议。但是，客户异议多种多样，而且并非全部都是有效或有关的异议。有的异议明显是无理取闹，甚至是虚假的异议。所以，销售顾问为了避免陷入无效的辩解中，为了节约时间，进行有效营销，也为了保持良好的人际关系与和谐的营销气氛，可以在请求客户谅解的情况下，回避客户的异议而保持沉默或转移话题，对客户的异议暂不作处理。

不予处理异议可避免在一些无关、无效异议上浪费时间，以便集中精力去处理有关的、有效的、重点的异议，可使销售顾问按照原来的营销计划、营销策略与营销重点与客户洽谈，节省时间，提高效率；同时，还有利于重点处理有效异议，有效促成交易。但不予处理异议也有一定的缺点和不足：可能引起客户的不满和反感。销售顾问若应用不当，会忽视客户的有效异议，导致交易失效；同时，不予处理也不利于发展良好的人际关系。因此，对客户的异议不予作答，只有在万不得已的情况下才能使用。

二、处理客户异议的策略

1. 保持正确的心态

态度是行动的前提，态度受价值观的指导。态度积极，就是一个成功的开始。有何种态度，就会有何种执行力，执行力的强弱决定了结果的好与坏，所以，态度决定一切。为了有效地处理客户提出的异议，首先要对异议有一个正确的态度。销售顾问要客观诚恳地欢迎客户提出异议，认真听取客户的异议，重视客户异议，但是不要夸大或缩小异议。

2. 换位思考，理解客户

以责人之心责己，以恕己之心恕人。要对客户表达异议的心情给予理解，配以微笑、点头、注视、倾听等动作，以此展现亲和力。

3. 找到客户异议背后隐藏的真正动机

客户有异议，说明销售顾问之前的介绍并没有说到客户心坎上。销售顾问需进一步通过观察、询问来明确客户异议背后的真实想法。透过现象看本质，去粗取精，去伪存真，由表及里，由此及彼。

4. 借助其他因素消除客户异议

销售顾问处理客户异议时，不论态度如何真诚、方法如何得当，总是让客户感到一种“王婆卖瓜，自卖自夸”的味道。此时如果利用“证人”、专家及权威机构的检测结果来证明，更容易化解客户异议，获得客户信任。

三、处理客户异议的方法

客户的异议是多种多样的，处理的办法也千差万别，应因时、因地、因人、因事而采取不同的办法。在推销进程中，常见的处理客户异议的办法有下列几种：

1. 直接否定法

直接否定法，又称反驳处理法，是指销售顾问根据明显的事实与充分的理由直接否定客户异议的处理办法。理论上讲，这种办法应尽可能避免。直接反驳容易使客户产生抵触心理，甚至伤害到客户自尊，造成紧张气氛。但如果是由于客户的误解、成见、信息不充分等导致的有明显错误、漏洞、自相矛盾的异议，而你手头上的材料能够帮助说明问题时，你不妨直言不讳。但要注意态度一定要友好而温和，最好是引经据典，这样才有说服力，从而增强客户对产品的信心。

【案例】

销售顾问正要为客户王先生介绍车辆的内饰时，王先生突然提出：“听说你们的车选用的内饰材料质量不过关，味道很大，对人体有害。”

销售顾问反驳：“王先生，您是在网上看到的这样的说法还是听朋友说的？为了这个，我们老总专门请专业的检测机构做了检测，您看这是检测报告，材料质量完全达标。”

2. 间接否定法

间接否定法，也称转折处理法或回避处理法，属于销售顾问应对客户异议的常用办法之一，即销售顾问根据相关事实和理由来间接否定客户的意见。这种方法以退为进，先承认客户的看法有一定道理，向客户作出一定让步，然后再讲出自己的看法，客户在心理上容易接受。此法一旦使用不当，会使客户感到销售顾问圆滑、玩弄技巧，从而产生反感，提出更多的意见。在使用过程中，转折不要太过直接，要不露声色，要尽可能少地使用“但”一词，这样效果会更好。只要灵活使用这种办法，就会保持良好的洽谈气氛，为自己的谈话留有余地。

【案例】

销售顾问引领客户来到展车区域，正要为客户介绍车辆时，客户提出："我不喜欢这辆车的外观。"

销售顾问首先承认客户的看法有一定道理，"我们的车的设计确实有些另类，很多客户初看之后都不太能接受，"然后再讲出自己的看法，"现在有些客户却说，车子开在路上的回头率可高呢！有位客户由此还被人敲窗户，问这是什么车。"

3. 转化处理法

转化处理法，是利用客户的反对意见中有利于销售成功的一部分因素，并对此加工处理，转化为自己的观点去消除客户异议。客户的反对意见是有双重属性的，以子之矛，攻子之盾，把拒绝的理由转化成购买的理由，把成交的障碍转化为成交的动力，说服力很强。

应用这种技巧时一定要讲究礼仪，如果使用不当，会让客户觉得被人钻了空子，受了愚弄，从而产生不快。此法通常不适用于与成交相关的或敏感性的反对意见。

【案例】

4S店内，一位客户在看一辆车，一边看一边点头，但一会儿又皱眉，销售顾问见状走上前去。这位客户提出："这辆车听说很重，开起来肯定很费油。"

销售顾问首先肯定客户的说法："的确，我们的车确实比同级别车辆稍重一些，"然后再进行加工处理，"不过正是因为我们车子用料讲究、做工扎实，所以才会重一些的。"

4. 以优补劣法

以优补劣法，又叫补偿法。如果客户的反对意见的确是产品的缺陷，千万不要回避或直接否定。明智的办法是肯定相关缺点，然后淡化处理，利用产品的优点来补偿甚至抵消这些缺点。这样的说法，客户容易接受，有利于建立和维护双方的友好关系，同时有利于使客户的心理达到一定的平衡，使客户作出购买决策。但是这种做法等于承认了缺陷，削弱了客户对产品的信心，因此在使用时要注意补偿利益要大于异议涉及的损失，净利益要大于客户支付的价格。

以优补劣法的优缺点如表 6-2 所示。

表 6-2　以优补劣法的优缺点

优点	缺点
销售顾问能实事求是地承认产品的不足之处，并能客观地向客户介绍产品的优点，给客户的感觉是真诚、客观，可以信赖，从而有利于促成交易；另外，销售顾问并不是反驳或否定客户异议，相反予以肯定，有利于建立和维护购销双方的友好关系	销售顾问先肯定了客户的异议，可能会引发客户对产品的误会，助长客户对异议的坚持，对购买失去信心，甚至会使客户异议增多，增加销售劝说的难度，还可能会增加销售时间，降低销售效率

【案例】

4S店展厅内，一位客户坐在展车里对销售顾问提出："这车坐起来没有××车舒服。"

销售顾问首先肯定客户的说法:"在座椅的舒适性方面,我们的车可能确实不如××车,"然后淡化处理,利用产品的优点来补偿甚至抵消这些缺点,"这是因为我们把造车精力都放在对客户最重要的性能上了——车辆的安全性。在安全性方面,我们有……"

【案例】

4S店展厅内,销售顾问正在为客户介绍车辆的侧方位,客户看了看车提出:"这辆车的车身太短了吧,腿部空间肯定不够。"

销售顾问首先肯定客户的说法:"咱们这辆车的车身看起来的确是短了些,"然后淡化处理,利用产品的优点来补偿甚至抵消这些缺点,"但是车身短能让您停车非常方便,现在停车这么麻烦,咱们这款车可以让您停车很便利轻松呢!"

5. 委婉处理法

销售顾问在没考虑好怎样答复客户的反对意见时,不妨先用委婉的语气把对方的反对意见重复一遍,或用自己的话复述一遍,这样能够削弱对方的气势。

有时转换一种说法会使问题更容易回答,但前提是不能改变客户的意思,否则客户会认为你故意歪曲他的意见而产生不满。销售顾问可在复述之后问一下:"您认为这种说法确切吗?"然后再继续下文,以求得客户的认可。如客户抱怨:"价格比去年高多啦,怎么涨幅这么大?"销售顾问可以这样说:"是啊,价格比起前一年确实高了一些。"然后再等客户的下文。

6. 冷处理法

对客户不影响成交的反对意见,销售顾问最好不要反驳,采用不理睬的办法是最佳的选择。切忌客户一有反对意见,就反驳或以其他办法处理,那样就会给客户留下你总在挑他毛病的印象。对客户抱怨你的公司或同行这类无关成交的问题,都不予理睬,转而谈你要说的问题。这种方法可以避免节外生枝,浪费时间。

国外的营销专家认为,在实际推销进程中80%的反对意见都应冷处理。但这种办法也存在不足:不理睬客户的反对意见,可能使客户觉得他没有受到应有的重视和尊重。所以在不理睬客户提出的某一异议时,要尽快找到合适的话题,以免冷落客户。

【案例】

4S店内,销售顾问正在为客户李先生介绍车辆,李先生突然说:"你们这家经销店是不是××老板开的呀?他的名声可不怎么好呀!"

销售顾问:"老板的事情,我们知道得可不多。李先生,要不我们先看一下车吧。"

四、处理客户异议的技巧

在汽车销售的过程中,会遇到各种客户异议,这就需要销售顾问通过有效的方法措施来化解异议。

1. LSCPA 话术

LSCPA法是指通过用心聆听—尊重理解—澄清事实—提出方案—请求行动五个步骤,有效进行异议化解。

(1)用心聆听(Listen)

当客户提出质疑时,销售顾问一定要细心聆听客户的异议,做到听清事实、听到关联、感同身受。销售顾问应正确地接收到客户所表达的文字信息,这是最基本的要求,然后辨析语言和非语言信息中所隐藏的深层含义。除了听清文字信息外,还要听清语音语调,看到各种肢体动作及表情眼神等,这就是“听到关联”,即“弦外之音”。最后要做到“感同身受”,用心体会客户的情感,并积极反馈回应。

(2)尊重理解(Share)

销售顾问应尊重和体恤客户,比如“我很理解您的想法”,遇到常见的异议可以把客户的异议做一般化处理,比如“其实很多人也是这样想的”。异议是客户的真实感受,销售顾问应表示尊重理解,切忌“居高临下”的态度。

(3)澄清事实(Clarify)

销售顾问要锁定客户异议,通过进一步观察、询问来明晰客户异议背后的真正问题及原因,然后进行解释说明,常利用“是……但是”的方法来回答。

(4)提出方案(Present)

销售顾问针对异议提出解决方案可以让客户感知到利益、需求得到满足。也可以换个角度来分析解释,提出方案,消除客户疑虑。

(5)请求行动(Ask)

对于销售顾问提出的解决方法,要征得客户的最终同意。一旦客户心动或同意解决方案,销售顾问应立即采取行动促成交易。

【案例】

客户王先生、王太太来4S店看车,产品展示环节后,王太太提出他们并不着急买车,还想再观望观望,销售顾问按照以下步骤处理此次客户异议。

(1)用心聆听——(点头回应)

(2)尊重理解——“买车毕竟是件大事,确实需要慎重考虑一下。”

(3)澄清事实——“不过现在马上就要过‘十一’了,我们店里的促销力度非常大,可以说是一年当中促销力度最大的时候了。”

(4)提出方案——“您要是近期能定下来的话,价格肯定是最优惠的。”

(5)请求行动——“要不我给您看一下我们店近期的优惠活动?买不买没关系。”

2. 竞品比较——ACE法

竞品,顾名思义就是竞争产品,竞争对手的产品。在产品介绍的过程中,客户常常会抛出竞争车型与展示车型进行比较,而且往往是拿竞争车型的优势与展示车型的劣势进行比较。如果销售顾问对竞争车型不了解,不能进行客观合理的对比,并进一步突出展示车辆的优点,就会流失客源。在遇到有竞品对比的客户异议时,销售顾问可以使用ACE法。

ACE竞品比较法内容包括认可(Acknowledge)、比较(Compare)、提升(Elevate)三个部分,取三个单词的首字母就是ACE。“认可”是指认可客户的判断是明智的,认可竞品车型的优势,牢记客户的需求;“比较”是指从对客户有益、对本品有利的方面进行比较；"提升"是指强调本品对比优势以及给客户带来的利益，讲故事讲场景，促进购买。具体话术如表 6-3 所示。

表 6-3 ACE 话术

认可(Acknowledge)	比较(Compare)	提升(Elevate)
(1)承认客户的判断是明智的； (2)承认竞品车型的优势； (3)牢记客户的需求，挖掘自家车型与竞品相比的其他优点	(1)从对客户有意义、对自家车型有利的方面进行比较； (2)可供选择的方面：配置、品牌、历史及声誉、服务质量、口碑等	(1)强调自家车型的比较优势以及这些优势为何更适合客户所述的希望或需求； (2)明确自家车型在竞品比较过程中的优势地位

ACE 竞品比较法

【案例】

客户王先生在选购 A 品牌车时提出，B 品牌比 A 品牌安全性更好。

A(认可)——"王先生，看来您真的非常懂车，对车的安全方面非常重视！的确，B 品牌最近几年在安全改进方面非常努力。"

C(比较)——"相信您也非常了解 A 品牌车技术的发展历史，A 品牌致力于安全技术的研究已有 70 多年历史了，1966 年就发明了安全气囊、安全带收紧器，而 B 品牌是在 2000 年才有的这两项技术，A 品牌比 B 品牌早了整整 34 年。A 品牌历史悠久。"

E(提升)——"再说了，您买车不仅仅关注安全性这一个方面吧，您刚才也说了，要经常跑长途和接见客户，舒适性和豪华也是您考虑的吧？我和您说说这两个方面吧……"

【任务小结】

本任务主要讲解了处理客户异议的时机、方法、策略，以及如何运用正确的话术技巧应对各种客户异议等问题。可依照以下口诀进行记忆。

积极阳光，友善态度。
换位思考，把握时机。
明晰异议，有的放矢。
方式恰当，化解异议。

【任务实施】

【任务工单】★☆处理客户异议☆★

<table>
<tr><td>工作任务</td><td>处理客户异议</td><td>实操成绩</td><td></td></tr>
<tr><td>任务地点</td><td></td><td>任务日期</td><td></td></tr>
<tr><td>组号</td><td></td><td>小组组长</td><td></td></tr>
<tr><td>班级</td><td></td><td>小组成员</td><td></td></tr>
<tr><td>任务描述</td><td colspan="3">客户张明先生一家三口来4S店购买新车，销售顾问江小白对客户进行产品介绍时，张先生提出疑问："你们这个品牌的发动机都是自然吸气的吗？那肯定比涡轮增压的发动机油耗高吧！"该客户可能对于品牌有偏见或者是受到周围朋友影响，觉得自然吸气的发动机不如涡轮增压的发动机，对油耗问题比较担忧。销售顾问江小白将为客户解答异议。</td></tr>
<tr><td rowspan="2">任务实施</td><td>任务</td><td colspan="2">处理客户异议</td></tr>
<tr><td colspan="3">小组成员分配销售顾问和客户角色，结合处理客户异议的方法策略，制订处理客户异议方案并进行情景模拟。</td></tr>
</table>

说明：本表由小组长带领成员共同完成，一组一份。

【学习评价——小组评价】

小组学习评价表

<table>
<tr><td rowspan="2">小组自评
(100 分)</td><td>优点</td><td>不足</td><td>自评成绩</td></tr>
<tr><td></td><td></td><td></td></tr>
<tr><td rowspan="5">小组互评
(100 分)</td><td>组别</td><td>优点与不足</td><td>互评成绩</td></tr>
<tr><td>1 组</td><td></td><td></td></tr>
<tr><td>2 组</td><td></td><td></td></tr>
<tr><td>3 组</td><td></td><td></td></tr>
<tr><td>4 组</td><td></td><td></td></tr>
<tr><td rowspan="2">教师评价
(100 分)</td><td>优点</td><td>不足</td><td>教师评分成绩</td></tr>
<tr><td></td><td></td><td></td></tr>
<tr><td rowspan="2">总评成绩
(100 分)</td><td colspan="2">计算公式</td><td>总成绩</td></tr>
<tr><td colspan="2">总评成绩=小组自评成绩×30%+小组互评成绩×30%+教师评价成绩×40%</td><td></td></tr>
<tr><td>反思与
改善</td><td colspan="3"></td></tr>
</table>

说明:本表由小组长完成,一组一份。

【学习评价——个人评价】

个人学习评价表

我学会了	
我做到了	
我有待提升的地方	
自我学习评价	○优　□良　△及格　▽不及格
反思与改善	
教师评语及建议	

说明：本表由学生个人完成，一人一份。

【评分标准】

"处理客户异议"评分细则

	项目	满分	得分
1	能进行5S管理(整理、整顿、清理、清洁、素养)	5	
2	着装整洁,仪表端庄,表情和蔼可亲,眼神自然真诚,手势规范,姿态正确、自然大方	10	
3	销售顾问认真倾听并把握处理客户异议的时机	10	
4	销售顾问选择处理客户异议的方法	15	
5	销售顾问正确运用处理客户异议的策略	10	
6	销售顾问根据实际案例选择处理客户异议的技巧	10	
7	销售顾问感谢客户	10	
8	客户异议处理效果	10	
9	知识、技巧运用	5	
10	声音清晰标准,语音语速适中,语句流畅	5	
11	突发事件处理能力	5	
12	小组成员分工合理,职责明确	5	

【巩固提升】

1. 举例说明处理客户异议的方法。
2. 运用LSCPA话术技巧处理客户异议的步骤有哪些?
3. 运用ACE竞品比较技巧处理竞品异议的步骤有哪些?
4. 模拟处理客户异议,情景自定。以下情景供参考:
(1)你们这个品牌经常被召回,质量肯定是存在问题的。
(2)日系车太薄了,安全性不好。
(3)你们这个车型不如其他同价位的车型配置高。

项目七

汽车会说话——客户试乘试驾

要增强客户的购买信心，必须尽最大努力为客户创造亲身体验的机会。试乘试驾是产品介绍的延伸，是让客户动态地了解车辆有关信息的最好机会。通过切身体会，客户可以加深对汽车的认同，增强购买的信心。精心规划试乘试驾路线，在试乘试驾过程中，针对客户的需求和购买动机，以客户的实际体验强化产品的优势，让客户能动态且感性地了解车辆，增强客户的购买信心。

【课程导航】

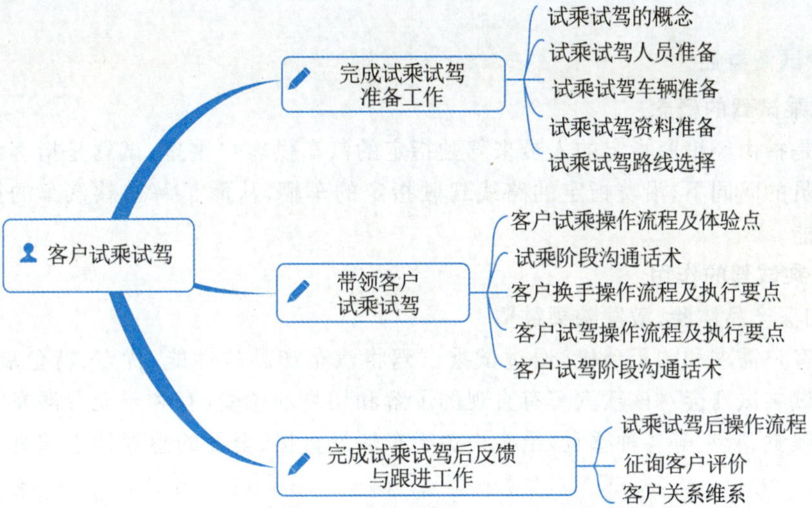

任务一　完成试乘试驾准备工作

试乘试驾前的准备工作是为客户正式来店试乘试驾做的一系列准备工作，包括人员准备、车辆准备和资料准备。俗话说，不打无准备之仗，做好试乘试驾前的准备工作，是试乘试驾成功的第一步。

【工作情景】

一汽大众 4S 店正在搞店庆活动，有许多客户来看车。江小白作为该公司一名汽车销售顾问，意欲邀约目标客户张先生参加试乘试驾活动。她要先做一下准备工作。

【学习目标】

素质目标

1. 提高语言表达能力。
2. 精益求精的工作态度。

知识目标

1. 知道试乘试驾的作用。
2. 知道试乘试驾前的准备工作。
3. 掌握试乘试驾前的邀约话术。

能力目标

1. 能够邀约客户进行试乘试驾。

2. 能够做好试乘试驾的准备工作。

【知识储备】

一、试乘试驾概述

1. 试乘试驾的概念

试乘是指由经销商指定的人员来驾驶指定的汽车供客户乘坐；试驾是指客户在经销商指定人员的陪同下，沿着指定的路线驾驶指定的车辆，从而了解这款汽车的行驶性能和操控性能。

2. 试乘试驾的作用

(1)加深产品体验，激发购买欲望

针对客户需求和购买动机，通过试乘试驾将汽车产品的性能、优点、特色展示出来，客户通过试乘试驾会对该款汽车有直观的了解和切身的感受，有利于充分激发客户的触觉、视觉、嗅觉、听觉等各种感觉，给客户关于车辆最直接、全面的感观冲击和真实的细节体验。

(2)树立品牌形象，便于品牌宣传

对于意向客户而言，一次有效的试乘试驾将会使客户正确认识产品，并树立良好的口碑，认可品牌品质。

(3)提升客户满意度

试乘试驾的整个过程经过精心设计和细心引导，客户体验后会对车辆有一个良好的印象和感受，可有效提升客户的满意度。

(4)促进销售，获得成交机会

通过试乘试驾获取目标客户线索和对车辆的关注重点，并有针对性地进行引导或跟踪，是促进销售的有效手段。在服务客户的过程中要树立服务意识，真正做到尊重客户，要假定客户永远是正确的。如果拥有这样一种心态，拥有这样一种服务意识的话，我们就会善解人意，我们就会无微不至，我们就会不厌其烦，这样我们一定可以做好自己的本职工作，也就是真正地敬业乐业。服务中的一切问题，都将迎刃而解。

二、试乘试驾人员准备

进行试驾时需要进行的人员准备包含以下几个方面：

1. 试驾客户及陪同的销售顾问需准备好驾驶证。
2. 需要确认销售顾问和试驾客户是否拥有熟练的驾驶技术。
3. 销售顾问需要熟悉产品性能和优势。
4. 销售顾问需要熟悉竞争对手产品的技术参数和性能对比。

三、试乘试驾车辆准备

试乘试驾车辆是有效产品推荐的关键，汽车销售顾问应提前准备好试乘试驾车辆，并做好检查工作，保证汽车各项功能处于最佳状态。古语讲“无规矩不成方圆”，其实讲的是规则的重要性，当然也体现了遵守规则的重要性。汽车销售企业需时刻谨记并遵守企业相关规定，保证客户的利益。

车辆准备的重点在于日常管理，主要内容有以下方面：

1. 销售部门应在试乘试驾车车身的适当部位（两侧前车门离玻璃下边缘 20cm 处），粘贴厂家指定的贴纸以便识别。

2. 试乘试驾车必须有专人负责管理（使用申请、钥匙保管及车辆陈列、清洁等）并及时协调服务站实施定期保养。

3. 试乘试驾车必须投保全险。

4. 试乘试驾车为客户演示专用车辆，禁止挪作他用或违反厂家相关规定。

5. 试乘试驾车使用年限依有关厂家规范执行，但若有车辆发生过重大事故及车况存疑时，应避免使用或及时更新。

6. 试乘试驾车必须在展厅前醒目的停车区域划出专用的试乘试驾车停放车位。

7. 试乘试驾车的外观应加以美化。

8. 4S 店为试乘试驾车保养维护单位，应依照使用说明书进行维护保养工作，确保汽车的质量。

9. 根据客户个人特点和喜好及时调整好试乘试驾车辆的空调温度、音乐存储、座椅位置等，也可以将一些汽车精品和加装套件放置于车内，为后续精品销售打下基础。

四、试乘试驾资料准备

试乘试驾是汽车销售中的一个重要的服务环节，对促进销售有重要的作用，同时也是一项涉及操作规范和人身财产安全的服务。因此，建立合理的试乘试驾规章制度、确定规范的流程和提高工作人员的执行力，是保障员工及客户的人身和财产安全，提高工作效率的有效途径。汽车销售顾问在客户试驾前做好相关文件的准备工作，能体现企业的规范化管理水平，也有利于了解更多客户的信息，从而促成交易。

现以一汽大众汽车经销商试乘试驾销售环节为例，介绍试乘试驾需准备的文件类型和内容。

1. 试驾保证书

销售顾问邀请客户试驾，客户应填写“试驾保证书”(见表7-1)后，方可试驾。

表7-1 试驾保证书

经销商(店)名称：＿＿＿＿＿＿＿＿＿＿＿＿＿＿＿＿

试驾车辆型号：＿＿＿＿＿＿＿＿＿＿＿＿＿＿＿＿

试驾车辆牌照号：＿＿＿＿＿＿＿＿＿＿＿＿＿＿＿＿

试驾路线：＿＿＿＿＿＿＿＿＿＿＿＿＿＿＿＿

试驾时间：＿＿＿＿＿＿＿＿＿＿＿＿＿＿＿＿

本人于＿＿＿＿年＿＿＿＿月＿＿＿＿日 在＿＿＿＿＿＿(地点)自愿参加一汽大众汽车特许经销商(公司名称见以上表格)举行的汽车试驾活动，为此作出如下陈述与声明：

本人在试驾过程中，将严格遵守国家及地方有关行车驾驶的一切法律和法规要求，并服从上述特许经销商提出的一切指示，做到安全、文明驾驶，尽最大努力和善意保护试驾车辆的安全和完好。否则，对试驾过程中造成的对自身和/或他人的人身伤亡、对上述特许经销商和/或一汽大众和/或他人财产的一切损失，本人将承担全部责任。

试驾人签名：

身份证号码：

驾驶证号码：

驾驶证有效期：

联系地址：

联系电话：

日期：

2. 试乘试驾客户预约登记表

为了提高试乘试驾的效率，销售顾问要及时填写“试乘试驾预约登记表”(见表7-2)，记录试乘试驾预约客户的基本信息及预约时间。

表7-2 试乘试驾预约登记表

客户姓名		意向级别		意向客户管理编号		客户另行约定时间	
联系电话		试驾时间		客户是否按时来店试驾		客户取消试驾原因	
预约试驾		是否建卡		客户爽约原因		约定客户跟踪记录	
预约车型		客户级别		时间推迟/取消试驾		其他事项	

汽车销售顾问：＿＿＿＿＿＿＿＿ 时间：＿＿＿＿＿＿＿＿

为了使销售顾问及时了解试乘试驾车辆的使用信息，以方便预约和安排客户试乘试驾，在企业的显著位置放置“试乘试驾预约看板/表”(见表7-3)，在目标客户试乘试驾的前一天填写。

表 7-3 试乘试驾预约看板/表

2021 年 5 月 8 日 星期六				
时段	车型	路线	客户	销售顾问
9:00—9:30	迈腾 DSG 舒适版	展厅—A—展厅	王先生	江××
9:50—10:20	朗逸自动风尚版	展厅—B—展厅	李女士	钱××

3. 试乘试驾客户信息及意见反馈表

试乘试驾后，销售顾问要与客户交流试乘试驾感受，协助客户作试乘试驾总结，并请客户填写“试乘试驾客户信息及意见反馈表”(见表 7-4)，以便清楚掌握客户信息，了解客户对试乘试驾车辆性能的满意程度和对销售顾问服务态度的满意程度。

表 7-4 试乘试驾客户信息及意见反馈表

客户姓名		性别	
身份证号码			
联系电话			
驾照类型		驾龄	
试乘试驾车型		是否试驾	☞是 ☞否
试乘试驾时间		线路	
销售顾问		试车员	

试乘试驾意见反馈			
意见反馈项目	不满意	基本满意	很满意
1. 您对试乘试驾车辆的车况和清洁程度是否满意？			
2. 您对试乘试驾路线的长度是否满意？			
3. 您对试乘试驾线路设置的测试项目是否满意？			
4. 您对销售顾问的试乘试驾服务是否满意？			
5. 您对试乘试驾车辆的动力表现是否满意？			
6. 您对试乘试驾车辆的操控性能是否满意？			
7. 您对试乘试驾车辆的制动性能是否满意？			
8. 您对试乘试驾车辆的舒适性能是否满意？			
9. 您对试乘试驾车辆的内部乘坐空间感受是否满意？			
10. 您对试乘试驾车辆的综合评价是否满意？			
请在这里写下您对本次试乘试驾的任何感受、意见或建议：			
您认为试乘试驾对您决定购买这辆汽车是否有很大的影响？		☞是	☞否
感谢您的支持与配合！请在此处签署您的名字：			

4. 试乘试驾记录表

企业要为每一辆试乘试驾车准备“试乘试驾记录表”(见表 7-5)。客户完成试乘试驾后,汽车销售顾问要填写“试乘试驾记录表”,加强对车辆的管理和维护保养。

表 7-5　试乘试驾记录表

试乘试驾车辆型号:________　颜色:________

车辆底盘号:________　投入使用日期:________

发动机号:________　车辆牌照号:________

变速箱类型:________

序号	试车日期	试车性质请选择 试乘☞ 试乘试驾☞	试车路线	千米数 起讫	客户姓名	销售顾问	备注 (购买意向等)

5. 其他资料

汽车销售顾问要请客户出示本人合法有效的驾驶证件并审核,注意发证机关、有效期、准驾车型和驾龄,不满足驾龄条件的客户只能试乘。客户签订协议书,留下相关有效证件,试车完毕后退回。

五、试乘试驾路线选择

评定汽车性能的指标主要有动力性、燃油经济性、制动性、操控稳定性、平顺性、安全性以及通过性等。客户在进行试乘试驾活动时,行驶路线必须能体现出汽车的性能特点和优势,这样的路线需要事先进行规划。根据试乘试驾的目的,可分为来店客户试乘试驾,新车上市活动试驾,结合活动、巡展的特殊试驾活动,为预计一周内成交客户特别安排的试驾活动等。来店客户试乘试驾路线通常是固定的,这有利于车辆性能特点的体现和保障人员安全。同时,销售顾问又会根据目标客户的需求和个人情况,如驾龄长短,灵活规划路线。试乘试驾参考路线如图 7-1 所示。

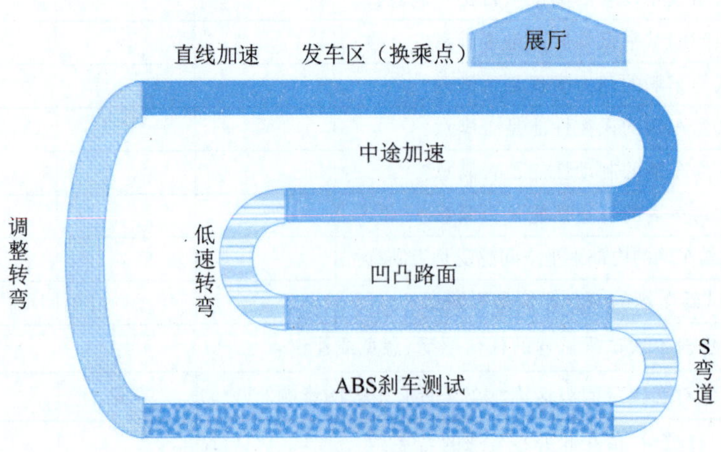

图 7-1　试乘试驾参考路线

标准试乘试驾路线规划要考虑的因素如下：

(1)路线规划首要考虑的因素是安全，应选择路上行人、车辆、障碍物少的线路，该段路线应该有明显的交通信号标志，尽量避免在恶劣路况和天气条件下进行试乘试驾。

(2)试乘试驾线路最好以企业为起始点和终点，最好为环线，减少左转弯，以提升行车的安全性和试驾的效率。

(3)选择路况良好的路线，尽量避免颠簸，尽量选择车流量较小、没有堵车现象的路线。

(4)路线要与车辆性能相适应。

(5)至少有 5km 的路段可以达到时速 80km 的要求，为封闭式车道(路口除外)，应包含常见的路况，如直线加速段、弯道等，但并不一定要连续路段。

(6)选择一个客户可以在中途换手的地方。

(7)必要时可在标准路线的基础上延长(两圈或更长)。

六、试乘试驾邀约

1. 试乘试驾前邀约话术

试乘试驾对于促进成交具有重要作用，销售顾问要做到主动邀请客户试乘试驾，但发出邀请以后客户未必接受。为了提高试乘试驾率，本书总结出以下试乘试驾邀约话术(销售顾问在展示车辆旁或者洽谈桌旁，主动邀约客户参加试乘试驾活动的参考话术)。话术是一种工具，最重要的是要有一颗为客户服务的诚心。

【参考话术】

试乘试驾邀约话术一

“刚才我已经给您介绍了这款车的基本情况，俗话说‘听过不如看过，看过不如试过’，要想更多了解我们的车，仅仅由我给您介绍是不够的，我们专门给您准备了试乘试驾的车型，您看我陪您试驾一下怎么样?”

试乘试驾邀约话术二

“刚才我已经简单地向您介绍了车辆的性能特点和配置，不过，只靠看和听就作出购买决定是不够的，买车是件大事。因此，在您作出决定之前建议您先试乘试驾，亲身感受一下。”

2. 试乘试驾邀约抗拒处理话术

汽车销售顾问在邀约目标客户参加试乘试驾活动时，也可能会遇到客户拒绝的情况。为了保证顺利邀约到客户，本书总结出常遇到的客户拒绝的理由，有些是真实的理由，有些是客户的托词，下面列出应对客户抗拒的话术作为参考。

【案例】

情景一

目标客户：“我还有事情，没时间了。”

销售顾问：“啊，太可惜了。不过我们试车大概只要 30 分钟，您看来得及吗?”

(客户一般会回答“来不及”)

销售顾问：“如果时间来不及的话，我为您安排下一次的时间，您看哪天来方便?

周末怎么样?”

情况一:客户同意。

销售顾问:“那好,我就先帮您预订。”

情况二:客户不确定。

销售顾问:“那好,我近期会再找时间和您预约。”

情景二

目标客户:“我开车的技术不好,会不会有危险啊?”

销售顾问:“您别担心,我们在试车的时候都做了完善的规划与安全防护措施,而且我们会安排专业的试车人员陪同您,您可以先试乘一下再决定是否要自己开。”

情景三

目标客户:“算了吧,我只是先看看,不一定要买。”

销售顾问:“试车不代表必须要买,毕竟为您提供周到的服务是我们的责任。就算是看看,试乘试驾这个环节也是必不可少的。”

【任务小结】

本任务主要讲解了试乘试驾前的准备工作有哪些。在客户到店前,做好相应准备工作是一次有效试乘试驾的前提,相关准备工作可依照以下口诀进行记忆。

试乘试驾动态展,切身体会激欲望。
树立形象促销售,主动邀约显诚心。
事前准备要做好,车辆资料和路线。
流程服务是手段,一颗诚心是根本。

【任务实施】

【任务工单】★☆完成试乘试驾准备工作☆★

<table>
<tr><td>工作任务</td><td colspan="2">完成试乘试驾准备工作</td><td>实操成绩</td><td></td></tr>
<tr><td>任务地点</td><td colspan="2"></td><td>任务日期</td><td></td></tr>
<tr><td>组号</td><td colspan="2"></td><td>小组组长</td><td></td></tr>
<tr><td>班级</td><td colspan="2"></td><td>小组成员</td><td></td></tr>
<tr><td>任务描述</td><td colspan="4">几天前，张先生到一汽大众展厅了解了迈腾 DSG 舒适版汽车。恰逢今天周末，天气晴朗，作为汽车销售顾问的江小白邀约张先生到展厅试乘试驾。</td></tr>
<tr><td rowspan="7">任务实施</td><td>任务 1</td><td colspan="3">什么是试乘试驾</td></tr>
<tr><td colspan="4"></td></tr>
<tr><td>任务 2</td><td colspan="3">试乘试驾前的准备工作</td></tr>
<tr><td colspan="4"></td></tr>
<tr><td>任务 3</td><td colspan="3">邀请客户试乘试驾</td></tr>
<tr><td colspan="4">小组成员分配销售顾问和客户角色，结合邀约客户试乘试驾前准备工作，编写邀约客户试乘试驾的话术并进行情景模拟。</td></tr>
<tr><td colspan="4"></td></tr>
</table>

说明：本表由小组长带领成员共同完成，一组一份。

【学习评价——小组评价】

小组学习评价表

<table>
<tr><td rowspan="2">小组自评
(100 分)</td><td>优点</td><td>不足</td><td>自评成绩</td></tr>
<tr><td></td><td></td><td></td></tr>
<tr><td rowspan="5">小组互评
(100 分)</td><td>组别</td><td>优点与不足</td><td>互评成绩</td></tr>
<tr><td>1 组</td><td></td><td></td></tr>
<tr><td>2 组</td><td></td><td></td></tr>
<tr><td>3 组</td><td></td><td></td></tr>
<tr><td>4 组</td><td></td><td></td></tr>
<tr><td rowspan="2">教师评价
(100 分)</td><td>优点</td><td>不足</td><td>教师评分成绩</td></tr>
<tr><td></td><td></td><td></td></tr>
<tr><td rowspan="2">总评成绩
(100 分)</td><td colspan="2">计算公式</td><td>总成绩</td></tr>
<tr><td colspan="2">总评成绩=小组自评成绩×30%+小组互评成绩×30%+教师评价成绩×40%</td><td></td></tr>
<tr><td>反思与
改善</td><td colspan="3"></td></tr>
</table>

说明:本表由小组长完成,一组一份。

【学习评价——个人评价】

个人学习评价表

我学会了	
我做到了	
我有待提升的地方	
自我学习评价	○优　□良　△及格　▽不及格
反思与改善	
教师评语及建议	

说明：本表由学生个人完成，一人一份。

【评分标准】

"邀请客户试乘试驾"评分细则

	项目	满分	得分
1	能进行 5S 管理(整理、整顿、清理、清洁、素养)	5	
2	着装整洁,仪表端庄,表情和蔼可亲,眼神自然真诚,手势规范,姿态正确、自然大方,声音清晰标准,语音语速适中,语句流畅	10	
3	销售顾问迅速了解客户信息	5	
4	销售顾问准确判断客户需求	5	
5	销售顾问激发客户参加试乘试驾的兴趣	10	
6	销售顾问完成邀约任务,话术设计合理,语言恰当、表述流畅	20	
7	销售顾问感谢客户	5	
8	销售顾问准备试乘试驾前相关文件	20	
9	整体语言表述恰当、流畅	10	
10	临场应变能力	5	
11	小组成员分工合理,职责明确	5	

【巩固提升】

1. 试乘试驾的目的是什么?
2. 在客户试乘试驾前销售顾问应当提前准备好哪些资料?
3. 根据以下场景,编制一段和客户沟通的话术。

客户张先生之前来本店了解过迈腾 DSG 舒适版汽车,为了让客户全面地了解该车的性能,你作为该店的一名汽车销售顾问,邀约客户来店试乘试驾。

任务二　带领客户试乘试驾

试乘试驾包括客户试乘、换手和客户试驾三个阶段。客户试乘是指由试驾专员驾车、客户乘车体验车辆性能;换手是指试驾专员结束试驾路线示范之后,在安全区域进行换手,改由客户进行试驾体验;客户试驾是指由客户驾车、试驾专员在旁予以适时介绍,客户通过试驾可以全面了解车辆动态性能。整个过程一定要注意安全,保持文明的驾驶习惯,礼让行车。

【工作情景】

恰逢今天周末,天气晴朗,张先生如约来展厅试乘试驾。江小白作为一汽大众汽车销售公司的一名销售顾问,要陪同客户进行试乘试驾。

【学习目标】

素质目标

1. 认真负责的工作态度。
2. 实事求是的工作作风。
3. 扎实的专业知识。
4. 安全驾驶。

知识目标

1. 知道客户试乘操作流程及执行要点。
2. 知道客户换手操作流程及执行要点。
3. 掌握客户试驾操作流程及执行要点。

能力目标

1. 能够按照客户试乘操作规范引导客户试乘。
2. 能够按照客户换手操作规范引导客户换手操作。
3. 能够按照客户试驾操作规范引导客户试驾。
4. 能够在试乘试驾阶段与客户有效沟通。

【知识储备】

一、客户试乘操作流程及体验点

客户试乘的主要目的是在让客户感受车辆的动态性能的同时，也让客户熟悉车辆的操作和配置，为试驾做准备。在试乘阶段，试驾专员充分地与客户进行沟通，了解更多客户信息，能够有针对性地观察和挖掘客户的需求点并作出相应的产品介绍，激发客户的购买欲望。

1. 操作流程

在试乘试驾前，销售顾问先向客户介绍车辆和路线。客户试乘操作流程如图 7-2 所示。

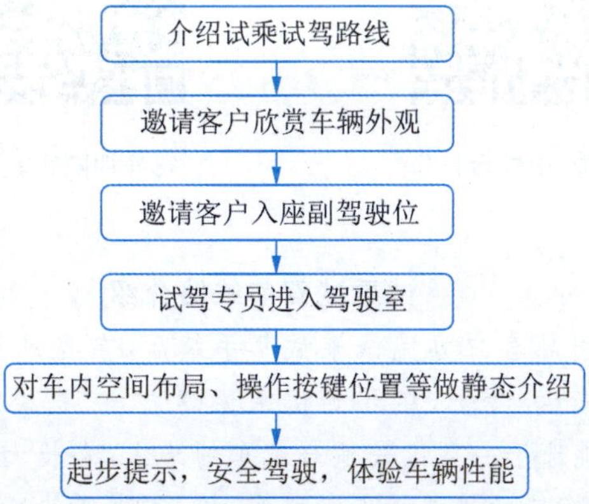

图 7-2 客户试乘操作流程

2. 操作执行要点

(1)引导客户上车前,邀请客户欣赏车辆外观,给客户做简要介绍。

(2)引导客户上车时,试驾专员要注意执行规范礼仪,帮助客户开车门,保护好客户的头部,方便客户入座副驾驶位置。

(3)邀请客户入座副驾驶位,落座后帮客户调节座椅,讲解座椅的调节方法、座椅质地、车门厚重安全、车窗视野等产品内容,提醒客户系好安全带,帮助客户关好车门。

(4)试驾专员于车前绕到驾驶位,进入驾驶室落座。

(5)试驾专员在驾驶位对车内空间布局、操作按键位置等做静态介绍,尤其是转向盘调整、后视镜、座椅,仪表台布局、仪表盘显示,头部及腿部空间等。

(6)根据前期了解客户在音乐方面的喜好,播放客户喜欢的音乐。打开空调,调节到适合温度,提供给客户车内饮用水等。

(7)给客户介绍驾乘路线及驾乘过程中的注意事项,系好安全带,征询客户同意后起动车辆,怠速情况下简单介绍发动机等产品知识。

(8)按照试乘试驾路线安全驾驶,适时适度地介绍产品知识,让客户体验车辆动态性能。

3. 客户体验要点

(1)在不同的行驶状态下,销售顾问要引导客户感受车辆的性能。

(2)起步时不要急加速,引导客户体验汽车起步时平稳顺畅的性能。

(3)加速时保持适当的油门深度,引导客户体验汽车换挡顺畅无冲击的性能。

(4)匀速行驶时引导客户体验车内的安静和座椅的舒适。

(5)转弯时引导客户体验对侧倾的控制和座椅侧向支撑力。

(6)根据车型的不同性能及侧重点,销售顾问要向客户进行产品说明。

(7)在客户试乘时,销售顾问要适时向客户说明产品,更多地向客户介绍车辆的性能及配置,突显产品优势,以便客户试驾时能够重点体验车辆的性能。

内饰、中控台操作　　　安静性隔音效果

【参考话术】

试乘试驾前线路介绍

汽车销售顾问引导客户办完试乘试驾手续后,在客户上车之前,要向客户简明介绍试驾路线:"×先生/女士,在开始试乘试驾之前,我给您做一个简单的情况介绍。我们已经为您挑选了一条比较适合试车的路线,全长大约10km,等一下我会先开一圈,以便您熟悉车辆的性能特点和路线,接下来,您就可以亲自驾驶这辆车了。"

"在驾驶过程中,有两件事情要请您注意一下。第一是要注意安全,毕竟您的安全是最重要的；第二，在驾驶过程中，我会适时提醒您行驶的路线，这样您就完全不必担心走错路，尽情享受试驾的乐趣了。”

“×先生/女士，如果您没有问题，我们现在就出发吧。”

二、试乘阶段沟通话术

在试乘过程中，销售顾问既不能说话太多而影响客户体验车辆，又要能够适时介绍车辆，激发客户对试驾车辆的兴趣。因此，销售顾问利用有限的说话机会加强与客户的交流显得格外重要。试乘过程中与客户的语言沟通技巧主要应用于询问客户感受、解答客户的问题和引导客户体验等时刻。

【参考话术】

试乘阶段沟通

在客户试乘过程中，销售顾问应让客户集中精神进行体验，并针对客户的需求和购买动机适时地进行解释说明，建立客户的信心。销售顾问介绍时的语言表达和沟通技巧示例如下：

车辆刚刚启动时：“发动机刚启动，声音会比正常运转时响一点，这是因为发动机还未达到最佳工作温度，冷车时发动机会自动转得快一点，让车辆尽快达到最佳温度。”

车辆启动两分钟后：“您听到声音变小了吧？您对该车的发动机怠速自动调整这个功能还满意吧？”

加速前：“×先生/女士，您坐好了，我们现在试一下这辆车的加速能力，您靠好座椅，同时扶好扶手。试加速主要留意两个方面：一是有没有推背感；二是发动机的声音是不是很浑厚，而且没有金属摩擦的杂音。”

深踩油门后：“刚刚您感觉到推背感了吧？您注意到了吗，当我深踩油门时，发动机的声音很浑厚，而且没有多余的杂音。”

加速前：“×先生/女士，您坐好了，接下来我要演示中段超车加速，在这个过程中，您可以体会到车辆在行驶过程中加速的能力。”

加速后：“×先生/女士，刚才您是否感觉到在行驶过程中的加速能力同样也很棒，而且加速的响应速度和平稳性都很好？”

刹车前：“×先生/女士，您也知道我们在路上最怕遇到突然蹿出一辆自行车或行人的情况，我们会紧急刹车同时打转向盘，对不对？我们现在的速度是60km/h，马上就试一下紧急刹车，同时我会打一把转向盘，您坐好，扶稳。”

紧急制动后：“刚才您听到那种啪啪的声音了吧？这就是ABS在工作了，它其实是在帮助我们进行快速的点刹。这样保证我们在急刹车的时候，方向盘依然能控制车辆方向，这样的刹车给了我们极大的安全保障，您感觉如何？”

通过不平道路前：“前面有一段在施工的不平道路，我们将要慢速通过，在通过时您可以感受一下车辆在通过不平路面时的颠簸情况，以及您乘坐的舒适性。另外您还可以留意一下来自底盘的声音。”

路面颠簸时：“本车采用麦弗逊式独立悬架系统，能很好地兼顾颠簸行驶的操控稳定性和通过坏路的舒适性。”

三、客户换手操作流程及执行要点

客户试乘感受车辆乘坐性能之后，按照试乘试驾路线在适当地点或将车行驶到店内进行换手。换手一定是在保障安全的前提下开展，试驾专员的礼仪和专业服务至关重要，良好的换手体验是开展客户试驾的前提。

1. 操作流程

到达预定换手地点时，销售顾问将车移交给客户，换手操作流程如图 7-3 所示。

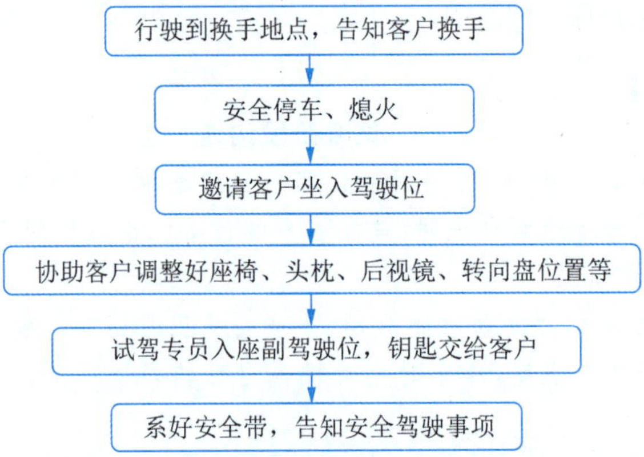

图 7-3　换手操作流程

2. 操作执行要点

(1)提前告知客户，然后将车停在安全区域。

(2)确保在安全地点换手，将车辆移交给客户。

(3)提醒客户开车门时注意安全。

(4)换手时销售顾问协助客户，将座椅、安全带、后视镜等调节至客户舒适的位置。

(5)协助客户熟悉挡位、灯光、喇叭的操作。

(6)换手时销售顾问应在客户的视线范围内换到副驾驶座。

(7)帮助客户观察路况。

(8)系好安全带，再次提醒客户注意驾驶安全。

换手

四、客户试驾操作流程及执行要点

客户试驾是指客户沿着指定的路线驾驶指定的车辆，从而了解这款汽车的行驶性能和操控性能。汽车销售顾问通过动态介绍来强化客户对产品的信心，激发客户的购买欲望，从而提高来店成交率。汽车销售顾问也可以通过客户试驾进一步了解客户对新车的关注点，从而对客户做深入的需求分析，为促成交易打下基础。试乘试驾的效果非常显著，这种对客户的贴心服务可以形成正面效应，引导更多的客户前来，提高客户来店量，从而提高销售量。

1. 操作流程

完成换手、引导客户入座驾驶位后，开始进入客户试驾操作流程，如图 7-4 所示。

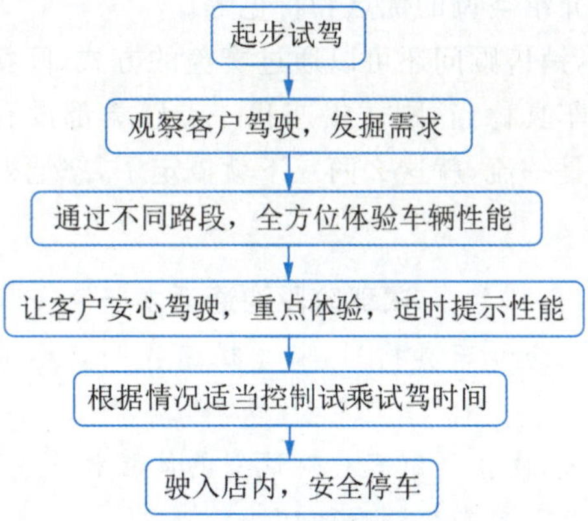

图 7-4　客户试驾操作流程

2. 操作执行要点

(1)销售顾问要确认所有乘员都系好安全带。

(2)客户自主操作，销售顾问避免多言，让客户细细品味汽车性能；客户操作顺手后要赞美客户的驾驶技术。

(3)仔细倾听客户的谈话，以发现更多客户需求。

(4)如果在试驾中发现客户有明显的危险驾驶动作，销售顾问应该及时、果断地请客户在安全地点停车。

(5)向客户解释安全的重要性，以获取其谅解，再次确认车内人员必须系上安全带。

(6)改试驾为试乘，由销售顾问驾驶车辆回展厅。

车辆起步

五、客户试驾阶段沟通话术

客户在试驾过程中，汽车销售顾问应当抓住合适的时机，向客户强调汽车的特色，以便让客户充分体验到汽车在性能和配置方面的优点，增加客户对汽车的好感。

汽车销售顾问需要特别注意的是，在试驾过程中，要把客户和自己的人身安全放在第一位。在客户专心试驾时，特别是在路况不好的时候，千万不要向客户喋喋不休地做介绍，以免客户分心，发生意外和危险。在遇到红灯或路况平稳时，汽车销售顾问可以适当与客户交流一下试车的感受。

当客户在试驾过程中使用到汽车的某项功能时，汽车销售顾问一定要抓住机会，向客户介绍该项功能的优势和特色。比如客户在路况平稳且车少人少的路段想提速，销售顾问不妨向客户介绍发动机和挡位有哪些操作上的优点；客户觉得天气太热，销售顾问不妨打开空调，并向客户介绍空调的优点和特色等。

另外，在试驾过程中，销售顾问还可以通过赞美的方式，间接了解一下客户对试驾的体验和感受，比如："您开车真稳当，刚才提速我一点感觉都没有，车子非常平缓，您感觉如何？""您倒车的技术真是一流，就这么两三下就搞定了，您觉得倒车雷达好用吗？"

【参考话术】

试驾阶段沟通话术一

销售顾问："先生，您开车真稳当，刚才提速我一点感觉都没有，车子非常平缓，您感觉如何？"

（通过赞美的方式，间接了解客户对试驾的体验和感受）

客户："嗯，这款车开起来蛮顺畅的！"

销售顾问："这款车在动力方面非常强劲，采用了涡轮增压发动机，在动力强劲的同时油耗非常低，堪比2.0自然吸气发动机，运转平稳，动力输出均匀。而且这款车采用了经过优化设计的增强型前麦弗逊后多连杆的全独立悬挂，大大提高了高速行驶时的稳定性。"

（在客户使用到动力性能时，向客户介绍发动机的优点）

试驾阶段沟通话术二

销售顾问："先生，刚才您那个紧急刹车真利落，我虽然已经有五年驾龄了，但是像刚才那种紧急情况，我肯定做不到您那样。对了，您觉得刹车好用吗？"

（通过赞美的方式，间接了解客户对试驾的体验和感受）

客户："还可以。"

销售顾问："咱们这款车采用的是ABS防抱死刹车系统，这种系统最大的优势就是在制动时，可以确保汽车不甩尾、不侧滑，同时还能保持其转向能力。"

（在客户使用刹车功能时，向客户介绍刹车系统的优点）

客户："嗯。"

【知识链接】

安全驾驶知识

一、不同天气下驾驶的小技巧

1.雨天行驶

出车前要认真检查制动器、雨刷、灯光、喇叭、转向等机件，确认良好方可出车。行车时，车速要酌情放慢，前后车距要适当拉大，一般不要超车。遇到情况要及早采取措施，不要紧急转向和紧急制动，以防车辆横滑侧翻。车辆通过积水路段，通过前应探明水情，水深不能超过排气管。通过时车速要缓慢，中途不能熄火停车。

2.刮风天气行驶

刮风对机动车行驶影响不大，但对非机动车和行人的影响较大。大风天气影响行人视线，易造成事故。驾驶员应减速慢行，随时做好避让或停车准备。

3.雾天行驶

雾天能见度低，视线模糊，驾驶员难以看清路况，行车危险性大，除打开防雾灯和尾灯外，还应以很慢的速度行驶。如浓雾过大应停车，待雾散后再行驶。

4.冰雪天气行驶

冰雪天气路面滑，附着力小，汽车后轮容易打滑空转。开车应做到缓慢起步，慢行，车速均匀。在转向、制动方面都应忌急，尽量少用制动，避免紧急制动。冰雪道路，制动距离长，约是普通沥青路面的3倍。因此行驶中，与前车要保持足够的距离，做到早发现，提前做好停车准备，严禁空挡滑行。冰雪道路因雪光反射，易使驾驶员视力疲劳，甚至会产生短时目眩现象，此时必须减速停车，待视力恢复后再继续行驶。

5.夜间行车

夜间行车，要做到灯光齐全、有效，符合规定。根据可见度控制车速，尽量不超车；必须超车时，应事先连续变换远近灯光，必要时用喇叭配合，在确定前车让路允许超越后，再进行超车。另外骑车人和行人在来车灯光照射下发生目眩，看不清路面，所以还必须注意骑车人和行人的安全。

二、系牢安全带

坐前排的乘客或者驾驶员在行车时如果刹车，人会因为惯性向前倾。如果不系安全带，那么就会撞在方向盘或者玻璃上。而安全带可以在发生撞车时将人固定在座椅上，这样人就不会撞在方向盘或前玻璃上了，也就保证了安全。

三、开车前服药注意事项

服用一些药物后驾车也很危险，可能很多人并不清楚。一些感冒药、抗过敏药物、镇静类药物中含有扑尔敏或苯海拉明等成分，药物生效后，服用者会出现困倦、嗜睡等现象，正在驾车的人员很容易发生事故。所以驾车者在生病服药期间最好不要驾车，必须驾车时一定要仔细阅读所服药品的说明书，了解所含成分及注意事项，凡说明书中规定服药期间禁止驾车的一定要严格遵守，以免发生危险。

四、禁止酒后驾车

在交通事故致死案中，酒后驾车足足占据了40%的比例。据美国汽车协会统计，每2分钟就有一起由于酒后驾车酿成的车祸。所以开车不喝酒，喝酒不开车。当你面对摆在眼前的酒杯时，请多为自己的生命安全考虑，多为家中的亲人考虑，不要让酒精迷惑了理智。尽量打车赴宴，或找亲友代驾，正规的代驾公司也是不错的选择。

五、严禁疲劳驾驶

在公路货运中，由疲劳驾驶引发的交通事故频频发生，为了能够及时到达目的地、多赚些钱，货车司机们开夜车是家常便饭。如不及时休息，驾驶员各类反应都会变得迟钝，遇到危险来不及应对，由此酿成惨剧。因此驾驶员应在驾车1—2小时之后便适当休息10—20分钟，在开车前也可喝杯咖啡、嚼点口香糖，都能达到提神效果。

六、开车不玩手机

不得不承认，相比前方的道路，小小的手机屏幕确实更能吸引某些驾车者的眼球。所以请在上车前将耳机连接在手机上用于接打电话，驾车途中对身旁的手机坚决不理会。其实，真正有急事找你的人是不会选择短信这种方式的。

七、驾车开空调须防中毒

夏季驾车开空调应该预防车内一氧化碳中毒。未行进的汽车发动机运转速度慢，使得汽油无法完全燃烧，而汽油在不完全燃烧的情况下会产生一氧化碳等有毒、有害物质，此时在关闭车窗的状态下开空调，极易使人胸闷、头痛，甚而昏迷、死亡。所以，夏季驾车开空调应该注意如下两个细节：一是从空调房间出来后，最好不要马上进入在烈日下久置的车厢中，应该先敞开四门放放热气，启动空调的外循环系统，把热气都排出去。3—5分钟后，等车厢内温度下降，再上车关闭车窗，开启空调。较大的温差变化会降低人的呼吸道免疫功能，甚至产生晕厥。二是在车里开空调时应把车窗稍微打开一点，留条小缝儿，能使车内空气保持流通。使用汽车空调一般以不超过1小时为宜。

【任务小结】

本任务主要讲解了客户试乘试驾阶段的操作流程，一次有效的试乘试驾可以助力交易成功，客户试乘试驾可依照以下口诀进行记忆。

客户试乘知操作，车辆优势自然现。
换手操作要规范，服务礼仪记心间。
客户试驾真体验，适时沟通助成交。
真心实意去服务，安全驾驶要记牢。

【任务实施】

【任务工单】★☆带领客户试乘试驾☆★

<table>
<tr><td>工作任务</td><td colspan="2">带领客户试乘试驾</td><td>实操成绩</td><td></td></tr>
<tr><td>任务地点</td><td colspan="2"></td><td>任务日期</td><td></td></tr>
<tr><td>组号</td><td colspan="2"></td><td>小组组长</td><td></td></tr>
<tr><td>班级</td><td colspan="2"></td><td>小组成员</td><td></td></tr>
<tr><td>任务描述</td><td colspan="4">恰逢今天周末，天气晴朗，张先生如约来展厅试乘试驾。江小白作为一汽大众汽车销售公司的一名销售顾问，要陪同客户进行试乘试驾。</td></tr>
<tr><td rowspan="2">任务实施</td><td>任务</td><td colspan="3">带领客户试乘试驾</td></tr>
<tr><td colspan="4">小组成员分配销售顾问和客户角色，结合客户试乘试驾相关知识，制订试乘试驾方案并进行情景模拟。</td></tr>
</table>

说明：本表由小组长带领成员共同完成，一组一份。

【学习评价——小组评价】

小组学习评价表

小组自评（100 分）	优点	不足	自评成绩
小组互评（100 分）	组别	优点与不足	互评成绩
	1 组		
	2 组		
	3 组		
	4 组		
教师评价（100 分）	优点	不足	教师评分成绩
总评成绩（100 分）	计算公式		总成绩
	总评成绩＝小组自评成绩×30％＋小组互评成绩×30％＋教师评价成绩×40％		
反思与改善			

说明：本表由小组长完成，一组一份。

【学习评价——个人评价】

个人学习评价表

我学会了	
我做到了	
我有待提升的地方	
自我学习评价	○优　□良　△及格　▽不及格
反思与改善	
教师评语及建议	

说明：本表由学生个人完成，一人一份。

【评分标准】

"带领客户试乘试驾"评分细则

	项目	满分	得分
1	能进行5S管理(整理、整顿、清理、清洁、素养)	5	
2	着装整洁,仪表端庄,表情和蔼可亲,眼神自然真诚,手势规范,姿态正确、自然大方,声音清晰标准,语音语速适中,语句流畅	10	
3	销售顾问能按流程引导客户试乘	10	
4	销售顾问在试乘阶段能恰当与客户沟通,话术设计合理,语言恰当、表述流畅	20	
5	销售顾问能按流程引导客户换手	5	
6	销售顾问能按流程引导客户试驾	10	
7	销售顾问在试驾阶段能恰当与客户沟通,话术设计合理,语言恰当、表述流畅	20	
8	整体语言表述恰当、流畅	10	
9	临场应变能力	5	
10	小组成员分工合理,职责明确	5	

【巩固提升】

1. 简述客户试乘流程操作执行要点。
2. 简述客户试驾流程操作执行要点。
3. 根据以下场景,进行情景模拟。

今天上午10点,客户张先生来本店试乘试驾迈腾DSG舒适版汽车。你作为该店的一名汽车销售顾问,带领客户进行试乘试驾,让客户更好地体验产品。

任务三　完成试乘试驾后反馈与跟进工作

试乘试驾后,要做好后续的客户反馈与跟进工作,为促成交易做进一步努力。比如试乘试驾后引导客户回店,请客户填写"试乘试驾反馈表";抓住时机询问客户对汽车的看法,理清客户真实诉求;客户离去时做好客户维系工作。

【工作情景】

江小白带领客户张先生完成试乘试驾后，邀请客户再次返回展厅，进行试乘试驾的反馈工作。

【学习目标】

素质目标

1. 认真负责的工作态度。
2. 以诚待人，以礼待人。

知识目标

1. 知道试乘试驾后的操作流程。
2. 知道试乘试驾后客户评价的内容。
3. 了解客户关系维系的内容。

能力目标

1. 能够在客户试乘试驾后推进客户成交进度。
2. 能够进行客户关系维系。

【知识储备】

一、试乘试驾后操作流程

1. 操作流程

通过试乘试驾，客户能更好地体验产品。汽车销售顾问应该抓住机会，根据客户的感受与反应突显客户的利益以及车辆的优势，以便说服客户，为成交做好铺垫。试乘试驾后操作流程如图 7-5 所示。

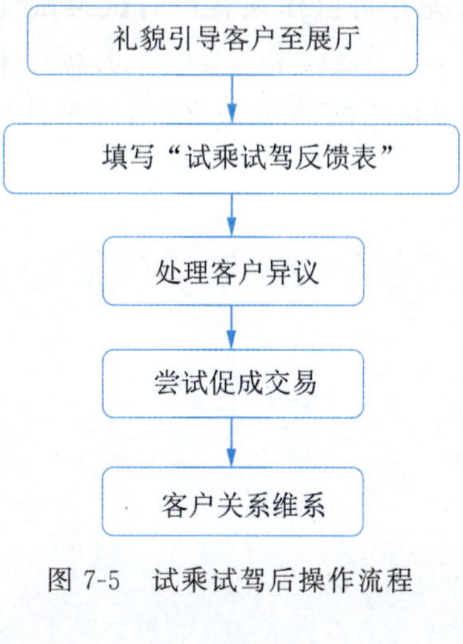

图 7-5　试乘试驾后操作流程

2. 操作执行要点

(1)试驾完成后,不要让客户站在路边或车边,否则驾车时的紧张感会持续影响客户后面的决定,而应该让客户回到展厅休息一下,重新回味一下试乘试驾时的美好感觉。

(2)汽车销售顾问引导客户回到展厅(休息区),请客户填写“试乘试驾反馈表”(或“试乘试驾满意度调查表”),针对客户特别感兴趣的性能和配置再次加以说明,并引导客户回忆美好的试驾体验。

(3)如果车辆性能等符合客户的要求,那么通过询问客户订约意向,就可以进入报价说明阶段。

(4)若客户有异议,可以就客户抗拒点适时利用展车再次解说,促成订约。

(5)对暂时未成交的客户,利用留下的相关信息,与其保持联系。

(6)汽车销售顾问在试乘试驾结束后,对每一位客户均应热情道别,并感谢其参与试驾。树立求真务实的服务意识,与客户建立联系,才能真正提升服务水平,让客户获得良好的体验。

(7)待客户离去后,根据用户驾驶特点和关注点,适当更新客户信息,将客户驾驶证复印件、“试乘试驾协议书”和“试乘试驾反馈表”等相关文件装订成册,归档待查。

二、征询客户评价

试乘试驾后,客户对汽车的印象极为深刻,汽车销售顾问要抓住时机询问客户对汽车的判断和看法,弄清楚对方的购买意向,以保证试乘试驾的效果。当然,征询客户评价的方式有很多,比如让客户填写“试乘试驾反馈表”、直接询问、在试驾途中时刻留意等。同时,对客户有强烈兴趣的部分,应结合客户试驾中的体验再次给予重点说明,以加强客户的好感;如果客户有疑虑应马上进行说明。

1. 填写“试乘试驾反馈表”

试乘试驾后,请客户填写“试乘试驾反馈表”(见表 7-6),客户对试乘试驾的评价和意见是非常重要的信息反馈:首先它可以体现客户对试乘试驾车型的满意程度,其次可以透露客户主要的诉求点;另外,对于之后来选车购车的客户来说,这也是非常具有说服力的销售工具。汽车销售顾问可以了解客户的喜好,并据此大致判断出该客户的意向等级,进行后续工作。

表 7-6　试乘试驾反馈表

尊敬的朋友：

非常感谢您对××车进行试乘试驾，为及时得到您对试乘试驾的安排及车辆性能的反馈信息，请配合填写一下评估问卷，以便我们改进工作，为客户提供更加优质的服务。

再次感谢您的配合！

试乘试驾时间：________年________月________日

试乘试驾用户信息：

姓　　名：________________　　年　　龄：________________

职　　业：________________　　性　　别：________________

联系电话：________________　　电子邮件：________________

通信地址：________________　　驾　　龄：________________

试驾车型：________________

关于试驾车辆

1. 车辆起动、起步如何？

□ 好　□ 较好　□ 一般　□ 差　□ 较差

2. 车辆油门感应如何？

□ 好　□ 较好　□ 一般　□ 差　□ 较差

3. 车辆悬架的舒适度和路面感应力如何？

□ 好　□ 较好　□ 一般　□ 差　□ 较差

4. 车辆加速性能如何？

□ 好　□ 较好　□ 一般　□ 差　□ 较差

5. 车辆转弯性能如何？

□ 好　□ 较好　□ 一般　□ 差　□ 较差

6. 车辆行驶操控性如何？

□ 好　□ 较好　□ 一般　□ 差　□ 较差

7. 车辆制动性能如何？

□ 好　□ 较好　□ 一般　□ 差　□ 较差

8. 车辆上下车便利性如何？

□ 好　□ 较好　□ 一般　□ 差　□ 较差

9. 车辆造型美感如何？

□ 好　□ 较好　□ 一般　□ 差　□ 较差

10. 车辆外观尺寸如何？

□ 好　□ 较好　□ 一般　□ 差　□ 较差

11. 车辆内部空间如何？

□ 好　□ 较好　□ 一般　□ 差　□ 较差

12. 车辆内饰工艺如何？

□ 好　□ 较好　□ 一般　□ 差　□ 较差

13. 车辆乘坐舒适性如何？

□ 好　□ 较好　□ 一般　□ 差　□ 较差

关于试乘试驾

1. 通过试驾，您是否对车辆具有一定的感性认识？

□ 有　□ 一般　□ 不好说

续表

用一句话形容一下您的感受：________ 2. 您认为本次试乘试驾车辆的特点在哪里？ ________ ________ 3. 您最欣赏本次试乘试驾车辆的哪些方面？请列举： ________ ________ 4. 如果您有任何意见，请写在下面： ________ ________ 签名：____ 日期：____

2. 强化客户体验

试乘试驾完成后，与客户交流感受，并针对客户特别感兴趣的性能和配置再次加以说明，从而引导客户强化美好的试驾体验。

三、客户关系维系

客户试乘试驾结束准备离开时，销售顾问要热情地与客户道别，并感谢其参与试乘试驾，可以适当赠送一些小礼品作为纪念。客户离店后，汽车销售顾问应及时填写“试乘试驾客户追踪表”(见表 7-7)并核评分析，同时呈报销售经理追踪成效。

表 7-7 试乘试驾客户追踪表

序号	客户姓名	联系电话	预购车型	客户级别	试驾日期	成交日期/否	汽车销售顾问

【任务小结】

本任务主要讲解了客户试乘试驾后的操作事项，做好试乘试驾的后续工作可以进一步助力客户成交。客户试乘试驾后续工作可以依照以下口诀进行记忆。

试驾结束重点来，诚邀客户提意见。
良好沟通做到位，美好回忆自然现。
客户需求要深挖，细致交流促成交。
无论客户买不买，真诚服务到永久。

【任务实施】

【任务工单】★☆完成试乘试驾后反馈与跟进工作☆★

工作任务	完成试乘试驾后反馈与跟进工作	实操成绩	
任务地点		任务日期	
组号		小组组长	
班级		小组成员	
任务描述	销售顾问江小白带领客户张先生试乘试驾结束后，邀请客户再次返回展厅，进行试乘试驾后的反馈工作。		
任务实施	任务：完成试乘试驾后反馈与跟进工作 小组成员分配销售顾问和客户角色，结合客户试乘试驾后续相关知识，制订试乘试驾后反馈与跟进工作方案并进行情景模拟。		

说明：本表由小组长带领成员共同完成，一组一份。

【学习评价——小组评价】

小组学习评价表

小组自评 (100 分)	优点	不足	自评成绩
小组互评 (100 分)	组别	优点与不足	互评成绩
	1 组		
	2 组		
	3 组		
	4 组		
教师评价 (100 分)	优点	不足	教师评分成绩
总评成绩 (100 分)	计算公式		总成绩
	总评成绩=小组自评成绩×30%+小组互评成绩×30%+教师评价成绩×40%		
反思与改善			

说明:本表由小组长完成,一组一份。

【学习评价——个人评价】

个人学习评价表

我学会了	
我做到了	
我有待提升的地方	
自我学习评价	○优　　□良　　△及格　　▽不及格
反思与改善	
教师评语及建议	

说明：本表由学生个人完成，一人一份。

【评分标准】

“完成试乘试驾后反馈与跟进工作”评分细则

	项目	满分	得分
1	能进行5S管理(整理、整顿、清理、清洁、素养)	5	
2	着装整洁,仪表端庄,表情和蔼可亲,眼神自然真诚,手势规范,姿态正确、自然大方,声音清晰标准,语音语速适中,语句流畅	10	
3	销售顾问能按流程开展客户试乘试驾后工作	5	
4	搜集资料,设计“试乘试驾反馈表”	10	
5	销售顾问请客户填写“试乘试驾反馈表”,话术设计合理,语言恰当、表述流畅	10	
6	编制试乘试驾后推动客户成交话术,语言恰当、表述流畅	20	
7	客户离店时进行客户关系维系	10	
8	销售顾问填写“试乘试驾客户追踪表”	10	
9	整体语言表述恰当、流畅	10	
10	临场应变能力	5	
11	小组成员分工合理,职责明确	5	

【巩固提升】

1. 画出客户试乘试驾后的操作流程。
2. 简述客户试乘试驾后的执行要点。
3. 根据以下场景,进行情景模拟。

今天上午10点,客户张先生来本店试乘试驾了迈腾DSG舒适版汽车。试乘试驾后,客户对汽车的印象极为深刻,请你以销售顾问的身份与客户进行试乘试驾后的沟通。

项目八

货真价实——洽谈成交

在整个销售过程中，成交是整个销售工作的最终目标。当我们解说完我们的产品，同时发现客户购买时机成熟的时候，我们就应该很巧妙、很顺畅地转入成交的过程。

汽车销售顾问若想很快达成交易，就必须看准客户表现出来的各种成交信号，即客户在接受汽车销售顾问推销的过程中，通过语言、行动、情感等表露出来的各种成交信息。这些信息有的是有意表示的，有的则是无意流露出的。尽管成交信号并不必然导致成交，但汽车销售顾问应把成交信号的出现当成是促成交易的有利时机。

因此，在这个阶段，销售顾问要明确销售目的，善于识别购买信号，运用促成交易的方法和技巧，最终实现成交和签约。

【课程导航】

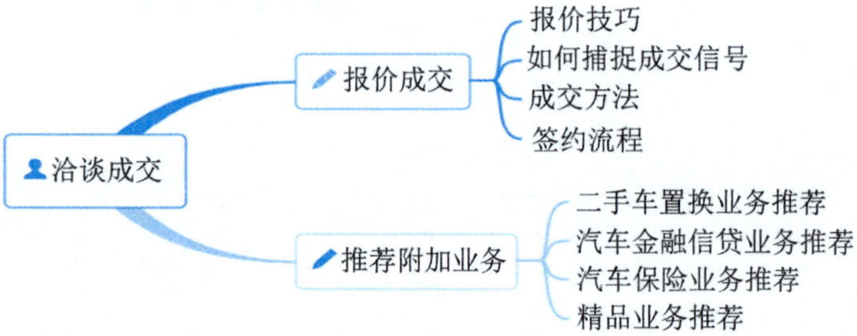

任务一　报价成交

很多时候，客户已经做好了购买的决定，可是我们却没能及时发现他们发出的这些成交信号，结果大好的成交机会就这样轻易地被错过了。那么，怎么知道是该成交了呢？怎样才能快速地成交呢？

【工作情景】

销售顾问江小白之前花了好大的功夫与客户张明先生建立了良好的关系，在一个周二的上午，张先生和太太再次来到4S店，江小白又再次接待了他们。这次他们对迈腾车型很感兴趣，只是觉得有一款本田雅阁车型的价格很吸引人。小白应该如何为张先生及太太报价并成功与其签约呢？

【学习目标】

素质目标

1. 敏锐观察，诚实守信。
2. 敢于面对多重挫折、磨炼韧性与耐心。

知识目标

1. 掌握报价的方法。
2. 了解成交信号的类型，能够判断成交信号。
3. 掌握成交谈判方法及步骤。

能力目标

1. 能够根据客户的行为及语言捕捉客户的成交信号。
2. 能够根据具体情况为客户合理报价。
3. 能够根据具体情况与客户完成洽谈成交。

【知识储备】

一、报价技巧

在汽车销售过程中，价格谈判是销售顾问比较头疼的一个问题，在“最后一公里”的价格上，往往栽跟头，最终功亏一篑。据不完全统计，汽车销售过程中约有50%的未成功的订单，失败原因都是价格没谈好，那么我们该如何走完价格这个“最后一公里”呢？

1.“三明治”报价法

当销售工作进入成交阶段，报价是促进客户作出购买决定的关键点。因此销售顾问在向客户报价时，不能仅仅说出车辆的价格，还要在报价的同时，说明车辆可带给客户的利益和产品的价值，即“三明治”报价法。

“三明治”报价法是指在报价时将产品利益、产品后续价值和附加价值、产品价格同时向客户说明，具体做法为：销售顾问根据前面与客户的沟通内容，总结出最能满足客户需求、激发客户购买热情的产品“利益”，然后报出价格，同时强调产品的后续价值及附加价值，如保养服务费用低、车辆保值率高，或随车附送某加装配置等。这个方法让客户感觉到自己得到的价值高于价格，物有所值。

2. 报价的原则

(1)让客户先报价。鼓励对方先开价，把对方想达到的目标挖掘出来，以便后面继续洽谈。尤其当客户提及竞争对手的价格时，销售顾问一定要把这个报价问明白，以便于向客户详细分析自家产品及服务与竞争对手的产品和服务的区别。

【参考话术】

客户：“现在这车最多能优惠多少？”

（分析：客户对车有购买意向，此时我们不能直接亮出底价，在价格谈判过程中的第一要诀就是有耐心。至少要通过2—3个回合的谈判，在“磨”的过程中要善于把握客户的表情、情绪和口吻的变化。）

销售顾问：“王先生，您可以接受的价位是多少？”

……

销售顾问：“我们这个价格已经是非常优惠的了，这几天有××人都是以这个价格提的车。好吧，看您很喜欢这款车，月末了，我们冲销量，虽然价格不能优惠了，但我可以向经理申请给您多赠送一些精品，怎么样？”

(2)不能轻易让价。当客户直接询价时，要尽量通过问答的形式了解客户。比如可以问客户选定的车型，用车的要求，对车型配置的要求，还有没有特殊的需求。通过客户的回答，可以判断其是不是真正需要购买车辆。对于真正想要购车的客户，我们可以给出一个非常详细的报价。当然，有的客户并不了解你的车型，也不了解车型规格配置，想让你给他推荐，对于这种客户，你一定要把产品介绍清楚后再报价。在报价时，可以直言你的价格在同类车型中属于什么档次，一般会先报一个中等价格，告诉客户还有更高配置的车型，但价格会高一些，也有配置低一些的，价格肯定优惠，这就看客户的需要了。总之一定要留出继续谈价的余地。

【参考话术】

客户："说了这么多，那这车多少钱啊？"

（分析：这是客户在了解车型后第一个会问的问题，很直接，但实质是试探，此时销售顾问绝对不能简单回答一句"多少钱"了事。不管客户对这款车满不满意，当听完介绍后都会问一下价格，此时销售顾问可反过来试探一下客户，确定他是否对这款车有购买意向和意向的强弱。）

销售顾问："王先生，看来您还蛮喜欢我们这款车的，对吧？"

回答"是"或"还可以"，则确认客户对该车型也有购买意向，则可回答"我们这款车根据客户不同的需求具有不同的配置，其价格也各不一样"，然后给客户分析各个配置的不同，了解客户需求，并给出自己的建议。

回答"不是"（此种情况较少）或回答"我就问一下，了解一下"，则表示客户意向不明确或故意隐藏意向，有戒备心。在这种情况下，应进一步向客户"进攻"，再进行试探。切忌一开始就给客户报最低的价格。

（3）面谈报价，得到签单承诺后再报底价。与客户在电话中谈价格时，可以按照"不承诺，也不拒绝"的原则邀请客户来店当面洽谈。客户如果没有作出当场签订单的承诺，销售顾问不可进行实质性的价格谈判。有的客户经常会与销售顾问砍价，当销售顾问暴露底价后，客户再拿着这个底价进行新一轮压价或去压其他经销商的价格。所以，销售顾问在得到客户的购买承诺之前，只需要报一个比较合理的价格即可，不要把底价报出来。

电话问价处理　　店内问价处理

【参考话术】

客户："这车最低多少钱卖？"

（分析：客户这样说，说明他是真的想买这部车，应该和客户"周旋"，直到客户说出他的心理价位或慢慢去接近客户接受的价位。）

销售顾问："这个价格已经是我能给的最低价格了，这样吧，您今天可以交定金吗？可以的话，我就找经理再给您争取下，我也不能打包票，去试试，您稍等会啊。（过一会儿）刚和经理极力争取了下，顶多再给您送一套×××精品，价值达×××元，相当于给您优惠了。您看这样可以吗？"

报价是一门学问，由于报价技巧的不同，销售顾问业绩也会有很大的差距。要根据具体情况，把三种报价方式结合起来用。报价永远是随机应变的，但要遵循一个原则：利润最低保障。

二、如何捕捉成交信号

销售在成交阶段的失败，往往不是因为缺乏毅力或是沟通不当，也不是因为产品缺乏竞争力，而是因为没有把握好成交的时机。其实客户要购买的产品，并不是最完美的产品，而是他最喜欢、最需要、最感兴趣的产品。一旦这种产品出现，客户就会表现出极大的热情，我们要洞察到客户的这一反应，在客户最想购买的时候索要订单。客户的成交信号有很多，但是很少有直接的表述，这需要我们观察、把握各种暗示的成交信号。

客户流露出的成交信号可分为以下几种：

1. 语言信号

所谓语言信号，是指汽车销售顾问在与客户的交谈中发现的客户某些语言所流露出来的成交信号，这种信号可以从客户的询问及措辞中觉察到。

客户在听完汽车销售顾问的介绍后，会与其谈论自己的利益，例如："可以分期付款吗？""你们公司的售后服务有何保障？""这种产品在其他情况下也适用吗？""如果我们购买，你们可以给我们多少优惠？"不难看出，客户有购买意向时往往会通过一定的语言信号流露出来。

一般来说，可以把客户的语言信号总结为以下几类：

(1)提出购买细节问题。

(2)询问售后服务问题。

(3)和身边的人议论该款汽车。

(4)重复问已经问过的问题。

(5)询问交车时间和限制条件等。

(6)向汽车销售顾问提出参考意见。

(7)肯定或赞同该汽车，对该汽车表示欣赏。

(8)询问价格折扣问题，开始讨价还价。

(9)向汽车销售顾问请教使用的方法。

(10)向汽车销售顾问打听有关该汽车的详细情况。

(11)询问该汽车的运输、提车等问题。

(12)询问该汽车的使用性能及注意事项和零配件的供应问题等。

(13)对该汽车的一些小问题，如颜色、配置等提出意见与要求。

2. 行为信号

行为信号是汽车销售顾问在向客户推销产品的过程中，从客户的某些细微行为中发现的成交信号。一旦客户拿定主意要购买产品时，便觉得一个"艰苦"的心理过程完成了，于是，他往往会做出与倾听汽车销售顾问介绍产品时完全不同的动作，汽车销售顾问可以通过观察客户的动作识别客户是否有成交的倾向。

下面是一些常见的客户发出成交信号的行为：

(1)客户对汽车介绍频频点头，表示认可。

(2)客户摸胡子或捋胡须。

(3)客户由远到近，多角度观察汽车，并翻看说明书。

(4)客户端详或触摸汽车。

(5)客户出现找笔、摸口袋、拿订单看等行为。

(6)客户身体前倾并靠近汽车销售顾问及汽车,或身体后仰,或擦脸拢发,或做其他舒展动作。

以上行为,或许是客户想重新考虑推荐新品,或许是购买决心已定,紧张的神经松弛下来。总之,都有可能表示一种"基本接受"的态度。

3. 表情信号

表情信号,是汽车销售顾问在向客户介绍产品时,从客户的面部表情和体态中发现的成交信号。人的面部表情不容易捉摸,眼神更难猜测。但经过反复观察与认真思考,汽车销售顾问仍然可以从客户的面部表情中读出以下成交信号:

(1)眉毛上扬。

(2)眼睛转动加快。

(3)态度更加友好。

(4)神色变得活跃起来。

(5)频频下意识地点头或眨眼睛。

(6)嘴唇开始抿紧,好像在品味着什么。

(7)腮部肌肉放松,情绪逐渐变得明朗轻松。

(8)原先造作的微笑让位于自然的微笑。

(9)表现出感兴趣的神情,变得神采奕奕。

(10)表情由冷漠、怀疑、深沉变为自然、大方、随和。

以上这些表情信号都表明了客户已经有了强烈的购买欲望,促成交易的最佳时间已经到来。这时汽车销售顾问完全可以大胆地提出成交的要求了。

4. 事态信号

事态信号是汽车销售顾问向客户推销产品时,随着形势的发展和变化表现出来的成交信号。

一般来说,事态信号主要表现在以下几种情况:

(1)客户征求其他人的意见。

(2)客户要求看销售合同书。

(3)客户的态度逐渐转好。

(4)客户接受汽车销售顾问重复约见的提议或主动提出会面时间。

(5)客户主动向汽车销售顾问介绍企业的有关负责人或高级决策人。

以上这些都已比较明显地表现出客户的成交意向。客户的语言、面部表情和一举一动,都在表明客户在想什么。汽车销售顾问从客户明显的行为上,完全可以判断出他是急于购买,还是抵制购买,及时发现、理解和利用客户表露出来的成交信号,并不十分困难。其中,大部分能靠常识解决。这既要靠细心观察和体验,又要靠汽车销售顾问的积极引导。

三、成交方法

面对不同的客户,要使用不同的成交方式,依情况而异。成交方法可分为以下几种:

1. 假设成交法

假设成交法指的是当你发现要求客户购买的时机已经成熟时,你不必问客户买不买，你问他的应该是一个选择性的问题。

【参考话术】

销售顾问："在选用配备中，您觉得比较喜欢空调还是音响呢？"

销售顾问："您想要付现金，还是刷卡呢？"

2. 合同成交法

合同成交法是在对客户进行产品介绍的一开始，先拿出一份预先设计好的购买合同或订单。在这份合同或订单上，你依照假设成交法的问句形式设计一系列的从浅到深的问题，并在这份合同上写上日期或客户姓名等基本信息。

3. 天平成交法

天平成交法事实上是一个非常有效的成交方式。每当客户要作出一个购买决定时，他的头脑里就出现了一个天平，天平的左边放着快乐，右边放着痛苦。他必须不断地衡量比较到底购买所带来的快乐多还是所造成的痛苦或损失多，也就是这种追求快乐、逃离痛苦的力量促使客户决定买或不买这种产品。

【参考话术】

销售顾问："王先生，我知道要做一个决定不容易，我也不希望卖给您一个您不需要的东西。而您也知道，如果我们购买一种产品的好处多于坏处，那么我们应该买，而如果坏处多于好处，那么我们就不应该买。所以现在我在这张纸的左边写出您购买这种产品会有什么好处，请您在右边写出购买这种产品所可能带来的坏处。"

通常我们会发现客户写出来的抗拒因素或坏处不会超过3—5项，而你所写出来的好处应该至少有8—10项。

当客户写完了那些坏处或抗拒因素后，你问他："还有没有其他的呢？"当他说"没有"时，你就充满自信地告诉他："噢，王先生，看来您的决定已经非常清楚了。"

4. 强迫成交法

我们有时会遇到一种叫作"拖延型的客户"，你可能已经拜访他好几次，也多次向他详细地解说了产品的优点和缺点，而他每一次给你的表现都是非常模糊的，他不明确对你表示到底买或不买，而这时你必须花很多时间一次次不断地接触这位客户，耗费了大量的时间成本。当碰到这种拖延型的客户时，使用"强迫成交法"是非常有效的。

【参考话术】

销售顾问："王先生，我想经过了很多次的解说和介绍，您对我们的产品和服务以及能够带给你的利益已经非常清楚了。如果您觉得这种产品对您真的是有意义的，有帮助的，那么您应该在这份合同上签字；如果你真觉得我们的产品或服务对您一点用处都没有，那么您就不要理会这份合同。"

总之，在销售的过程中，客户总是下意识地提防与拒绝别人，所以销售顾问要去了解客户的每一点变化，努力把握每一个细节，不断地提高自己的业务水平，坚持不懈，抱着一颗真诚的心，诚恳地把公司和自己产品的优势介绍给客户，针对不同的客户，利用正确的方法促使成交。

以上介绍了一些常用的成交方法和技巧。在实际销售过程中，销售顾问要抓住有利的成交时机，看准成交信号，针对不同的销售对象，采用不同的成交策略，灵活运用各种成交技术，及时有效地达成交易，以实现销售目标，创造销售佳绩。

四、签约流程

当客户决定购买之后，销售顾问应及时与客户签订购车合同(见图 8-1)或订单(见图 8-2)。如果客户是贷款客户，汽车销售顾问还须告知客户办理按揭手续的流程，并签订按揭贷款汽车销售合同。销售顾问要详细说明合同的条款，务求让客户详尽了解合同的具体内容，包括各项费用及相关的责任条款等。

与客户签订购车协议的注意事项：

(1)向客户报价，详细解释价格。

(2)询问客户是否认可所报价格。如果客户认可报价，开始签约流程。

(3)如果客户对报价有异议或不打算立即签约，销售顾问可进一步解释价格政策，让客户了解所获得的价值。

(4)如果客户仍有异议或不打算立即签约，销售顾问应表示理解和尊重，给予客户考虑时间。

(5)客户表示要离开时，销售顾问应感谢客户的到访。

(6)复印报价单，将客户购车咨询报告(客户联)、产品介绍资料、报价单原件与销售顾问名片订在一起，在产品资料上用彩笔标记客户关心的卖点，装入专用封套交给客户。

商 品 车 销 售 合 同

文件号：HY/QEM-R-001

甲方（经销商）：XXXX 汽贸销售服务有限公司

乙方（购车人）： 身份证号： 联系电话：

乙方现住址：

为满足乙方的购车需要，甲乙双方经过协商，自愿达成购车合同，共同遵守。

第一条：乙方向甲方购买汽车如下：

车 型		车架号	
颜 色		发动机号	
车价（单位：人民币元）			

第二条：甲方对所销售的汽车质量保证符合国家标准，车辆的配置完全符合一汽-大众公司的车型配置要求。

第三条：协助顾客办理交纳附加税、上牌照、入保险、协助贷款等一条龙有偿服务，具体详见 XXXX 新车交付用户告知明细单。

第四条：销售顾问与用户 PDI 检查签字确认，以此确认该车为合格车辆。乙方验车无误后，甲方向乙方交付汽车及随车文件，双方签署交车确认单，该车为正式交付，自交付之时起该车的所有权归乙方。

第五条：如乙方购买的车辆出现质量问题，甲方应积极协助乙方解决。甲乙双方需严格按照国家制定的《汽车三包规定》中所涉及内容履行相关责任！

第六条：由于人为破坏、使用或保养不当和疏忽造成质量问题，或由于装潢、改装不当造成的质量问题，或者到公布、约定地点以外的修理点进行修理造成的质量问题由乙方负责。

第七条：如果国家政策发生重大变化，直接影响本合同的履行，或因其他争议，由双方协商解决。如协商不成，可以提起仲裁，也可申请人民法院诉讼解决。

第八条：乙方客户信息使用的条款。1、甲方会根据一汽-大众要求和为乙方提供更好服务的目的收集乙方个人信息，包括但不限于姓名、电话、地址、邮编、身份证号码、维修信息、购买信息。甲方会将收集到的乙方信息提供给一汽-大众(包括一汽-大众股东、一汽-大众授权的第三方)，甲方和一汽-大众(包括一汽-大众股东、一汽-大众授权的第三方)可能会使用乙方信息，包括但不限于分析、研究、致电、发送信息。甲方和一汽-大众可能会根据法律的有关规定，或者行政、司法机构要求，向第三方或者行政、司法机构披露乙方信息。2、甲方、一汽-大众(包括一汽-大众股东、一汽-大众授权的第三方)会尽到高度审慎的注意义务、采取严密的技术措施防止信息泄露。

第九条：交车方式为：自提　　交车地点为：XXXX 汽贸销售服务有限公司

交车日期为：　　年　　月　　日

甲 方（经销商）：XXXX 汽贸销售服务有限公司　　　　乙 方（购车人）：

甲 方 代 表 人：

年　　月　　日　　　　　　　　　　年　　月　　日

合同签定地点：　XXXX 汽贸销售服务有限公司

提示：如随车赠送礼品，请明确列入本合同附页《随车赠送礼品清单》

图 8-1　购车合同示例

一 汽—大 众 特 许 经 销 商

XXXX 汽贸销售服务有限公司

汽车价值的典范

一汽—大众＿＿＿＿＿＿轿车用户预订单　　序号：

用户姓名（开票人）		身份证号			
联系电话		邮寄地址			
单位名称		组织机构代码		邮编	
车型		车辆价格		数量	
经办人		预交车款		交货时间（约）	
分期首付（约）		保险保证金		选装配置	
按揭贷款费		保险费用（约）			

颜色：＿＿＿＿＿＿＿＿＿＿＿＿＿＿＿＿＿＿＿＿

双方保证：

1、　供方保证需方所购车辆是一汽-大众生产的全新车、并已做完相关测试和实验。
2、　供方保证需方享有一汽-大众对客户提供所有售后服务内容。
3、　需方在购车前应事先获得当地政府部门的批准或相关法规所要求的购车资格，否则因此造成的任何损失均由需方自己承担。
4、　如发生不可抗力事件时双方均不承担由此导致的相关责任。
5、　因需方变更订购车辆（包括颜色和装备），而使供方延迟交车。供方不负责补偿责任。
6、　本订单如未能按期执行，需方有权要求退还预交款，供方应予以退款，同时不承担其它经济责任。
7、　由于需方联系方式变更并未及时通知供方导致供方无法联系到需方，以及联系到需方并通知到货 3 天内，车未提走或延迟提车，供方有权不为需方保留该车辆，并且定金不予以退还。
8、　未尽事宜，双方协商解决。

备注：客户为需方

XXXX 汽贸销售服务有限公司为供方

经销商名称：XXXX汽贸销售服务有限公司
联系电话：XXXX-XXXXXXX
传　　真：XXXX-XXXXXXX
通讯地址：XX 东风中路 265 号
邮　　编：XXXXXX
电子邮件：XXXXXXX@163.com

工行东风路支行：161201121××××××××××
农行州城分：76600××××××××××
中行　城支行：41707466××××××××××
建行交通分：3700184290××××××××××
商行东方红支行：71303010300×××××××××

经销商盖章（供方）：	用户盖章（需方）：	销售总监/销售经理盖章：
签约人：	用户盖章：	
签约日期：	签约日期：	签约日期：

图 8-2　新车订购单示例

【任务小结】

本任务主要讲解了报价的方法，成交信号的类型以及签约流程和注意事项。对于报价成交，同学们可依照以下口诀进行记忆。

客户问底价，不能随便报。
报价用技巧，才能促成交。
是否能成交，还要看信号。
客户能满意，可以把约签。

【任务实施】

【任务工单】★☆报价成交☆★

<table>
<tr><td>工作任务</td><td>报价成交</td><td>实操成绩</td><td></td></tr>
<tr><td>任务地点</td><td></td><td>任务日期</td><td></td></tr>
<tr><td>组号</td><td></td><td>小组组长</td><td></td></tr>
<tr><td>班级</td><td></td><td>小组成员</td><td></td></tr>
<tr><td>任务描述</td><td colspan="3">销售顾问江小白之前花了好大的功夫与客户张明先生建立了良好的联系。周二的上午，张明夫妇再次来到4S店，江小白又再次接待了他们，他们对迈腾车型很感兴趣，只是觉得有一款本田雅阁车型的价格优惠，很吸引人。小白应该如何为张先生报价并成功与其签约？</td></tr>
<tr><td rowspan="2">任务实施</td><td>任务</td><td colspan="2">报价成交</td></tr>
<tr><td colspan="3">小组成员分配销售顾问和客户角色，结合报价技巧、成交信号，制订报价成交方案并进行情景模拟。</td></tr>
</table>

说明：本表由小组长带领成员共同完成，一组一份。

【学习评价——小组评价】

小组学习评价表

小组自评（100分）	优点	不足	自评成绩
小组互评（100分）	组别	优点与不足	互评成绩
	1组		
	2组		
	3组		
	4组		
教师评价（100分）	优点	不足	教师评分成绩
总评成绩（100分）	计算公式		总成绩
	总评成绩＝小组自评成绩×30％＋小组互评成绩×30％＋教师评价成绩×40％		
反思与改善			

说明：本表由小组长完成，一组一份。

【学习评价——个人评价】

个人学习评价表

我学会了	
我做到了	
我有待提升的地方	
自我学习评价	○优　□良　△及格　▽不及格
反思与改善	
教师评语及建议	

说明：本表由学生个人完成，一人一份。

【评分标准】

"报价成交"评分细则

	项目	满分	得分
1	能进行5S管理(整理、整顿、清理、清洁、素养)	5	
2	着装整洁,仪表端庄,表情和蔼可亲,眼神自然真诚,手势规范,姿态正确、自然大方	10	
3	为客户进行快捷、清晰的口头报价	10	
4	报价时巧妙地运用报价技巧	10	
5	能够看准客户表现出来的各种成交信号	15	
6	销售顾问利用恰当的成交方法促成交易	10	
7	能够按照正确的签约流程进行签约	10	
8	掌握签约前应注意的事项	10	
9	知识、技巧运用娴熟	5	
10	声音清晰标准,语音语速适中,语句流畅	5	
11	突发事件处理能力良好	5	
12	小组成员分工合理,职责明确	5	

【巩固提升】

1. 报价的方法和报价的原则有哪些?

2. 成交信号的类型有哪些?如何判断成交信号?

3. 模拟一次报价成交,情景自定。以下情景供参考:

(1)客户对某款车型极感兴趣,但是价格不明朗。

(2)客户对我们店的某款车型和其他店的某款车型同样满意,但是本品牌价格优惠更少一些。

任务二　推荐附加业务

客户买了新车后,那旧车该怎么处理呢?大多数刚上班的打工族,手上存款不多、一次性付清全款压力较大怎么办?购买全险太贵,怎样选择适合自己的险种?如何根据客户的需求为其推荐合适的精品?这些也是销售顾问应具备的能力。

【工作情景】

经过江小白的多番解说后,张明先生打算全款购买迈腾,并付了定金,也成功签署了购车协议。张先生离开后,江小白拿着刚签好的购车协议手舞足蹈,但是销售经理却对江小白说：虽然成交了一单，但是考核并没有通过。江小白一头雾水，不知道问题出在哪里。

【学习目标】

素质目标

1. 提升沟通表达能力。
2. 慎思，明辨，笃行。

知识目标

1. 掌握二手车置换业务推荐技巧。
2. 掌握汽车金融信贷业务推荐技巧。
3. 掌握汽车保险业务推荐技巧。
4. 掌握汽车精品业务推荐技巧。

能力目标

1. 能够给客户推荐二手车置换业务。
2. 能够给客户推荐汽车金融信贷业务。
3. 能够给客户推荐汽车保险业务。
4. 能够给客户推荐汽车精品业务。

【知识储备】

一、二手车置换业务推荐

作为汽车置换授权经销商的汽车4S店是我国汽车置换运作的中介主体之一。4S店的车辆置换服务是将消费者淘汰旧车和购买新车的过程结合在一起，一次完成甚至一站完成，为用户解决了先要卖掉旧车再去购买新车的麻烦。二手车置换流程在帮助客户处理好旧车的同时，也帮助客户选定本品牌的新车。销售顾问是影响客户置换决定和提高置换效率的第一人。在二手车置换项目中，包括旧车出售和新车购买两个环节。

1. 二手车置换的概念

二手车置换是指通过“以旧换新”来开展二手车贸易。消费者用自己二手车的评估价值加上另行支付的车款就可以从品牌经销商处(4S店)购得新车。

2. 二手车置换的特点

(1)打破车型限制

大多数4S店按照厂家要求会购买客户的二手车，收购对象涵盖所有品牌及车型，可以任意置换。4S店可以满足客户的不同需求，也可根据客户的要求，为其购进指定的车辆。

(2)周期短、时间快

二手车车主将二手车开到4S店，专业的二手车评估师作出评估，同时车主选好心仪的新车后，只要缴纳中间的差价即可完成置换手续，剩下的所有手续都由4S店代为办理，在很短的时间内就可以完成新车置换。

(3)多重促销，车主受益

二手车市场具有广阔的前景，各个4S店都希望能够在这一领域有所作为，在新车降价的同时，又纷纷推出了"原价"置换、置换送高额补贴等多重优惠活动，激发众多车主换车冲动，促进新车销售。

(4)"全程一对一"的置换服务

4S店提供的车辆置换服务是一种"全程一对一"的服务模式。由于4S店的业务涉及汽车租赁、销售、汽车金融以及二手车交易，因此客户在4S店选择置换购车方式后，从旧车定价、过户手续到新车的贷款、购买、投保、上牌照等过程都由4S店内部的专业部门完成，保证了效率和服务水准。

【参考话术】

销售顾问："王先生，您的爱车经过我们专业评估师的评定，价格为5.7万元，您觉得这个价格合适吗？"

客户："有点低啊，我朋友的价格比这个高。"

销售顾问："您的心情我非常理解。您是说朋友的价格比较高是吧？其实外面的市场交易价格不如咱们4S店里透明，程序也不规范，会存在潜在风险。其次，咱们4S店的置换业务是为了促进新车销售，并不以营利为目的，您这次置换还可以享受8000块的补贴。同时，咱们的二手车评估师都是经过国家资格认定的，您的爱车通过了103项的技术鉴定，也是根据市场行情评估定价的。"

客户："噢，好的！"

销售顾问："您放心，咱们4S店里给出的价格绝对公平公正，还能让您省心省力。"

3. 二手车置换手续

首先由4S店内专业的二手车评估师对客户的旧车做一个初步评估，初步评估结果得到二手车车主的认可后，4S店可将车辆转到维修部进行专业检测鉴定。接着收购评估师凭借检测单和报修定价与客户商谈收购价格。双方达成成交意愿后，由收购评估师带领客户办理车辆的移交手续，再进行选购新车等业务，具体业务流程如图8-3所示。

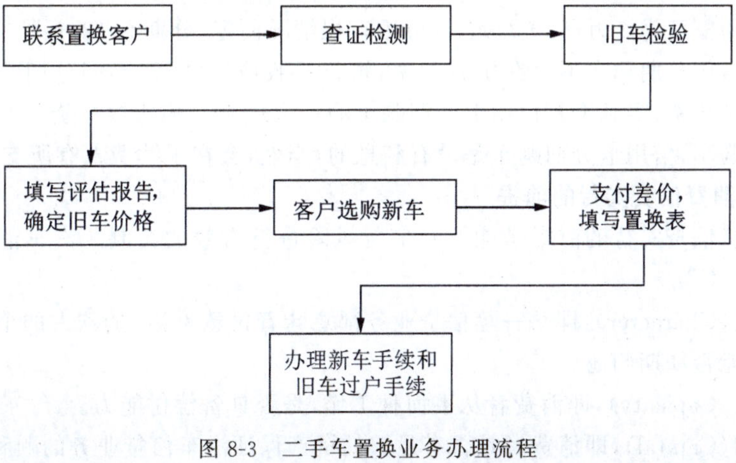

图8-3 二手车置换业务办理流程

二、汽车金融信贷业务推荐

1. 汽车消费贷款的含义

汽车消费贷款是借款人(购车人)以抵押、质押、向保险公司投保或第三方保证等方式为条件,向可以开办汽车消费贷款业务的金融机构申请贷款,用于支付购车款,再由借款人按约定的还款方式分期向金融机构归还本金、利息的一种消费贷款。贷款期限一般为1—3年。

2. 汽车消费贷款的类型

(1)银行提供的汽车消费担保贷款

该汽车信贷是由银行、专业资信调查公司、保险公司、汽车经销商四方联合。银行直接面对客户,在对客户进行信用评定后,银行与客户签订信贷协议,客户将在银行设立的汽车贷款消费机构获得一个购车贷款额度,使用该购车贷款额度就可以在汽车市场上选购自己满意的产品。银行的信贷部门还为客户提供相应的售后服务,如汽车维修等系列增值服务。在该模式中,银行是中心。银行指定相关机构出具客户的资信报告,银行指定保险公司并要求客户购买其保证保险,银行指定经销商销售车辆。风险由银行与保险公司共同承担。

(2)汽车金融公司提供的汽车消费担保贷款

消费者除了通过银行贷款外,还可以在汽车金融公司办理购车贷款。国内的上汽、一汽、北汽等都有自己的金融公司。汽车金融公司一般都是由汽车公司投资创建的,比如上汽通用汽车金融有限责任公司成立于2004年8月,总部设在中国上海,是中国银监会批准成立的全国第一家汽车金融公司。公司已与全国350座城市里的近700家汽车经销商建立了良好的零售信贷业务合作关系,成了一家覆盖范围广、业务品种丰富、服务水平一流的汽车金融公司。

(3)信用卡分期购车

信用卡分期购车是消费者利用手中拥有的银行信用卡刷卡购车,同时通过信用卡消费还款的一种形式。信用卡分期购车是银行机构推出的一种信用卡分期业务。持卡人可申请的信用额度为2万—20万元,部分银行视情况而定,分期有12个月、24个月和36个月三类。信用分期购车不存在贷款利率,银行只收取手续费,不同分期的手续费率各有不同。低手续费、零利率是信用卡分期购车的一大优势。相比银行贷款购车和汽车金融机构贷款购车,信用卡分期购车是没有利息的,当然,会在手续费上有所支出。

3. 汽车消费信贷实行的前提

汽车消费信贷实行的前提是能够对信贷风险进行有效的控制。汽车消费信贷的实行一般考虑“5C”:

(1)品质(Character),即每一笔信贷业务都意味着付款承诺,贷款人的个人信用直接关系到贷款能否如期归还。

(2)能力(Capacity),即消费者从事何种工作,是否具备偿付能力。

(3)资本(Capital),即消费者是否有足够的资产保证汽车信贷业务的顺利。

(4)抵押品(Collateral),即消费者能够为交易提供何种安全保证。

(5)条件(Conditions),即消费者所处的市场环境和法律法规能否保证消费的正常运作。

4. 汽车消费信贷业务流程

如果是通过银行进行消费信贷，客户首先应到银行营业网点进行咨询，网点为客户推荐已与银行签订“汽车贷款合作协议书”的特约经销商。如果是到汽车经销商的金融公司进行消费信贷，客户可直接去汽车经销商处选车，而后与经销商签订购车协议，提出贷款申请，明确车型、数量、颜色等，签订购车合同。申请时应准备以下资料：个人贷款申请书、有效身份证件、职业和收入证明以及家庭基本状况、购车协议、担保所需的证明文件、贷款人规定的其他条件等。金融机构审核客户资信，与符合贷款条件的借款人签订汽车贷款合同。一般汽车贷款额度最高不超过购车款的 60%—80%，贷款期限不超过 3—5 年。若用户不符合贷款条件，金融机构将申请材料退回申请人，不予放款。

三、汽车保险业务推荐

1. 汽车保险的种类

汽车保险分为强制保险和商业保险两大类。

(1)交强险

交强险是指机动车交通事故责任强制保险。在中华人民共和国境内，被保险人在使用被保险机动车的过程中发生交通事故，致使受害人人身伤亡或财产损失，依法应当由被保险人承担的损害赔偿责任，保险人按照交强险合同的约定对每次事故在赔偿限额内负责赔偿。2020 年 9 月，中国银保监会发布了《关于实施车险综合改革的指导意见》，具体限额如表 8-1 所示。

表 8-1　交强险赔偿限额

保险责任	有责	无责
死亡伤残赔偿限额	18 万元	1.8 万元
医疗费用赔偿限额	1.8 万元	0.18 万元
财产损失赔偿限额	0.2 万元	0.01 万元
总金额	20 万元	1.99 万元

(2)商业保险

汽车保险中的商业保险分为基本险和附加险。附加险不能独立投保，只有投保了相应的基本险后才能投保。

①车辆损失险简称车损险。被保险人或其允许的驾驶人在使用被保险机动车的过程中，因自然灾害、意外事故造成被保险机动车直接损失，且不属于免除保险人责任的范围，保险公司依合同约定予以赔偿的一种汽车商业保险。

②第三者责任险简称三者险，是指被保险人或其允许的合法驾驶人员在使用被保险车辆过程中发生意外事故，致使第三者遭受人身伤亡或直接财产损毁，依法应当由被保险人承担的经济赔偿责任通过责任保险的形式转由保险公司负责赔偿。三者险赔付的最高限额是由车辆所有者投保金额来计算的，从 10 万元到 1000 万元不等。保费不同，赔付的最高限额也不一样，当然具体的赔付金额还要跟责任的归属有关。

③车上人员责任险，分为乘客责任险和驾驶人责任险，指的是被保险人允许的合法

驾驶人在使用保险车辆过程中发生保险事故，致使车内驾驶人和乘客人身伤亡，依法应由被保险人承担的赔偿责任，保险公司会按照保险合同进行赔偿。车上人员责任险是车辆商业险的主要险种，它的主要功能是赔偿车辆因交通事故造成的车内人员伤亡的损失。

除此以外，还有附加新增加设备损失险、附加车身划痕损失险、附加车上货物责任险、附加精神损害抚慰金责任险等附加险。

2. 常见的险种组合

销售顾问根据客户的意愿，协助客户进行投保险种的选择，然后根据保险公司的有关规定来计算汽车保险的费用。当客户准备投保时，有如表 8-2 所示的几种方案（不限于）可供选择。

表 8-2　不同客户的投保方案

	险种组合	保障范围	特点	适用对象
最低保障	交强险	只能在交强险的责任范围内对第三者的人伤和物损负赔偿责任	优点：只有最低保障，费用低，交强险和车辆的车价没有关系，仅与座位数相关 缺点：保障额度不高，一旦发生交通事故，对方的损失能得到保险公司的部分赔偿，而自己车辆的损失只能由自己负担	保险意识不强，车价低，驾龄长的车主
次低保障	交强险＋第三者责任险	基本能够满足一般事故对第三者损失的赔偿责任	优点：可以上牌照或验车，第三者的保障基本能得到满足 缺点：一旦发生交通事故，对方的损失能得到保险公司的少量赔偿，且赔偿限额只能说“基本宽余”，自己爱车的损失只能由自己负担	保险意识不是很强，但又担心自己不小心对他人造成损失的车主
基本保障	交强险＋车辆损失险＋第三者责任险	只投保基本险，能为自己的车与他人损失的赔偿责任提供基本的保障	优点：费用适中，必要性最高 缺点：不是最佳组合	经济实力不太强或短期资金不宽裕，有一定经济压力的车主
全面保障	主险＋附加险	对自己和他人都有保障	优点：保障更全面 缺点：费用高	保险意识强，经济宽裕的车主或单位用车

四、精品业务推荐

1. 汽车精品

汽车精品，即汽车装潢配件，是指应用于汽车美容、汽车装饰、汽车改加装等提高车辆美观性、安全性、舒适性的相关汽车产品。主要分为以下几种类型：

(1)汽车内饰精品——主要是指用于汽车内部装饰和布置的产品。常见内饰精品有：汽车香水座、坐垫、腰垫、地毯、座套、太阳膜、防盗锁、方向盘套、仪表装饰板等。

(2)汽车外饰精品——主要是指用于车外的装潢的产品。常见外饰精品有：晴雨挡、挡泥板、汽车天线、雾灯框、尾灯框等。

(3)汽车电子精品——主要是指汽车电子控制装置和车载电子装置。常见电子精品有：GPS 导航、行车记录仪、汽车音响、倒车雷达、智能钥匙、汽车氙气灯等。

2. 汽车精品销售推荐技巧

汽车精品销售是汽车销售的一个非常重要的环节，可增加企业销售利润，并能维系客户。

(1)话术中的 RFABE 法则

RFABE 是改良传统的 FAB 法则，融入客户心理学元素，以客户需求为主导的新一代产品介绍法。

R：Research(需求探寻)，即发掘客户真正需求。

F：Feature(特点)，即精品的产品介绍。

A：Advantage(优势)，即产品优势介绍。

B：Benefit(利益)，即给客户带来的利益、好处。

E：Evidence(实例参考)，即实际客户体验事例说明。

这一法则的运用指的是在精品销售中首先应从客户的语言、肢体、表情等方面挖掘探寻客户的需求，而后通过阐述产品的属性特点、作用优势和给客户带来的利益这一方法推荐汽车精品，最后通过举例说明汽车精品带来的实际体验来强化客户的购买欲望。

(2)精品销售实例

在日常工作中，销售顾问会希望多销售一些产品来增加企业的利润，但是我们要谨记：销售任何产品都是要建立在客户需要的基础上的，只有满足客户的需求，那么销售才可以实施。所以，销售顾问应该站在客户的角度考虑问题，向客户诚心推荐他们需要的汽车精品。做销售不单纯是卖出一件产品，有时候卖的是你的人格魅力，还有你的附加值。

【参考话术】

销售顾问：

(需求探寻 R)王先生，之前您提到经常会去外地，如果对路况不了解，找不到目的地会耽误事的。

(特点 F)我们店正好有一个电子语音导航，它拥有手机映射功能，采用了语音控制和手势控制模式，设定目的地之后，它 5 秒内会显示 5 条备选路线。

(优势 A)非常快捷方便；如果你之后没有按它的路线行驶，它可以重新进行检索，为您提供出新的路线。

(利益B)而且之后它的提示都是通过语音实现的，让您专心驾驶，保证行车安全。

(实例参考E)现在各个品牌的导航非常多，准确度参差不齐。有时候开车去外地，我们很依赖导航，但是导航却给我们提供了错误的数据，结果会多绕路，耽误时间。

【任务小结】

本任务主要讲解了二手车置换业务、汽车金融信贷、汽车保险、汽车精品等业务的推荐技巧。可依照以下口诀进行记忆。

以旧换新，省心放心。
分期付款，新车贷走。
事故来找，保险来保。
需求探寻，推荐精品。

【任务实施】

【任务工单】★☆推荐附加业务☆★

工作任务	推荐附加业务	实操成绩	
任务地点		任务日期	
组号		小组组长	
班级		小组成员	
任务描述	经过江小白的多番解说后，张明先生打算全款购买迈腾，销售顾问为其推荐附加业务。		
任务实施	任务 1	推荐办理二手车置换业务	
	小组成员分配销售顾问和客户角色，制订推荐二手车置换方案并进行情景模拟。		
	任务 2	推荐汽车金融信贷业务	
	小组成员分配销售顾问和客户角色，制订推荐汽车金融信贷方案并进行情景模拟。		

续表

任务实施	任务 3	推荐汽车保险业务
	小组成员分配销售顾问和客户角色，制订推荐汽车保险方案并进行情景模拟。	
	任务 4	推荐汽车精品业务
	小组成员分配销售顾问和客户角色，制订推荐汽车精品方案并进行情景模拟。	

说明：本表由小组长带领成员共同完成，一组一份。

【学习评价——小组评价】

小组学习评价表

小组自评（100分）	优点	不足	自评成绩
小组互评（100分）	组别	优点与不足	互评成绩
	1组		
	2组		
	3组		
	4组		
教师评价（100分）	优点	不足	教师评分成绩
总评成绩（100分）	计算公式		总成绩
	总评成绩＝小组自评成绩×30%＋小组互评成绩×30%＋教师评价成绩×40%		
反思与改善			

说明：本表由小组长完成，一组一份。

【学习评价——个人评价】

个人学习评价表

我学会了	
我做到了	
我有待提升的地方	
自我学习评价	○优　□良　△及格　▽不及格
反思与改善	
教师评语及建议	

说明：本表由学生个人完成，一人一份。

【评分标准】

"推荐附加业务"评分细则

	项目	满分	得分
1	能进行5S管理(整理、整顿、清理、清洁、素养)	5	
2	着装整洁,仪表端庄,表情和蔼可亲,眼神自然真诚,手势规范,姿态正确、自然大方	5	
3	能站在客户的立场向客户推荐二手车置换业务	10	
4	能帮客户进行二手车置换业务办理	10	
5	能站在客户的立场向客户推荐汽车消费信贷业务	10	
6	能帮客户进行汽车消费信贷业务办理	10	
7	能站在客户的立场为其推荐汽车保险业务	10	
8	能帮客户进行汽车保险业务办理	10	
9	确认客户是否加装精品并能适时地向客户推荐汽车精品业务	10	
10	能帮客户进行汽车精品业务办理	10	
11	声音清晰标准,语音语速适中,语句流畅	5	
12	小组成员分工合理,职责明确	5	

【巩固提升】

1. 简述二手车置换业务办理流程。
2. 汽车消费信贷的贷款有哪些类型?
3. 常见的险种组合有哪些?
4. RFABE的法则是指什么?
5. 模拟一次附加业务推荐,情景自定。以下情景供参考:

(1)王先生驾驶一辆捷达来店想购买一辆迈腾汽车。

(2)李先生是一名程序员,手上存款不多,他想买一辆实用型轿车上下班使用。

(3)周先生是某小型企业的总经理,他已确定要购买一辆价格为30万元的迈腾轿车,平时上下班代步用。为周先生推荐一个合适的保险方案。

(4)周先生是某小型企业的总经理,决定购买一辆价格为30万元的迈腾轿车,妻子偶尔也会开,节假日周先生还会带妻女一起自驾游。为其推荐合适的精品。

项目九

欣喜之路——新车交付

交车时是客户最兴奋的时刻。客户心心念念的新车马上就能交付使用，客户的汽车梦即将实现，有车一族的新生活也将在这一刻开启，因此，客户都会带着喜悦与激动的心情来4S店办理交车手续。汽车属于大宗理性消费品，买车也是一件人生大事，这么重要的时刻，客户一般会很注重仪式感，所以销售顾问应提前做好准备，在办理交车手续时考虑周到，给客户留下一个美好的交车回忆，这会大大提升客户的幸福感与品牌认同感。

交车顺利完成，也有助于销售顾问与客户建立长期的关系。交车，不仅不是我们服务的终止，反而是我们与客户保持良好关系的开始，可以进一步赢得客户的信任，可以增强客户对品牌的认同感与归属感，进而提升客户满意度。

【课程导航】

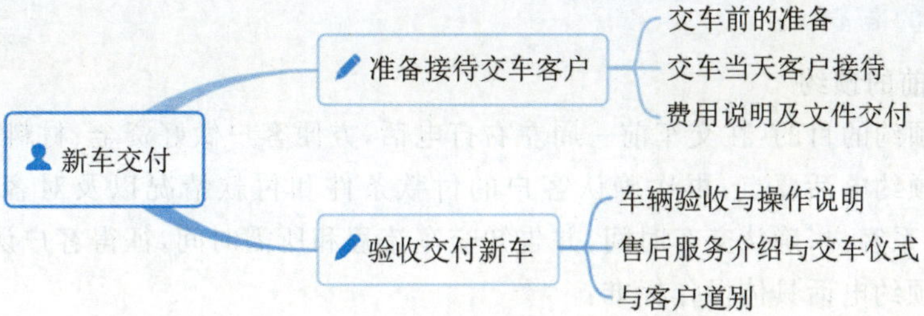

任务一 准备接待交车客户

汽车产品本身是一件技术复杂、价格昂贵的消费品，客户选车也比较慎重，销售过程中也会存在各种各样的变数，走到交车这一环节，证明销售顾问及汽车产品已赢得客户认可。在成交环节，客户对于产品和服务的期望值有增无减。所以交车前的准备工作非常重要，按照约定日期交给客户一辆崭新的、无缺陷的汽车是销售顾问服务的宗旨，也是客户满意的基础。

【工作情景】

对于实习销售顾问江小白来说，这几天她一直很兴奋很开心，因为她上周成功签下了第一单，对自己未来的工作充满了信心与斗志。想想客户过两天就要来提车，她简直比客户还要激动。凡事预则立，不预则废，小白要在客户来店提车前做好周到的准备，迎接客户的到来。

【学习目标】

素质目标

1. 端正工作态度，诚信敬业。
2. 提升沟通能力及协调能力。

知识目标

1. 正确认识交车的重要性。
2. 掌握交车前准备工作。
3. 掌握交车接待工作规范。

能力目标

1. 能够按流程进行交车前的电话沟通。
2. 能够做好交车接待前的准备工作。
3. 能够做好交车前的接待及文件交接。
4. 能够运用合适的方式对等车期间的客户进行关怀。

【知识储备】

一、交车前的准备

1. 交车前的预约

交车前预约的目的：在交车前一周左右打电话，方便客户做好资金、材料的准备。

交车前预约电话要点：再次确认客户的付款条件和付款情况以及对客户的承诺事项；打电话联系客户，确认交车时间，并告知交车流程和所需时间，征得客户认可。

交车前预约电话具体操作标准：

(1)告知客户交车的流程和所需的时间，征得客户的同意，在客户方便的时间约定交车的时间及地点。

(2)再次与客户确认一条龙服务需求及完成情况。

(3)提醒客户带齐必需的文件、证件和尾款。询问客户的付款方式。若客户以银行转账的方式付款，则让客户将银行的汇款水单传真过来，便于销售顾问在财务部查询；若用支票付款，款到账后通知客户提车；若客户已经交齐了车款，则无须询问付款方式。

(4)在通知客户取车前，销售顾问需确定该车的财务状况，即车款、保险款项、精品款是否已全部到账。如有尾款，需知道是什么款项，具体金额是多少；客户来取车时，需将该车的财务状况与客户确认一遍。特别是有尾款未付的情况下，需确认客户的付款方式，以便做时间上的安排。

(5)务必注意不能在客户未结清尾款的情况下将车提走。如客户为分期付款，则验车上牌后，将相关资料送到金融人员处做好抵押，银行款项到账后，方可让客户提车。

交车预约

【参考话术】

交车前第一次电话预约

(提车前一到两周)销售顾问："您好，是张先生吗？我是一汽大众大学路4S店的销售顾问江小白。我是想通知您一声，您的爱车已经从我们的工厂出发了，放心吧，下周我会把您的爱车完美地交到您的手上。另外呢，我还想提醒您一下，您可以利用这几天时间把尾款准备一下，您的尾款是198800元，到时候可以提前准备好。提车的时候，还需要您的相关证件，主要包括身份证、驾驶证以及购车合同和定金收据、银行卡，一会儿我把相关资料发送到您微信上，提车的时候您记得带好就行啦。"

客户："好的，没问题。"

销售顾问："没有其他问题我就不打扰您了，祝您生活愉快，再见！"

交车前第二次电话预约

（提车前三天）销售顾问："您好，是张先生吗？我是一汽大众大学路4S店的销售顾问江小白，您的爱车已经到店。您看这个周哪天有时间，我来帮您安排交车手续？"

销售顾问："好的，您是想问交车大约需要多长时间是吧？是这样的，您到店后，我们还会和您沟通新车的使用以及保养、保修的相关事项，您看能不能多预留点时间给我呢？大约需要一个小时就可以。"

销售顾问："好的，您说周六是吧？那您打算周六上午还是下午？几点钟呢？"

销售顾问："周六上午九点半，我记下了。那我提前做好准备，这周六上午九点半我在店里恭候您的光临。张先生，还要提醒您一下，您的尾款还有198800元。如果刷卡的话请您提前做好准备。如果您爱人有空，我想邀请二位一起来店提车。那我就不多打扰了，祝您生活愉快，再见！"

2. 委托PDI检查

PDI（Pre-delivery Inspection）就是交付新车时的检查，这是一个规范的术语。做PDI检查，一般情况下需要一定的时间。销售顾问告知客户的时间估算上要保守一些，为PDI检查的时候出现问题留有应对时间。

3. 交车当天的准备

（1）展厅门口设置交车恭喜牌，交车区场地打扫干净，设置告示牌。

（2）清洗车辆，保证车辆内外美观整洁，车内铺上保护垫。

（3）重点检查车窗、后视镜、烟灰缸、备用轮胎和工具，校正时钟，调整收音机频道等。

（4）待交车辆油箱内加注1/4箱燃油。

（5）通知相关人员交车仪式的时间和客户信息，确认出席人员。

交车前的准备工作非常重要，准备工作的充分与否，销售顾问思虑是否周到，会直接影响客户来店提车过程的满意度。

二、交车当天客户接待

（1）热情迎接。客户到达时，销售顾问及时到门口迎接，态度热情。

（2）为客户佩戴贵宾证。

（3）营造氛围。每位员工见到戴有"交车贵宾证"的客户，立刻向其道喜。

交车当天客户接待

【参考话术】

销售顾问："张先生，张女士，二位上午好，路上还顺利吧？二位快请进。您二位可真准时，刚好九点半。"

客户："你反复打电话提醒，不然还真会忘。哎，这里还有欢迎牌啊，专门给我们做的啊？挺隆重啊。”

销售顾问：“是啊，买车毕竟是件喜事，而且要特别感谢两位选择在我们品牌4S店提车，二位看我手上拿的是购车VIP客户贵宾证，二位请佩戴好。”

客户：“这有什么用啊？”

销售顾问：“因为今天是二位来提车，所以有很多手续要办，我们带着这个证件去相关部门，会得到及时的接待处理，这样一来就可以节省您二位的时间了。”

客户：“好的，好的，想得真周到，真方便。我们的车呢？”

销售顾问：“二位的车在我们的交车区，现在就带二位去看，我们看完车后就去办手续。手续办完后我会给二位解释一下新车的操作过程及注意事项以及售后服务等，大概全程时间是一个小时。”

客户：“好的，没问题。”

销售顾问：“那我们先去看车吧，二位这边请！”

(4)就座。交付车款后，销售顾问带领客户到展厅会客区就座，详细介绍交车流程。

【参考话术】

销售顾问：“张先生/女士，现在我们正式开始交车，我先向您介绍一下流程：首先，您需要填写一份‘新车交付报告’，然后为您检查随车物品。这里有‘新车交车确认表’，我会按这个单子给您清点。一会儿我带您看车时，先为您检查随车工具，之后坐到车里给您介绍新车的功能特性。车内电子件都没问题以后，我会和您共同检查漆面，这就是检验车的过程。全部都没问题之后，我就会给您开发票，这就是全部流程。您有没有其他问题或其他需要？……如果没有，那现在就开始填写档案吧。”

三、费用说明及文件交付

1. 费用说明

(1)销售顾问利用“新车订购单”说明各项购车费用。

(2)销售顾问利用“分期付款客户费用清单”(见图9-1)说明其他相关费用。

2. 文件交付

(1)利用“说明指南”和“保养手册”解释车辆检查和维护的日程及其重要性。

(2)利用“保养手册”说明车辆保养内容和范围，重点是保修期限和保修项目等事项。

(3)利用相关书面资料介绍售后服务以及本经销店服务部的营业时间、预约流程、24小时救援服务体制。

(4)清点并移交车辆文件以及车辆钥匙。

(5)带客户回到展厅会客区就座，销售顾问安排财务人员开具整车发票。

00159

文件和资料交接

XXXX 分期付款购车用户告知明细单

尊敬的用户您好：

以下是您在我公司购买新车时需交付的费用明细（单位：元）：

所购车型及配置：________

分期付款（首付款）：________

贷 款 金 额：________

服 务 费：________ （可提供发票）

其他应付款项：________ （可提供发票）

车辆发票开具金额：________（其中包含服务费金额：________）

（**提供服务项目**：1、贷款前基础服务：根据客户情况推荐金融机构和贷款方案，协助客户填写贷款申请、收集贷款资料、贷款资格咨询确认；2、贷款购车手续办理：贷款审批手续办理、与金融机构沟通、跟进贷款进度、协助签订合同、垫资服务（只交首付公司开全额发票）、帮您申请厂家 0 息或低息服务； 3、贷后服务：贷款资料管理、还款咨询、提前结清服务、用户个人信息更改（更改还款账户、联系电话、地址等）、解抵押咨询等服务）；

赠送精品项目：________

车辆选配升级项目及金额：________

其他：________

二手车相关业务（如有置换业务涉及以下项目）：

收购二手车款：________

置换补贴金额：________

二手车 合计：________

其 他 项 目：________

所需交付款项合计金额：________

□我已阅读并同意且自愿交付以上款项。

用户确认：________ **销售顾问：**________ **所属经理：**________

XXXX 汽贸销售服务有限公司

年 月 日

图 9-1 分期付款客户费用清单示例

【任务小结】

本任务主要让学生掌握交车前及当天的准备及接待工作，主要包括交车的预约、PDI 检查，交车当天的准备工作，客户来店后迎接工作的具体流程及费用说明、文件交付工作的开展。同学们可以依照以下口诀进行记忆。

新车交付很兴奋，预约电话别忘记。
提醒客户带资料，尾款核实要注意。
交车接待要隆重，仪式感强氛围浓。
费用清单要介绍，随车文件一起交。

【任务实施】

【任务工单】★☆准备接待交车客户☆★

工作任务	准备接待交车客户	实操成绩	
任务地点		任务日期	
组号		小组组长	
班级		小组成员	
任务描述	对于实习销售顾问小白来说，这几天一上班她就很兴奋很开心，因为她上周成功签下了第一单，对自己未来的工作充满了信心与斗志。想想客户过两天就要来提车，她简直比客户还要激动。凡事预则立，不预则废，小白想在客户来店提车前做好周到的准备，迎接客户的到来。		
任务实施	任务1	交车前的准备工作	
	小组成员分配销售顾问和客户角色，制订交车前准备及预防方案并进行情景模拟。		
	任务2	交车当天客户接待	
	小组成员分配销售顾问和客户角色，制订交车当天客户接待方案并进行情景模拟。		
	任务3	费用说明及文件交付	
	小组成员分配销售顾问和客户角色，制订费用说明及文件交付方案并进行情景模拟。		

说明：本表由小组长带领成员共同完成，一组一份。

【学习评价——小组评价】

小组学习评价表

<table>
<tr><td rowspan="2">小组自评
（100 分）</td><td>优点</td><td>不足</td><td>自评成绩</td></tr>
<tr><td></td><td></td><td></td></tr>
<tr><td rowspan="5">小组互评
（100 分）</td><td>组别</td><td>优点与不足</td><td>互评成绩</td></tr>
<tr><td>1 组</td><td></td><td></td></tr>
<tr><td>2 组</td><td></td><td></td></tr>
<tr><td>3 组</td><td></td><td></td></tr>
<tr><td>4 组</td><td></td><td></td></tr>
<tr><td rowspan="2">教师评价
（100 分）</td><td>优点</td><td>不足</td><td>教师评分成绩</td></tr>
<tr><td></td><td></td><td></td></tr>
<tr><td rowspan="2">总评成绩
（100 分）</td><td colspan="2">计算公式</td><td>总成绩</td></tr>
<tr><td colspan="2">总评成绩＝小组自评成绩×30％＋小组互评成绩×30％＋教师评价成绩×40％</td><td></td></tr>
<tr><td>反思与
改善</td><td colspan="3"></td></tr>
</table>

说明：本表由小组长完成，一组一份。

【学习评价——个人评价】

个人学习评价表

我学会了	
我做到了	
我有待提升的地方	
自我学习评价	○优　□良　△及格　▽不及格
反思与改善	
教师评语及建议	

说明：本表由学生个人完成，一人一份。

【评分标准】

“准备接待交车客户”评分细则

	项目	满分	得分
1	能进行5S管理(整理、整顿、清理、清洁、素养)	5	
2	着装整洁,仪表端庄,表情和蔼可亲,眼神自然真诚,手势规范,姿态正确、自然大方,电话礼仪规范	10	
3	电话预约是否成功	5	
4	电话预约的要点是否全面	20	
5	交车前准备及当天准备到位	10	
6	接待时热情大方,展示欢迎牌,发放贵宾证	10	
7	费用解释详细到位	10	
8	交付文件并向客户正确解释	10	
9	知识、技巧运用自如	5	
10	声音清晰标准,语音语速适中,语句流畅	5	
11	突发事件处理能力	5	
12	小组成员分工合理,职责明确	5	

【巩固提升】

1. 交车前预约电话的目的是什么?请列举出此次电话沟通要点。

2. 交车当天销售顾问应该做哪些准备工作?

3. 客户结算前向客户说明费用,用到的表单有哪些?

4. 交车接待后应向客户交付的文件有哪些?

5. 模拟一次交车前准备工作及交车当天的客户接待流程,情境自拟。以下情景供参考。

(1)一男一女两位客户(约32岁)带一名6岁男童进店提车,车型为迈腾2.0T豪华版。

(2)一位男客户来店提车,车型为揽境380TSI四驱旗舰胜境版。

(3)两位男客户(年龄分别为50岁和25岁左右)来店提车,车型为高尔夫280TSI 30周年纪念版。

任务二 验收交付新车

客户选购一辆满意的汽车,会倾注很多的时间和精力。客户对于交车环节会有很大的期望,希望在这一天享受到完美的交车服务,满意而归。交车服务不仅是前期选购过程的一个结束,还意味着有车生活的全新开始。对于销售顾问而言,给客户提供一个完美的交车仪式就显得十分重要,不仅会给客户留下美好回忆,增加客户对销售顾问的好感,同时对于经销商而言,也可以增强客户对品牌和企业的满意度、认可度,在为企业带来利润的同时,也带来更多的潜在客户。

【工作情景】

实习销售顾问江小白的第一单客户来提车啦!小白已经接待了来提车的张明先生和张太太,办理了结算手续及资料交付,他们非常满意。接下来要带着客户去看一下新车,介绍新车的使用技巧及保养注意事项,然后再给客户办一个完美的交车仪式。想想客户马上就能把新车开回家,小白比客户还要兴奋。

【学习目标】

素质目标

1. 提升沟通协调能力,树立工作中的全局观念。
2. 诚信,友善,爱岗,敬业。

知识目标

1. 明确交车前车辆验收的重要性。
2. 掌握陪同客户验车的流程及验收要点。
3. 掌握交车仪式的重要性及交车仪式内容。

能力目标

1. 能够陪同客户完成交车前验收工作。
2. 能够为客户设计一场交车仪式。
3. 能够做到礼貌与客户道别。

【知识储备】

一、车辆验收与操作说明

销售顾问将车钥匙郑重地交给客户,并予以恭喜、祝贺,分享客户欣喜的心情。将客户带到新车旁,陪同客户绕车检查,重点是检查车身、玻璃、轮胎,车辆内饰的清洁,随车附件及工具等。告知客户检查的标准和方法,避免客户提出新车异议。协助客户确认所定购的精品、附属件,告知赠送 1/4 箱燃油。根据"用户使用手册"和"保修手册"向客户介绍新车使用常识、装备情况、保养维修知识并解答客户提出的各种问题。同时携带一块毛巾及清洗剂，随时替客户清除交车检查过程中新车上出现的印记。交完车辆后，与客户核对“新车交接确认单”(见图 9-2)上的项目，并请客户在上面签名，形成书面文件存档，提醒客户后续手续办理的时间和地点。

XXXX汽贸销售服务有限公司

新车交车确认单 HY/QEM-R-002

车主姓名：__________ 证件号码：____________________

车主地址：____

联系电话：______________ 固定电话：______________

底盘号码：______________ 发动机号码：______________

车况检查							
外观良好		车内外整洁		装备齐全			
随车附送的资料和物品核对							
保养手册		使用说明书		首次免费保养凭证		售前检查证明	
新车照片		主钥匙		副钥匙		反光背心	
备胎		三角警示牌		千斤顶		拖车钩	
证件及单据点交							
发票(三联)		合格证		三包凭证			
车辆使用讲解							
座椅/方向盘调整		后视镜调整		门/窗操作		安全气囊标识	
音响/空调系统		灯光/仪表		雨刮/玻璃水/防冻液		引擎/油箱盖	
客户服务中心电话：XXXX-XXXXXXX			销售服务热线：XXXX-XXXXXXX		24 小时救援热线：XXXX-XXXXXXX		

祝贺您拥有一汽-大众品牌汽车，能为您提供真诚的服务，是我们XXXX汽贸销售服务有限公司的荣幸。祝您用车愉快！

车主签字：__________ 销售顾问签字：__________ 交车日期：__________

图 9-2 新车交接确认单示例

【参考话术】

销售顾问：“张先生、张太太，我们首先一起来对车辆进行一个整体的检查。您可以站在这儿看一下，外观没有问题，没有划痕，车头部位请您好好检查。还有这边，轮胎、玻璃都是完整的，没有划痕。我们再来检查一下后备厢、备胎、工具箱都没有问题。张先生、张太太，列表中的所有项目我们都检查过了，没有问题，请您在‘新车交付确认单’上签个字。”

陪同客户进行环车检查时，仍采用六方位绕车的方法。在做使用说明时可以对比客户以前使用过的车辆进行差异化介绍，讲解演示新车独有的功能。

【参考话术】

销售顾问："张先生、张太太，接下来我要对我们车辆的使用做一下简单的介绍。"

客户："不用了吧，这也不是我第一次买车了，我有经验，不用耽误时间了。"

销售顾问："张先生，我知道您的驾驶经验十分丰富，但是每辆车的特点都不大一样，所以我想跟二位介绍清楚咱们这款车的特点，便于您操作。"

二、售后服务介绍与交车仪式

1. 售后服务介绍

销售顾问介绍售后服务流程及注意事项、产品保修的内容和范围，强调车辆首次保养的时间，为客户引荐售后服务人员并交换名片，介绍售后服务接待区的位置以及其他特色服务。

【参考话术】

销售顾问："张先生/女士，现在我给您介绍一下我们的服务顾问，以后关于维修保养方面的事情可以直接给他打电话，请您稍等。"

销售顾问："张先生/女士，这位是我们的服务顾问高晴。高晴，这位是张先生/女士。"

服务顾问："您好，张先生，我是服务顾问高晴，这是我的名片，售后方面的问题您可以直接找我。"

销售顾问："张先生/女士，现在让我们的服务顾问向您介绍一下关于车辆保养和救援方面的内容及新车使用注意事项。"

服务顾问向客户介绍时，销售顾问应在场陪同。服务顾问介绍完毕后，销售顾问向客户介绍保修方面的内容。

2. 交车仪式

中国人比较注重仪式感，例如婚礼、节庆，又或者是品茶、品酒、剪彩，这都是仪式感的表现。《荀子·修身》有云："人无礼则不生，事无礼则不成，国家无礼则不宁。"可见礼仪的重要性。买车无论对于个人还是家庭来说都是一件大事，交车仪式是必需的，仪式力求简短、隆重、热烈。

销售顾问与展厅经理配合，相关工作人员在新车旁列队，为新车附上红色绸带，为客户奉上鲜花、纪念品等小礼物，与新车合影留念，影毕全体鼓掌向车主表示祝贺。

三、与客户道别

1. 提供服务，提醒首保

告知客户，如果希望了解更多情况，可以打电话联系销售顾问或服务顾问。提醒客户重要的时间点，如首次保养时间、定期检查时间、保修终止日期等；提醒客户携带好相关文件和随身物品。

2. 代驾新车，送客回家

如果客户是开车来提新车的，询问客户是否需要帮助把车辆开回家。如果需要则由4S店指派驾驶技术过硬的工作人员帮客户把车辆送回指定地点。如果客户因驾驶经验较少等原因，希望4S店提供送车服务，应安排相关服务。

3. 目送离店，登记总结

与客户道别，确认客户可接受的售后跟踪和联系方式，并简要告知跟踪内容。送别客户时，应目送客户驾车离去，直到客户消失在车流中再转身回店。客户离店后，销售顾问做好交车文件的收集、归纳工作，将交车相关信息录入经销商客户管理系统，做好数据管理。

4. 致电确认，提醒上牌

客户离店当天，主动给予电话问候，确认客户是否安全到家，提升客户满意度。客户提车后三天内，打电话联系客户，了解客户车辆使用情况，使用"购车客户回访表"记录客户的反馈，如有疑问在第一时间内给予解决，提醒客户及时上牌。

客户离店三天后，给客户打电话，询问新车使用情况和客户的家人或朋友对新车的评价，如果客户表示满意，则顺便请求其帮忙介绍新客户来购车，并表示感谢。

【参考话术】

销售顾问："您好，请问是张先生吗？我是一汽大众大学路4S店的销售顾问小白，您安全到家了吗？路上还顺利吧？再次感谢您选择在我们4S店提车。为您服务是我的荣幸。新车用得还顺手吗？基本操作方面有什么疑问吗？"

销售顾问："您后期如果有任何疑问也可以随时跟我联系。这次打电话，还想跟您沟通一下磨合期的注意事项。车辆在首保之前都属于磨合期，为了使车辆处于良好的磨合状态，车辆行驶最高车速要低于80公里每小时，尽量减少急加速、急减速。车辆磨合期间您如果出游，请记得不要过载。另外，咱们4S店是一站式服务，如果您还有保险、牌照等其他问题，也可以随时致电，我将协助您办理。张先生，您还有其他需要帮助的吗？"

销售顾问："好的，那我就不多打扰您了，祝您生活愉快，再见！"

【任务小结】

本任务主要讲解了车辆验收、向客户讲解使用说明的操作规范、交车仪式的流程以及送别客户后的工作。对于这部分内容，可依照以下口诀进行记忆。

客户提车很兴奋，服务周到暖人心。
车辆验收绕车法，操作说明要走心。
交车仪式要隆重，献花合影留名片。
首保提醒别忘记，回访关怀更满意。

【任务实施】

【任务工单】★☆验收交付新车☆★

工作任务	验收交付新车	实操成绩	
任务地点		任务日期	
组号		小组组长	
班级		小组成员	
任务描述	实习销售顾问小白的第一单客户来提车啦！小白已经接待了来提车的张明先生和太太，办理了结算手续及资料交付，他们非常满意。接下来要带着客户去看一下新车，介绍新车的使用技巧及保养注意事项，接下来再给客户办一个完美的交车仪式。想想客户马上就能把新车开回家，小白比客户还要兴奋。		
任务实施	任务	验收交付新车	
	小组成员分配销售顾问和客户角色，结合验收交付新车知识，制订验收交付新车方案并进行情景模拟。		

说明：本表由小组长带领成员共同完成，一组一份。

【学习评价——小组评价】

小组学习评价表

小组自评（100分）	优点	不足	自评成绩
小组互评（100分）	组别	优点与不足	互评成绩
	1组		
	2组		
	3组		
	4组		
教师评价（100分）	优点	不足	教师评分成绩
总评成绩（100分）	计算公式		总成绩
	总评成绩＝小组自评成绩×30%＋小组互评成绩×30%＋教师评价成绩×40%		
反思与改善			

说明：本表由小组长完成，一组一份。

【学习评价——个人评价】

个人学习评价表

我学会了	
我做到了	
我有待提升的地方	
自我学习评价	○优　　□良　　△及格　　▽不及格
反思与改善	
教师评语及建议	

说明：本表由学生个人完成，一人一份。

【评分标准】

"验收交付新车"评分细则

	项目	满分	得分
1	能进行5S管理(整理、整顿、清理、清洁、素养)	5	
2	着装整洁,仪表端庄,表情和蔼可亲,眼神自然真诚,手势规范,姿态正确、自然大方	10	
3	车辆验收流程	15	
4	车辆操作说明、售后介绍	10	
5	交车仪式的准备情况	10	
6	交车仪式现场	10	
7	交车后礼貌送客	10	
8	客户到家后的回访	10	
9	知识、技巧运用	5	
10	声音清晰标准,语音语速适中,语句流畅	5	
11	突发事件处理能力	5	
12	小组成员分工合理,职责明确	5	

【巩固提升】

1. 为什么说新车交付环节最能影响客户满意度?
2. 车辆验收及新车使用说明时,客户拒绝并表现得不耐烦,该怎样处理?
3. 客户离店时应该提醒哪些事项?
4. 客户离店后,还需要做哪些工作?
5. 客户离店后三小时回访电话,内容要点有什么?
6. 模拟一次陪同客户验车或交车仪式。

项目十

不忘老朋友——售后维系

售后维系是成交签约后销售顾问继续与客户交往，并完成与成交相关的一系列售后服务、跟踪服务，从而更好地实现销售的一系列行为。

我们常常听到客户这样抱怨："销售顾问在购买之前殷勤体贴，有时甚至一天好几个电话，但是一旦购买了产品，就再也接不到他们一个电话了，真是太势利了。"成交前的刻意奉承，不如周到的售后服务，这是培养忠实客户的不二法则。销售顾问要想得到稳定的销售业绩，离不开老客户的长久支持，要做到这些，销售顾问必须做好售后维系工作。

【课程导航】

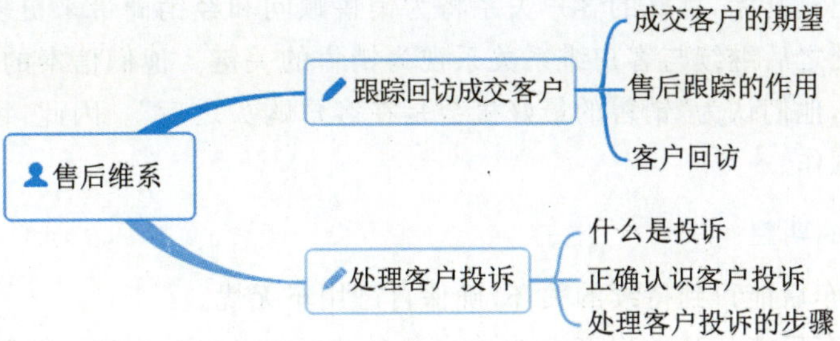

任务一　跟踪回访成交客户

售后跟踪是保持客户忠诚度的重要一环，也是收集客户的购车情报，开发潜在客户的主要环节。优秀的销售顾问都拥有自己相对稳定的客户关系网络，会根据客户的重要程度确定与其沟通的频次，以维系一种相互信赖的关系，而这种关系正是销售顾问赖以成功的秘诀。

【工作情景】

成交客户的售后跟踪工作能让客户感受到经销店及销售顾问的关爱，提升客户满意度。张先生和张太太把新车从店里提走后，销售顾问江小白准备了电话回访内容，准备回访张先生和张太太。

【学习目标】

素质目标

1. 认真负责、善始善终的工作态度。
2. 细致的工作计划。
3. 热情、周到、主动的客户服务意识。

知识目标

1. 知道售后跟踪的目的及意义。
2. 知道成交客户跟踪服务的内容。
3. 掌握成交后客户回访的阶段及操作规范。

能力目标

能够进行不同阶段的客户回访工作。

【知识储备】

售后跟踪是指销售顾问在成交后继续与客户交往并完成与成交相关的一系列工作，

以便更好地实现销售目标的行为过程。

销售顾问把新车交付给客户后，销售工作基本结束，但销售顾问与客户维系关系的工作自交车才正式开始，良好的客户关系将为销售顾问和经销商带来更多客户。成功的销售顾问把成交之后继续与客户维系关系视为销售的关键。他们信奉的准则是“真正的销售始于售后”，他们认为“销售的最好机会是在客户购买之后”。因此，售后跟踪仍是一项重要的销售工作。

一、成交客户的期望

(1)期望购车后能得到持续的关怀，确保自己用车无忧。

(2)希望购车后能从某种程度上改善自己的生活状态，能及时了解跟自己车辆有关的最新信息。

(3)自己反馈的意见或建议能得到及时的处理，让自己有受到尊重和重视的感觉。

二、售后跟踪的作用

汽车是一个持续消费的产品，每年都需要进行保养甚至维修，这也是企业占比较大的利润来源。如果售后服务工作不能令客户满意，客户就不会再接受我们的产品和服务；相反，如果售后服务工作做得好，与客户建立了良好的沟通关系，就既能保证客户持续接受我们的产品，还可以引导客户接受我们系列产品中的其他产品。因此，售后跟踪工作具有巨大的作用。

1. 增强企业的核心竞争能力

进入 21 世纪，企业的经营者都有一个共识：现代企业的竞争已经由产品的竞争转为市场的竞争，而市场竞争的关键是对客户的争夺与占有。如果你能比竞争对手先一步与客户建立良好的双向互动关系，客户在你这里获得了高度的满足，他们就能放心地从你这里购买商品而不会被任何竞争对手“挖墙脚”，你就能在竞争中获胜。因此，售后跟踪工作已成为企业的竞争重点之一，可以帮助企业在竞争中脱颖而出，立于不败之地。企业与客户之间的关系越牢固，企业的地位也就越稳固。

2. 提升销售业绩及增加利润

企业致力于售后跟踪，一方面可以留住老客户，使客户重复惠顾，接受我们的产品和服务，从而使我们创造更大的利润和业绩。有研究报告指出，多次光临的客户相比初次登门者，可为企业多带来 20%—35%的利润；固定客户数目每增长 5%，企业的利润则增加 25%。另一方面，良好的客户关系可以为企业赢得良好的口碑。业绩优异的企业很大比例的新客户是通过老客户推荐赢得的。

3. 降低营销成本

美国管理学会调研发现，开发一个新客户的费用是保持现有客户的 6 倍。新客户不仅开发费用高，而且成交机会也少得可怜。因此企业必须尽最大努力维系客户，防止客户流失。若是流失一名优质客户，企业要多花 7—10 倍的力气去寻找一名替代客户，或找更多的普通客户来弥补业绩及利润的损失。

4. 提高企业对市场的灵敏度

经营客户关系的前提就是要了解客户，时刻关注客户的需求变化，客户对产品的满意度，经常征询客户意见，把客户的一言一行、一举一动都及时反馈到企业客户管理卡当中。企业对市场信息反馈得越迅速及时，就越能有效地解决客户的问题及抱怨等。最重要的是，更好地服务客户还能挖掘客户潜在的需求，开发出客户乐于接受的新产品或新的服务项目。

三、客户回访

1. 客户回访的目的

(1)让客户感受到自己是公司最为关爱的客人，常常得到关心和问候。

(2)提示客户及时办理首保、年检、续保等，与客户保持友好而专业的关系。

(3)提高满意度，让更多的现有客户成为忠诚客户。

(4)得到客户的信任，通过客户的口碑传播实现转介绍。

2. 当日回访

回访人：销售顾问。

回访时间：新车交付后 2 小时内。

回访内容：

(1)询问客户是否安全到达目的地。

(2)询问客户是否满意并确认车况是否良好。

(3)如果客户提出意见或是问题，汽车销售顾问应认真记录，并及时解决；如果无法解决，要及时上报，并给客户反馈，保持持续的关怀服务。

交车当天回访

【参考话术】

“张先生/女士您好，安全到家了吧！新车开起来感觉怎么样?”

“对您的爱车很满意吧？对我的服务满意吗？要是我有做得不到位的地方，请您直接说啊，要帮助我提高啊！”

“有什么问题的话，随时给我来电话，我很乐意为您服务。稍后我会将您的购车信息发至您的手机上！”(短信内容：车主姓名，购车日期，购买车型、排量、颜色，自己的姓名及联络方式)

“谢谢您对我的信任，祝您用车愉快！再见！”

3. 3 日内回访

回访人：销售顾问。

回访时间：新车交付后 3 天内。

回访内容：

(1)确认客户对车辆是否满意，并确认车况是否良好。

(2)询问车辆使用过程中是否存在问题。
(3)若有问题,则了解情况并致歉,提供解决方案。
(4)若没有问题,则进一步肯定客户作出了正确的购买决定。
(5)询问客户有无疑问,告知客户如有疑问可随时联系。
(6)告知客户将会进行满意度调查。
(7)请客户推荐介绍亲朋好友来店购车。
(8)再次感谢客户对公司的信任。
(9)可预约上牌事宜。

001599

交车 3 天内回访

【参考话术】

"张先生/女士您好,这两天使用爱车感觉怎么样?您对您的爱车是否满意呢?在使用操作上有什么疑问吗?"

"有什么需要的话,请及时给我来电话。我们店有'爱车课堂'活动的时候,我也会及时联系您,这对您用车将有很大帮助。"

"近期我们公司和一汽大众(具体品牌)都可能会给您致电,核实购车信息并且调查客户满意度,烦请您接听一下,如有不满意的地方可以直接跟我说,我会改进的!"

"这几天您若上牌请提前一天和我预约一下,我来帮您安排。"

4.7 日后回访

回访人:销售顾问。

回访时间:新车交付 7 天后。

回访内容:

(1)对客户本周车辆使用情况进行了解,再次提醒用户车辆的一些特殊功能。
(2)提醒客户磨合期注意事项。
(3)对交车后的一些后续事宜进行提醒,以表达对用户的关爱。
(4)提醒客户将会再次联系并进行满意度调查。

001600

交车 7 天后回访

【参考话术】

“张先生/女士您好！我是您的销售顾问江小白，这是我们公司购车后一周回访，这一周以来车辆的使用情况如何？”

“您的爱车已经使用 7 天了，在这一周里，您对爱车的车况还满意吗？对于车辆的各项使用功能(尤其是特殊功能)，在操作上还存在疑问吗？”

“再次提醒一下您，新车的磨合期是 2000 公里，磨合期汽车按要求使用能够延长发动机的使用寿命。”

“不好意思，打扰您那么长的时间。今后若您对您的车辆有任何疑问，或者对我们店有任何宝贵的建议，都请您及时跟我们联系。”

“因为您是我们的尊贵客户，所以可能还会安排第三方给您致电，进行客户满意度的问卷调查，时间大概是 3 分钟，这些回访是为了提高今后我们对您的服务质量，烦请您配合，再次谢谢您！祝您工作愉快，万事顺心！再见！”

5.1 个月后回访

回访人：销售顾问。

回访时间：新车交付 1 个月后。

回访内容：

(1)拓展新客户。

(2)由衷感谢客户。

交车 1 个月后回访

【参考话术】

“张先生/女士您好！我是您的销售顾问江小白，这是我们公司购车 1 个月后回访，这个月车辆使用情况还满意吧？一切正常吧？”

“再次感谢您对一汽大众的信任，也感谢您对我的信任。”

“如果您对我的服务满意的话，今后若您的朋友要买车的话，还请您帮我多多介绍，多支持我，谢谢您！”

6.3 个月后回访

回访人：销售顾问。

回访时间：新车交付 3 个月后。

回访目的：

(1)提醒客户来办理首保并帮客户进行预约。

(2)发短信提醒客户介绍客源。

【参考话术】

“张先生，您好！我是一汽大众4S店销售顾问江小白，到月底，您的车就使用3个月了，车的使用情况还好吧？开了多少公里了？我今天打电话，一是想了解一下您的爱车的使用情况，二来是想提醒您，您的车快到首保时间了，到时我们客户关爱部还会打电话提醒您，并与您预约时间。”

“最近有朋友要买车吗？记得帮我多多介绍啊，我的手机号码您还有吗？稍后我将我的手机号码发至您的手机上，感谢您对我的支持，让我越做越好！”

短信内容：再次感谢您对一汽大众的信任，也感谢您对我的信任！您的销售顾问：江小白。

【任务小结】

本任务主要讲解了售后跟踪的意义和几个阶段回访的有关知识，可依照以下口诀进行记忆。

售后跟踪很重要，维持满意培忠诚。
挖掘商机增效益，客户回访按阶段。
首日三日和七日，一月三月分步走。
不同阶段不同法，维系客户满意高。

【任务实施】

【任务工单】★☆回访交车后客户☆★

<table>
<tr><td>工作任务</td><td colspan="2">回访交车后客户</td><td>实操成绩</td><td></td></tr>
<tr><td>任务地点</td><td colspan="2"></td><td>任务日期</td><td></td></tr>
<tr><td>组号</td><td colspan="2"></td><td>小组组长</td><td></td></tr>
<tr><td>班级</td><td colspan="2"></td><td>小组成员</td><td></td></tr>
<tr><td>任务描述</td><td colspan="4">成交客户的售后跟踪工作能让客户感受到来自经销店及销售顾问的关爱，提升客户满意度。张先生和张太太把新车从店里提走后，销售顾问江小白准备了电话回访内容，准备回访张先生和张太太。</td></tr>
<tr><td rowspan="10">任务实施</td><td>任务 1</td><td colspan="3">交车当日客户回访</td></tr>
<tr><td colspan="4">小组成员分配销售顾问和客户角色，结合售后维系相关内容，编写交车当日客户回访方案并进行情景模拟。</td></tr>
<tr><td>任务 2</td><td colspan="3">交车 3 日内客户回访</td></tr>
<tr><td colspan="4">小组成员分配销售顾问和客户角色，结合售后维系相关内容，编写交车 3 日内客户回访方案并进行情景模拟。</td></tr>
<tr><td>任务 3</td><td colspan="3">交车 7 日后客户回访</td></tr>
<tr><td colspan="4">小组成员分配销售顾问和客户角色，结合售后维系相关内容，编写交车 7 日后客户回访方案并进行情景模拟。</td></tr>
<tr><td>任务 4</td><td colspan="3">交车 1 个月后客户回访</td></tr>
<tr><td colspan="4">小组成员分配销售顾问和客户角色，结合售后维系相关内容，编写交车 1 个月后客户回访方案并进行情景模拟。</td></tr>
<tr><td>任务 5</td><td colspan="3">交车 3 个月后客户回访</td></tr>
<tr><td colspan="4">小组成员分配销售顾问和客户角色，结合售后维系相关内容，编写交车 3 个月后客户回访方案并进行情景模拟。</td></tr>
</table>

说明：本表由小组长带领成员共同完成，一组一份。

【学习评价——小组评价】

小组学习评价表

<table>
<tr><td rowspan="2">小组自评
（100 分）</td><td>优点</td><td>不足</td><td>自评成绩</td></tr>
<tr><td></td><td></td><td></td></tr>
<tr><td rowspan="5">小组互评
（100 分）</td><td>组别</td><td>优点与不足</td><td>互评成绩</td></tr>
<tr><td>1 组</td><td></td><td></td></tr>
<tr><td>2 组</td><td></td><td></td></tr>
<tr><td>3 组</td><td></td><td></td></tr>
<tr><td>4 组</td><td></td><td></td></tr>
<tr><td rowspan="2">教师评价
（100 分）</td><td>优点</td><td>不足</td><td>教师评分成绩</td></tr>
<tr><td></td><td></td><td></td></tr>
<tr><td rowspan="2">总评成绩
（100 分）</td><td colspan="2">计算公式</td><td>总成绩</td></tr>
<tr><td colspan="2">总评成绩＝小组自评成绩×30％＋小组互评成绩×30％＋教师评价成绩×40％</td><td></td></tr>
<tr><td>反思与
改善</td><td colspan="3"></td></tr>
</table>

说明：本表由小组长完成，一组一份。

【学习评价——个人评价】

个人学习评价表

我学会了	
我做到了	
我有待提升的地方	
自我学习评价	○优　□良　△及格　▽不及格
反思与改善	
教师评语及建议	

说明：本表由学生个人完成，一人一份。

【评分标准】

"回访交车后客户"评分细则

	项目	满分	得分
1	能进行5S管理(整理、整顿、清理、清洁、素养)	5	
2	着装整洁,仪表端庄,表情和蔼可亲,眼神自然真诚,手势规范,姿态正确、自然大方,声音清晰标准,语音语速适中	5	
3	销售顾问交车当日回访内容全面,话术设计合理,语言恰当、表述流畅	16	
4	销售顾问交车3日内回访内容全面,话术设计合理,语言恰当、表述流畅	16	
5	销售顾问交车7日后回访内容全面,话术设计合理,语言恰当、表述流畅	16	
6	销售顾问交车1个月后回访内容全面,话术设计合理,语言恰当、表述流畅	16	
7	销售顾问交车3个月后回访内容全面,话术设计合理,语言恰当、表述流畅	16	
8	突发事件处理能力	5	
9	小组成员分工合理,职责明确	5	

【巩固提升】

1. 售后跟踪的意义是什么?
2. 售后跟踪服务的内容有哪些?
3. 模拟一次客户回访,情景自定。以下情景供参考:

(1)客户交车当日回访。

(2)客户交车3天内回访。

(3)客户交车7天后回访。

(4)客户交车1个月后回访。

(5)客户交车3个月后回访。

任务二　处理客户投诉

每一个销售顾问都必须意识到,客户的投诉是必然存在的,这对于销售顾问来说是一件好事,对于客户的投诉要抱着接纳和欢迎的态度。如果销售顾问没有一个正确的认知,在处理客户投诉的时候就容易和客户对立。

【工作情景】

客户张女士刚买新车不到一个月，今天在送孩子上学途中，就感觉开车很费劲，中途加完油后，左前玻璃升降器失灵，玻璃升不上去。正值冬天，天气很冷，张女士在车窗开着的情况下将孩子送到幼儿园后直奔4S店讨要说法，请你接待张女士。

【学习目标】

素质目标

1. 认真负责、善始善终的工作态度。
2. 处理问题的能力及抗压能力。
3. 以诚待人，以礼待人。
4. 实事求是的工作作风。
5. 良好的客户服务意识、工作责任心及敬业精神。

知识目标

1. 知道什么是客户投诉。
2. 知道客户投诉的意义。
3. 掌握处理客户投诉的步骤。

能力目标

1. 能够正确认识客户投诉。
2. 能够按照客户投诉处理步骤有效处理客户投诉。

【知识储备】

一、什么是投诉

客户购买商品、享受服务之时，对商品本身和企业服务都抱有良好的愿望和期望，如果这些愿望和要求得不到满足，客户就会失去心理平衡，由此产生抱怨和“讨个说法”的行为，这就是客户的投诉。所以投诉是指客户对企业产品质量或服务不满意而口头或书面提出异议、抗议、索赔和要求解决问题的行为。

二、正确认识客户投诉

1. 负面口碑传播很可怕

当抱怨、投诉未得到有效的处理时，客户会带着不满意的情绪离开，他们就会成为“坏形象大使”向认识的人诉说不满。假定100个客户中有10个不满意的人，其中80%，也就是8个人，会将这种不满传播给周围的人。再假设一个人有10个亲属、50个同学、100个同事，向其中的50%进行传播，那他的不满就可以传播给80人，8个不满意的人就可以传播给640人，而这640人中还有亲属、同学、同事……中国有句俗话，叫作“好事不出门，坏事传千里”，说的就是负面口碑传播的效应。

2. 处理客户投诉是与客户交友的好机会

数据显示，投诉得到迅速解决的客户中有82%的客户会依然选择本企业的产品。对于提出投诉的客户来说，如果他们的问题能够得到及时妥善的解决，他们会比没有问题的客户更加感到满意。所以说妥善处理客户投诉，是一次与客交友，培养“回头客”甚至是忠实客户的好机会。

3. 客户的投诉是珍贵的“情报”

早前，全国银行接到投诉最多的是排队、插队的问题，然后就有了叫号机。在IBM公司，40%的技术发明与创造都是来自客户的意见和建议。这些都说明一个问题：客户的意见和建议正是推动行业发展的重要因素。从客户投诉中挖掘出“商机”，寻找市场新的“买点”，从这一点来说，客户的投诉是珍贵的“情报”。

【案例】

庞蒂克是美国通用的一款车，一位车主向庞蒂克汽车部门反馈：他新买的庞蒂克汽车讨厌香草味的冰激凌。他每天下班都会开车去买冰激凌，一旦他买香草味的，汽车准打不着火。刚开始大家认为这是一场恶作剧，没有重视。但该客户一再反馈，公司便开始关注这件事，派工程师与客户开车去买冰激凌，当买的是香草味冰激凌的时候，果真车子打不着火，而买其他口味的冰激凌便不会，连续几天均如此。这个结果震惊了庞蒂克整个汽车部门，技术人员迅速展开研究，最终发现，这家店的香草味冰激凌卖得最好，所以被放在了客户最容易拿到的位置，由此购买香草味冰激凌所花的时间相比于其他口味的冰激凌就短。而汽车刚熄火，汽车引擎没有足够的时间散热，产生了“蒸汽锁”，因此打不着火。随后，庞蒂克针对“蒸汽锁”作出改进，成就了通用汽车历史上一次较大的技术进步。

三、处理客户投诉的步骤

1. 迅速接受投诉

当出现客户投诉时，最忌讳的就是拖延时间。坚决避免对客户说“请您等一下”，因为你并不了解这位客户的性格，这项投诉的内容给他的生活、工作带来多少影响以及其后客户会有的反应。拖延可能会激怒客户，搞得结果不可收拾。所以当有客户投诉时，我们应在第一时间到达现场，迅速接受投诉，并尽可能快地解决问题，给客户答复。这样做，一是可让客户感受到尊重，二是显示出我们解决问题的诚意，三是可以及时防止客户的负面情绪对业务发展造成更大的伤害，四是可以将损失减至最少。在这里分享一个黄金定理：1∶10∶100。意思是：若客户提出问题当天就加以解决，所需成本为1元；拖到第二天解决则需要10元，再拖几天就可能需要100元。

所以一旦出现问题，就需要迅速行动，这可以为解决问题赢得宝贵时间。2020年，当人们准备欢度春节之际，新型冠状肺炎病毒悄然而来。在这样危急的情况下，国家迅速作出反应，有效阻止了病毒更大范围的蔓延。这从侧面反映出及时迅速应对问题的重要性。

2. 平息怒气

投诉的客户此时可能会说一些过激的话，我们一定要控制好自己的情绪，千万不要在心里生出同客户对抗的情绪，陷入负面评价。本着以和为贵的思想，避免使用的表达方式包括：“你不要喊”“你可能不明白”“你肯定弄混了”“你应该……”“我们不会……”“我们从没……”“我们不可能……”“你弄错了”“这不可能的”“你别激动”“你平静一点”。

这些表达只能使得矛盾升级。

恰当的表达方式包括:“我理解您的感受!”“我明白您的意思!”“是的,我遇到这种情况也会不开心。”以此来表达我们对客户的理解,安抚客户,以真诚、友善、包容的态度对待客户。

当客户不满的时候,他只想做两件事:一件是表达他此时的心情,一件是迅速解决他的事情。自古就有“攻心为上”的思想,人只有在平静的心态下才可以处理好问题,如果顺序错了,必是一场败仗。所以这时候一定要先讲心情,再说事情,先讲心理,再说道理。

在接到客户的投诉时,应该把客户带到一个比较安静舒适的环境,为他倒一杯水,安抚一下客户的情绪。我们需要认同客户的投诉,对客户的行为表示理解。道歉并不意味着承认错误,有很多商家或是服务人员很惧怕说“对不起”,因为他们觉得一说“对不起”,这个责任就完全由他来承担了。其实,我们的道歉只是表明公司对客户的诚意,使客户感到自身的价值和重要性。道歉是让客户知道,公司对他的遭遇表示遗憾和同情,公司很在意他的烦恼,并且会想办法尽快弥补过失。

在衡量要不要说“对不起”的时候,一定不要先判断客户到底是对是错。客户对或错其实是不重要的,不需要我们去评判,我们只需要帮他解决问题。用真诚的语气跟客户说:“真是对不起,给您带来这么大的麻烦,真是不好意思。”当你说这句话的时候,只有一个目的,就是使客户的情绪慢慢归于平静,客户在情绪稳定的状态下,才好做下一步的处理。

很多时候接待投诉的人员并不是错误的直接责任人,即便如此,也应该道歉,因为这个客户由你接待,而你此时代表着公司的形象。不要在客户面前责备其他同事,或为自己找借口,客户需要的是解决问题。

3. 澄清问题

我们看以下这两种沟通方式:

(1)对不起,我们卖给您一辆有毛病的车。

(2)我很抱歉这辆车给您带来了不便,现在看看我们能为您做些什么呢?

第一种回答很容易把客户再次带回愤怒的情绪中,他会说:“你明知道这辆车有毛病,你还卖给我?”第二种回答直接将客户带去解决问题。

迅速接待客户,听过了客户的抱怨,表示了歉意,这只是安抚了客户的心情,更重要的是解决问题。解决问题的前提是我们要收集大量的信息,了解问题到底发生在哪里。用开放式提问引导客户讲述事实,提供资料。当客户讲述完整件事情的过程以后,服务人员要用封闭式提问总结问题的关键。无论用什么方法,诚字先行,以帮助客户解决问题的诚心了解事情始末。

俗话说:“好记性不如烂笔头。”在向客户提问前,我们要准备纸笔,进行记录。另外需要注意的是,问题一定要问全面,如果不通过提问收集足够的信息,最终给出的解决办法很可能是错误的,如果那样,后果会更严重。象征性地问几个问题,并不能保证你掌握事实的真相,你必须问与整个事件有关的所有问题,听客户的回答,而避免自己妄下结论。

客户在回答我们的提问时,我们要给对方以尊重,认真听,用心听,不要打断对方。一方面听客户的情感,感受对方当下的情绪;一方面听事实,记录客户的意见及需求。

4. 探讨解决,采取行动

探讨解决是指怎么处理投诉,是退,是换,还是赔偿?真正优秀的客户服务人员分两步来做：第一步是先了解客户想要的解决方案，客户服务人员主动提出："您觉得这件事情怎么处理比较好？"第二步，提出客户服务人员的解决方案，迅速对客户投诉的问题进行有效解决。

有一点要注意：解决方案中不应包含不在自己权限范围内或者公司不允许的内容，否则客户会更失望。问题解决得好，客户感到满意，自然还会继续使用公司产品；如果敷衍了事，客户更加不满，公司可能会永远失去这位客户。处理过程中要本着诚信的原则，诚信作为社会主义核心价值观的重要内容之一，是人生路上重要的"通行证"。

接下来，要按照与客户协商的结果，迅速行动。后续进行跟踪服务，向客户了解解决方案是否有用，还有无其他问题。

5. 感谢客户

最后记得要感谢客户。感谢客户是维护客户的一个重要手段和技巧。客户服务人员需要说三句话来表达三种不同的意思。第一句话是再次为给客户带来的不便表示歉意；第二句话是感谢客户对于公司的信任和惠顾；第三句话也是向客户表示谢意，让我们发现问题，知道自己的不足，让客户知道我们会努力改进工作。

例如："张女士，给您生活带来不便，真的很抱歉。非常感谢您对我们的信任和惠顾，总之，我真心地希望您能够原谅我们，我们一定会更加努力，为客户提供更优质的产品和服务，还希望您能一如既往地支持我们的工作。"

【任务小结】

本任务主要讲解了什么是客户投诉，如何正确对待客户投诉和处理客户投诉的步骤。面对客户投诉，如何妥善处理，可依照以下口诀进行记忆。

积极面对，以诚相待。
追本溯源，关注情感。
换位思考，有礼有节。
结果导向，解决问题。

【任务实施】

【任务工单】★☆处理客户投诉☆★

<table>
<tr><td>工作任务</td><td colspan="2">处理客户投诉</td><td>实操成绩</td><td></td></tr>
<tr><td>任务地点</td><td colspan="2"></td><td>任务日期</td><td></td></tr>
<tr><td>组号</td><td colspan="2"></td><td>小组组长</td><td></td></tr>
<tr><td>班级</td><td colspan="2"></td><td>小组成员</td><td></td></tr>
<tr><td>任务描述</td><td colspan="4">客户张女士一个月前刚买了一辆新车。今天在送孩子上学途中，就感觉开车很费劲，中途加完油后，左前玻璃升降器失灵，玻璃升不上去。现在正值冬天，天气很冷，张女士在车窗开着的情况下将孩子送到幼儿园后直奔4S店讨要说法，请你接待张女士。</td></tr>
<tr><td rowspan="6">任务实施</td><td>任务1</td><td colspan="3">说明什么是客户投诉</td></tr>
<tr><td colspan="4"></td></tr>
<tr><td>任务2</td><td colspan="3">正确认识客户投诉</td></tr>
<tr><td colspan="4"></td></tr>
<tr><td>任务3</td><td colspan="3">妥善处理此次客户投诉</td></tr>
<tr><td colspan="4">小组成员分配销售顾问和客户角色，结合处理客户投诉步骤，编写处理客户投诉方案并进行情景模拟。</td></tr>
</table>

说明：本表由小组长带领成员共同完成，一组一份。

【学习评价——小组评价】

小组学习评价表

小组自评（100分）	优点	不足	自评成绩
小组互评（100分）	组别	优点与不足	互评成绩
	1组		
	2组		
	3组		
	4组		
教师评价（100分）	优点	不足	教师评分成绩
总评成绩（100分）	计算公式		总成绩
	总评成绩=小组自评成绩×30%+小组互评成绩×30%+教师评价成绩×40%		
反思与改善			

说明：本表由小组长完成，一组一份。

【学习评价——个人评价】

个人学习评价表

我学会了	
我做到了	
我有待提升的地方	
自我学习评价	○优　□良　△及格　▽不及格
反思与改善	
教师评语及建议	

说明：本表由学生个人完成，一人一份。

【评分标准】

"处理客户投诉"评分细则

	项目	满分	得分
1	能进行5S管理(整理、整顿、清理、清洁、素养)	5	
2	着装整洁,仪表端庄,表情和蔼可亲,眼神自然真诚,手势规范,姿态正确、自然大方,声音清晰标准,语音语速适中	5	
3	销售顾问迅速接待投诉客户	10	
4	销售顾问平息客户怒气	15	
5	销售顾问通过提问、倾听、记录等澄清事实	20	
6	销售顾问给客户提供解决方案	15	
7	销售顾问感谢客户	10	
8	客户投诉处理效果	10	
9	突发事件处理能力	5	
10	小组成员分工合理,职责明确	5	

【巩固提升】

1. 什么是客户投诉?
2. 处理客户投诉的步骤有哪些?
3. 模拟处理一起客户投诉,情景自定。以下情景供参考:

(1)新买的车天窗漏雨,客户要求退车。

(2)客户买车一个月后,发现车价降了1万元,要求补差价。

(3)客户投诉售后服务态度太差。

参考文献

[1]李燕．汽车销售实务[M].北京：机械工业出版社，2015.
[2]刘秀荣，吴风波．汽车顾问式销售[M].北京：机械工业出版社，2019.
[3]唐馨．汽车营销基础与实务[M].北京：人民邮电出版社，2020.
[4]林绪东．汽车销售实用教程[M].北京：机械工业出版社，2013.
[5]刘秀荣．汽车推销技巧[M].北京：北京邮电大学出版社，2014.
[6]刘金霞，宋宝珍．汽车销售实务[M].镇江：江苏大学出版社，2016.
[7]程艳，莫舒玥．汽车销售实务[M].北京：北京理工大学出版社，2013.
[8]曾金凤，徐磊．汽车营销实务[M].北京：北京理工大学出版社，2014.
[9]李欣禹．非常话术：汽车营销对话技巧与突破[M].北京：机械工业出版社，2008.
[10]孙杰．汽车销售实务[M].北京：机械工业出版社，2016.